Die Programmiersprache C ist über zwei Jahrzehnte gereift und gehört mittlerweile zur Standardausbildung professioneller Programmierer. C-Compiler sind integriert in Betriebssysteme wie Unix und Linux, auch für Windows ist C die Hauptprogrammiersprache, und selbst für das JNI (Java Native Interface) der Programmiersprache Java ist es unentbehrlich.

Dieser Grundkurs führt anhand einfacher Beispiele schrittweise in die C-Programmierung ein. Neben den Sprachgrundlagen werden Themen wie Enumerations, rekursives Programmieren, Prozeßkommunikation, Multithreading oder das Einbinden von Assemblercode vermittelt. Da die Beispiele größtenteils unabhängig vom Betriebssystem gestaltet sind, läßt sich das Programmieren mit C für DOS / Windows wie für Unix / Linux erlernen. Der strukturierte Aufbau erlaubt auch Anfängern, in kurzer Zeit eigene Programme zu entwickeln.

Helmut Erlenkötter arbeitet als DV-Berater und führt Seminare über Projektmanagement, Datenbank und Programmierung durch. In der Reihe rororo computer hat er außerdem veröffentlicht: *Java* (61203), *JavaScript* (61201), *Java-Applikationen* (19898), *C++ – Programmieren von Anfang an* (60077), *C++ – Objektorientiertes Programmieren für Windows* (61205), *C – Bibliotheksfunktionen sicher anwenden* (61223), *HTML* (60085), *X/HTML* (61248), *XML* (61209) und *Visual Basic.NET* (61215).

Helmut Erlenkötter

C Programmieren von Anfang an

Grundkurs
Computerpraxis

Rowohlt Taschenbuch Verlag

22. Auflage Januar 2015

Veröffentlicht im Rowohlt
Taschenbuch Verlag,
Reinbek bei Hamburg, März 1990
Copyright © 1990/1999 by
Rowohlt Taschenbuch Verlag GmbH,
Reinbek bei Hamburg
Umschlaggestaltung Walter Werner
Grafiken vom Autor
Satz Stone Serif und Stone Sans PostScript,
QuarkXPress 3.32 bei UNDER/COVER, Hamburg
Druck und Bindung
CPI books GmbH, Leck, Germany
ISBN 978 3 499 60074 6

Inhalt

Editorial 10

1 Prolog 11

1.1 Die Vorgeschichte 11
1.2 Wie erstellt man ein C-Programm? 12
1.3 Wie geht es weiter? 14

2 Erste Schritte 16

2.1 Ein erstes Beispiel 16
2.1.1 Programm schreiben 16
2.1.2 Programm erstellen 17
2.1.3 Programm aufrufen 18
2.2 Das Programm 19
2.3 Die Funktion printf 21
2.4 Das Format des Programmcodes 22
2.5 Zusammenfassung 24
2.6 Übungen 24

3 Mit Zahlen arbeiten 26

3.1 Mit ganzen Zahlen rechnen 26
3.2 Fließkomma-Zahlen 30
3.3 Formatierte Zahlenausgabe 32
3.4 Ein Additionsprogramm 34
3.5 Zusammenfassung 37
3.6 Übungen 37

4 Entscheidungen treffen 40

4.1 Entscheidungen in Ausdrücken 40
4.2 Bedingte Anweisungen 43

4.3	Alternative Anweisungen	45
4.4	Logische Verknüpfungen	48
4.4.1	Die Grundverknüpfungen	49
4.4.2	Reihenfolge der Auswertung	51
4.4.3	Logische Werte	52
4.4.4	Sonderverknüpfungen	53
4.5	Fallunterscheidungen	56
4.6	Konstante Zeichen	61
4.7	Zusammenfassung	62
4.8	Übungen	63

5 Wiederholen von Programmteilen 65

5.1	Zählschleifen	65
5.1.1	Einfache Schleifen	65
5.1.2	Geschachtelte Schleifen	69
5.2	Die while-Schleife	71
5.3	Die do-Schleife	73
5.4	Schleifen aussetzen	74
5.5	Zusammenfassung	77
5.6	Übungen	78

6 Funktionen definieren 80

6.1	Funktionen als Bausteine	80
6.2	Funktionsparameter	82
6.3	Rückgabewerte	86
6.4	Prototypen	89
6.5	Zusammenfassung	92
6.6	Übungen	92

7 Felder und Zeichenketten 94

7.1	Felder	94
7.1.1	Felder definieren	94
7.1.2	Feldelemente ansprechen	95
7.2	Zeichenketten	96
7.3	Zeichenkettenfunktionen	101
7.3.1	Kopieren und Verketten	101
7.3.2	Textvergleiche	104
7.4	Umwandlungsfunktionen	105

7.5   Mehrdimensionale Felder 106
7.6   Zusammenfassung 108
7.7   Übungen 108

8   Variablen und Konstanten 111
8.1   Datentypen 111
8.1.1   Der Operator sizeof 113
8.1.2   Die Umlautfalle 115
8.2   Sichtbarkeit von Variablen 116
8.2.1   Lokale Variablen 117
8.2.2   Globale Variablen 118
8.3   Speicherklassen 120
8.4   Casts 123
8.5   Konstanten 124
8.6   Zusammenfassung 126
8.7   Übung 127

9   Der Präprozessor 128
9.1   Dateien einfügen 129
9.2   Konstanten definieren 130
9.3   Bedingtes Kompilieren 133
9.4   Makros 137
9.5   Zusammenfassung 143
9.6   Übungen 143

10   Pointer 145
10.1   Adressen 145
10.2   Pointervariablen 147
10.3   Pointer als Funktionsparameter 151
10.4   Pointer-Arithmetik 154
10.5   Pointer und Felder 155
10.6   Zusammenfassung 158
10.7   Übungen 158

11   Kommandozeilenparameter 160

12   Dateien benutzen 165
12.1   Dateien öffnen und schließen 165

12.2   Dateiexistenz prüfen 168
12.3   Lesen einer Datei 169
12.4   Schreiben in eine Datei 171
12.5   Eine Datei wird gedruckt 172
12.6   Dateioperationen 178
12.6.1 Dateien löschen 178
12.6.2 Dateien umbenennen 179
12.7   Ein einfaches Anzeigeprogramm 179
12.8   Binärdateien 182
12.9   Dateiausgaben umlenken 183
12.10   Zusammenfassung 185
12.11   Übungen 185

13   Fehler kontrollieren 187

13.1   Testausgaben erzeugen 187
13.2   Voraussetzungen prüfen 189
13.3   Signale kontrollieren 190
13.4   Sauberes Finale 194
13.5   Zusammenfassung 203
13.6   Übungen 204

14   Komplexe Datentypen 205

14.1   Der Aufzählungstyp 205
14.2   Strukturen 208
14.2.1 Strukturen deklarieren 208
14.2.2 Strukturvariablen definieren 209
14.2.3 Auf Strukturen zugreifen 210
14.2.4 Geschachtelte Strukturen 213
14.2.5 Strukturen als Parameter 215
14.3   Speicherplatz mehrfach nutzen 218
14.4   Neue Typen definieren 220
14.5   Zusammenfassung 222
14.6   Übung 222

15   Programmiertechniken 223

15.1   Kompilieren und Linken 223
15.2   Variable Parameterlisten 225

15.3 Rekursiv programmieren 227
15.4 Dynamische Speicherverwaltung 228
15.5 Programme und Prozesse 232
15.5.1 Programme starten 233
15.5.2 Prozeßkommunikation 237
15.5.3 Multithreading 239
15.6 Systemaufrufe programmieren 242
15.6.1 ANSI-Bildschirmsteuerung 243
15.6.2 API-Aufrufe 245
15.7 Inline-Assembler 248
15.7.1 Die Interrupts des PC 249
15.7.2 Funktionen schreiben 254

16 C und Objekte 255

16.1 Ein- und Ausgabe 256
16.2 Funktionsüberladung 258
16.3 Klassen 259
16.4 Ausblick 265

17 Anhang 267

17.1 Reservierte Wörter 267
17.2 Direktiven des Präprozessors 267
17.3 Operatoren 269
17.4 Anweisungen 271
17.5 Bibliotheksfunktionen 273
17.5.1 Kurzübersicht 274
17.5.2 Wie werden Deklarationen gelesen? 278
17.5.3 Beispiele wichtiger Funktionen 279
17.6 Musterlösungen 289
17.7 Zeichensatztabellen 307
17.7.1 ASCII 308
17.7.2 PC-Zeichensatz 309
17.7.3 Unix und Linux 311
17.7.4 Windows 312
17.8 Literaturtips 313
17.9 Stichwortverzeichnis 314

Editorial

Das Zusammenleben der Menschen wird immer stärker von informationsverarbeitenden Maschinen geprägt. Die meisten von uns werden direkt oder indirekt mit Computern zu tun haben. Eine besondere Rolle spielt dabei der millionenfach verbreitete Personalcomputer (PC). Schüler, Studenten und Angehörige aller Berufsgruppen spielen oder arbeiten schon heute mit diesem Gerät.

Der Einsatz des persönlichen Computers wird weniger von der Fähigkeit des Benutzers bestimmt, das Gerät in seiner Technizität (Hardware) zu verstehen, als vielmehr davon, es mit Hilfe der Computerprogramme (Software) zu bedienen.

Der «Grundkurs Computerpraxis» erklärt Informationsverarbeitung sehr konkret und auf einfache Weise. Dabei steht das, was den Computer im eigentlichen Sinne funktionieren lässt, im Vordergrund: die Software. Sie umfasst

- Betriebssysteme,
- Anwenderprogramme,
- Programmiersprachen.

Ausgewählt werden Programme, die sich hunderttausendfach bewährt und einen Standard gesetzt haben, der Gefahr des Veraltens also nur in geringem Maße unterliegen.

Im «Grundkurs Computerpraxis» wird das praktische Computerwissen übersichtlich gegliedert, auf das Wesentliche begrenzt und mit Grafiken, Beispielen und Übungen optimal zugänglich gemacht.

Dem «Grundkurs Computerpraxis» liegt ein didaktisches Konzept zugrunde, das von Dipl.-Hdl. Rudolf Hambusch, Referatsleiter im Landesinstitut für Schule und Weiterbildung Soest, entwickelt wurde. Es will das Computerwissen für jedermann verständlich machen. Die Autoren sind erfahrene Berufspädagogen, Praktiker oder Mitarbeiter in Weiterbildungsprojekten.

1 Prolog

C – dieser Name läßt Anfänger unwillkürlich zusammenzucken, steht er doch für die Abenteuerfahrt unter den Reisen ins Land der Programmiersprachen. Trotzdem wurde C in den letzten Jahren zur wohl wichtigsten Programmiersprache in der professionellen Softwareentwicklung. Dieser Erfolg beruht auf der Ausführungsgeschwindigkeit, Kompaktheit und Portabilität ihrer Programme.

Dieses Buch erläutert Schritt für Schritt die C-Programmierung anhand anschaulicher Beispiele. Es eignet sich sowohl zum Selbststudium als auch zur Ergänzung anderer Lernunterlagen. Wegen der vielen Beispiele ist es aber auch für Profis noch ein nützliches Nachschlagewerk.

1.1 Die Vorgeschichte

Einige Eigenarten von C lassen sich besser verstehen, wenn man die Entwicklungsgeschichte dieser Programmiersprache kennt. Obwohl Sie dabei nur einen Blick auf die vergangenen 30 Jahre werfen, wird Ihnen diese Zeit wie die Steinzeit des Computers vorkommen.

C entstand im Zeitraum von 1969 bis 1973 bei Bell Laboratories. Dort wurde anfangs noch an einem Projekt namens Multics (Multi user control system) gearbeitet, einem Betriebssystem für, aus heutiger Sicht, mittelgroße Computer, sogenannte Minicomputer. Als erkannt wurde, daß erfolgversprechende Resultate noch lange auf sich warten lassen würden, ging eine Gruppe unter Leitung von Ken Thompson daran, eine Alternative, nämlich Unix, zu entwickeln. Als Zielmaschine stand ihnen eine DEC PDP-7 mit einem Arbeitsspeicher von 8 K 18-Bit-Wörtern (147456 Bit!) zur Verfügung. Anfangs wurde in Assembler programmiert. Doch die meisten Entwickler kannten noch vom Multics-Projekt die Vorzüge einer höheren Programmiersprache. Dabei handelte es sich um BCPL (Basic Combined Programming Language).

Es war eine Sprache für nichtnumerische Probleme, deren Anweisungen die Maschinenoperationen abstrahierten. Dadurch war es den Programmierern möglich, die Entwicklung ohne Berücksichtigung der Maschinendetails auf einem höheren Level zu betreiben. BCPL kannte jedoch keine Datentypen, sondern nur das Maschinenwort als Speicher, dessen Inhalt je nach verwendetem Operator und Funktionsaufruf anders interpretiert wurde.

Als die Entscheidung für eine eigene Programmiersprache für Unix gefallen war, entstand zunächst B, eine auf 8 K geschrumpfte Variante von BCPL. Der Name ist höchstwahrscheinlich eine Abkürzung von BCPL, obwohl es auch andere Theorien über seine Entstehung gibt. Der B-Compiler erzeugte zunächst keinen Maschinencode, sondern sogenannten *threaded Code*, der interpretiert wurde. Später wurde der Compiler von Dennis Ritchie dahin geändert, daß er Typen verwendete und Maschinencode erzeugte. Die Sprache hieß danach zuerst NB für *new B* und wurde dann später in C umbenannt, dem Buchstaben, der dem B sowohl in BCPL als auch im Alphabet folgt.

Als C ausgereift war und über eine Funktionsbibliothek verfügte, wurde die Sprache 1978 von Kernighan und Ritchie veröffentlicht. Ihre daraufhin einsetzende schnelle Verbreitung verlangte nach einer Standardisierung, die dann auch 1989 vom ANSI-Komitee X3J11 festgelegt und 1990 von der ISO als ISO/IEC 9899-1990 übernommen wurde.

Auch C hat bereits Ableger erzeugt beziehungsweise andere Sprachen beeinflußt. Dazu zählen mehr oder weniger bekannte wie Objective C, C++, Concurrent C und C*. Sprachen, wie zum Beispiel Eiffel und Modula 3, benutzen C für interne Darstellungen. Als neueste Sprache ist Java zu nennen, die unter anderem durch den C-Abkömmling C++ stark geprägt wurde.

1.2 Wie erstellt man ein C-Programm?

Wie bei allen Compilersprachen durchläuft die Programmerstellung auch bei C drei Arbeitsschritte (siehe auch Kapitel 15.1):
1. Quellprogramm schreiben (editieren).
2. Quellprogramm übersetzen (kompilieren).
3. Kompiliertes Programm binden (linken).

Die folgende Grafik veranschaulicht diesen Ablauf.

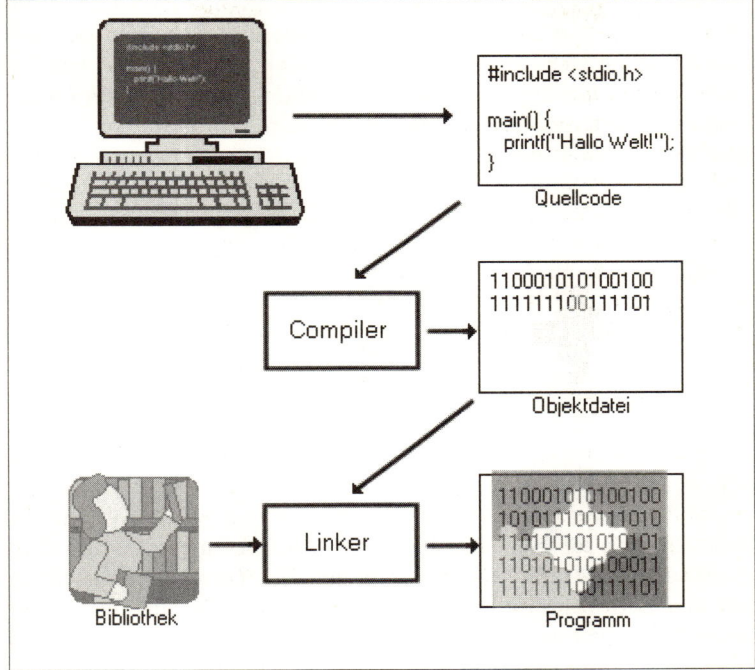

Zum Lieferumfang aller Entwicklungsumgebungen gehören daher immer ein Editor, der eigentliche Compiler und ein Linker. Diese verschiedenen Programme sind heutzutage oft zusammen mit anderen nützlichen Hilfen zu einer sogenannten integrierten Entwicklungsumgebung zusammengefaßt, kurz IDE (engl. Integrated Development Environment) genannt. Für das gesamte Entwicklungssystem wird häufig auch einfach der Begriff Compiler als Synonym verwendet. Dieses Buch folgt ebenfalls dieser Sprachgewohnheit.

Zusätzlich gehören mehrere sogenannte Bibliotheken (engl. libraries) zum Compiler. Diese Libraries enthalten fertige Funktionen in Binärform, die Sie in Ihren Programmen verwenden können. Der Linker sucht alle benötigten Funktionen aus diesen Bibliotheken heraus und fügt sie wie Puzzleteile Ihrem Programm hinzu.

Linux- und Unix-Nutzer verfügen automatisch über alle notwendigen Programme, denn sie zählen bei diesen Betriebssystemen zur Standardausstattung, wie seinerzeit der Basic-Interpreter bei MS-DOS. Wenn andere Betriebssysteme eingesetzt werden, muß ein separates Entwicklungssystem installiert werden, das einen C-Compiler enthält. Nur dann können Sie die Beispiele und Übungen dieses Buches selbst ausprobieren. Die entsprechenden Produkte tragen im Namen oft *C++*, sind aber alle auch «C-fähig».

Hinweis:
Bei 32-Bit-Compilern können die erstellten Programme manchmal nicht direkt unter DOS, sondern nur mit Hilfe sogenannter DOS-Extender laufen, die den Arbeitsspeicher über der 640-KB-Grenze nutzbar machen. Starten Sie solche Programme deshalb beispielsweise unter Windows aus einem MS-DOS-Fenster heraus.

1.3 Wie geht es weiter?

Dieses Buch beschreibt keine Entwicklungsumgebungen, sondern nur die Programmiersprache selbst. Deshalb soll die Programmerstellung mit den Entwicklungsumgebungen an dieser Stelle nur beispielhaft und für die wichtigsten Systeme angegeben werden. Dabei wird die bei den meisten verfügbare Methode über den Kommandomodus gewählt, da auch das erstellte Programme hierüber gestartet wird. Auf Windows-Systemen öffnen Sie dafür eine MS-DOS-Eingabeaufforderung.
Zunächst jedoch einige Hinweise zur Handhabung dieses Buches.

Dialoge und Programmfragmente sind so hervorgehoben:

```
Ihre Eingabe bitte
```

Die Programmbeispiele sind mit einem Rahmen versehen. Ein Rahmen entspricht dabei in der Regel auch immer einer Datei.
Programmteile, die erläutert werden, sind mit einem Raster unterlegt:

```
main() {}                                        /*(1)*/
```

Damit im Text darauf Bezug genommen werden kann, enthalten die Programmbeispiele Zeilennummern in der Form

/* (1)*/

Diese Nummern sind, wie alles, was zwischen den Zeichen /* und */ steht, Kommentare und können beim Eingeben der Programme weggelassen werden.

Hinweis
Autoren, Herausgeber und Verlag haben sämtliche Angaben, Hinweise und Beispiele, die in diesem Buch aufgeführt sind, sorgfältig geprüft. Dennoch können Fehler nicht völlig ausgeschlossen werden. Autoren, Herausgeber und Verlag können deshalb keine Gewährleistung für die einwandfreie Funktion aller Angaben, Hinweise und Beispiele übernehmen. Für etwaige Folgeschäden an Geräten und Programmen, die durch die Benutzung der Inhalte dieses Buches entstehen können, wird keine Haftung übernommen.

Benutzte Produkt- bzw. Warennamen
Fast alle in diesem Buch genannten Produkt- und Firmennamen sind gesetzlich geschützt. Ein fehlender ausdrücklicher Hinweis hierauf kann nicht zu der Annahme führen, daß keine Schutzrechte bestehen.

Download
Die Beispiele und Lösungen stehen unter www.erlenkoetter.de und www.rowohlt.de zur Verfügung.

2 Erste Schritte

Nach diesen einführenden Erläuterungen soll es jetzt aber auch sofort losgehen. An einem kleinen Beispiel soll der Umgang mit dem Compiler dargestellt werden. Dieses Kapitel erläutert, woraus ein C-Programm besteht und wie es erstellt wird.

2.1 Ein erstes Beispiel

Zuerst wird ein kleines Programm erstellt und ausprobiert. Was es macht, wird dann im Kapitel 2.2 erklärt.

2.1.1 Programm schreiben

Geben Sie mit Hilfe Ihrer Entwicklungsumgebung oder eines anderen beliebigen Editors das folgende Programm ein.

```
/* bspl0001.c */
#include <stdio.h>
main(){
   printf("\nDies ist ein erstes C-Programm.\n");
   printf("\nWie Sie sehen, kann 'printf' ");
   printf("nicht nur Texte drucken,\n");
   printf("sondern auch rechnen.\n\n");
   printf("13 * 7 = %i \n",13 * 7);
}
```

Speichern Sie es beispielsweise unter dem Namen *bspl0001.c*, wobei die Dateiendung unbedingt *.c* lauten muß.
Sollten bei Ihrem Rechner beispielsweise die geschweiften Klammern und der sogenannte Backslash (\) nicht direkt über die Tastatur einzugeben sein, dann verwenden Sie statt dessen die sogenannten Trigraphs

(tri = drei, graph = Zeichen) von C, die der Compiler als ein einzelnes Sonderzeichen behandelt. Die folgende Tabelle enthält alle alternativen Trigraphs und ihre Bedeutung.

Zeichen	Trigraph
#	??=
\	??/
[	??(
]	??)
^	??'
{	??<
}	??>
		??!
~	??-

Bei Verwendung dieser Ersatzzeichen sieht das gleiche Programm folgendermaßen aus:

```
/* bspl0002.c */
??=include <stdio.h>
main()??<
   printf("??/nDies ist ein erstes C-Programm.??/n ");
   printf("??/nWie Sie sehen, kann 'printf' ");
   printf("nicht nur Texte drucken,??/n");
   printf("sondern auch rechnen.??/n??/n");
   printf("13 * 7 = %i ??/n",13 * 7);
??>
```

Wie Sie sehen, wird das Programm dadurch nicht gerade lesbarer. Die Trigraphs sind aber nur eine Notlösung für Computer mit speziellen Tastaturen und sollten auch nur in diesen Notfällen unter Angabe einer speziellen Compileroption benutzt werden.

2.1.2 Programm erstellen

Das gespeicherte Quellprogramm muß nun übersetzt (kompiliert) und gebunden (gelinkt) werden, damit es vom Computer ausgeführt werden kann. Diese zwei Arbeitsschritte lassen sich bei den meisten Entwicklungsumgebungen durch einen einzigen Befehl sofort nacheinander erledigen.

Unter **Unix** und **Linux** geschieht dies auf der Kommandoebene, und zwar beispielsweise durch die Anweisung

```
cc      -o bsp10001     bsp10001.c
```

bzw. beim GNU-Compiler durch

```
gcc     -o bsp10001     bsp10001.c
```

Diese Anweisung hat folgende Bedeutung:

cc bzw. *gcc*	sind die Compileraufrufe,
-o	steht für *output*; ein Dateiname muß folgen,
bsp10001	ist der Name des ausführbaren Programms und
bsp10001.c	ist der Name der zu übersetzenden Quelldatei.

Auch andere Entwicklungsumgebungen verfügen über Befehle für die Kommandoebene. So können Sie das Programm zum Beispiel mit Hilfe von **MS-Visual Studio/Visual C++** im MS-DOS-Fenster durch

```
cl      bsp10001.c
```

erstellen. Wichtig ist in jedem Fall, daß alle Pfadeinstellungen korrekt erfolgt sind.

Aus den Entwicklungsumgebungen kann das Programm aber auch direkt erstellt werden. Am schnellsten geschieht dies über die Tastaturabkürzungen, wie beispielsweise

Strg + F9	beim C++-Builder von Inprise (ehem. Borland) oder
F7	beim Visual Studio/Visual C++ von Microsoft

2.1.3 Programm aufrufen

Damit die Anweisungen des Programms ausgeführt werden, muß es aufgerufen werden. Aus der Kommandoebene erfolgt dies durch

```
bsp10001
```

und aus der Entwicklungsumgebung heraus durch

| F9 | beim **C++-Builder** von Inprise (ehem. Borland) |
| F5 | beim **Visual Studio/Visual C++** von Microsoft |

In jedem Fall erzeugt *bspl0001* die folgende Anzeige:

```
Dies ist ein erstes C-Programm.

Wie Sie sehen, kann 'printf' nicht nur Texte drucken,
sondern auch rechnen.

13 * 7 = 91
```

2.2 Das Programm

Nachdem Sie das Programm nun erfolgreich erstellt und ausprobiert
haben, möchten Sie auch wissen, wie es funktioniert. Damit in der Beschreibung auf die einzelnen Anweisungen des Programms Bezug genommen werden kann, enthält die folgende Abbildung am rechten
Rand Nummern. Ansonsten handelt es sich um das gleiche Programm
wie in Kapitel 2.1.

Diese Nummern und der Name des Programms *bspl0001.c* sind Kommentare, die der Compiler beim Übersetzen ignoriert. Kommentare
dürfen sich über mehrere Zeilen erstrecken. Ein Kommentarbereich
wird immer durch /* eingeleitet und durch */ beendet. Eine Schachtelung von Kommentaren ist normalerweise nicht erlaubt.

```
/* bspl0001.c */
#include <stdio.h>                                      /*(1)*/
main(){                                                 /*(2)*/
   printf("\nDies ist ein erstes C-Programm.\n");       /*(3)*/
   printf("\nWie Sie sehen, kann 'printf' ");
   printf("nicht nur Texte drucken,\n");
   printf("sondern auch rechnen.\n\n");
   printf("13 * 7 = %i \n",13 * 7);                     /*(4)*/
}                                                       /*(5)*/
```

(1) Beinahe jedes C-Programm beginnt mit einer oder mehreren *#include*-Anweisungen. Dadurch wird Bibliotheksquellcode aus der dahinter aufgeführten Datei in Ihr Programm eingefügt. Was es damit genau auf sich hat, wird im Kapitel 9.1 erläutert.

(2) Das Schlüsselwort *main* befindet sich in jedem ausführbaren C-Programm genau einmal. Es ist der Startpunkt – die Hauptfunktion –, bei dem die Ausführung beginnt. Die runden Klammern hinter *main* deuten auf eine Eigenart von C hin: das gesamte Programm besteht aus Funktionen. In den Klammern werden die Parameter angegeben, die an die Funktion übergeben werden. Soll, wie in unserem Beispiel, die Funktion keine Werte erhalten, dann bleiben die Klammern leer. Angegeben werden müssen sie aber auf jeden Fall. Geschweifte Klammern dienen zur Bildung eines Blocks von Anweisungen. Jeder Block beginnt und endet mit geschweiften Klammern. Pascal-Programmierern wird diese Idee nicht neu sein, verwenden sie doch etwas Ähnliches in Form der Anweisungen *begin* und *end*. Die öffnende geschweifte Klammer an dieser Stelle kennzeichnet den Beginn des Codes der Funktion *main*.

(3) In dieser und den folgenden Zeilen wird eine Funktion verwendet, die zur Ausgabe von Daten auf dem Bildschirm dient. *printf* ist kein Bestandteil der Sprache C, sondern eine Funktion, die vom Compilerhersteller in Form der bereits erwähnten Bibliotheken mitgeliefert wird. Während des Linkens wird diese Funktion aus der entsprechenden Library geholt und in Ihr Programm eingebunden. *printf* ist eine der am häufigsten verwendeten und leistungsfähigsten Funktionen. Sie sehen, daß die auszugebenden Texte zusätzliche Zeichen enthalten, die nicht mit ausgedruckt werden. Diese Zeichen sind sogenannte Escapesequenzen. In unserem Beispiel wurde die Sequenz \n in die Zeichenkette eingebaut. Das *n* steht für *new line* (neue Zeile) und sorgt dafür, daß bei der Textausgabe an diesen Stellen eine neue Zeile begonnen wird. Ohne diese Steuersequenz wird der Ausdruck an der aktuellen Cursorposition fortgeführt. Eine Escapesequenz wird immer von einem Backslash (\) eingeleitet.

(4) Neben der bloßen Ausgabe von Texten kann die Funktion *printf* auch rechnen. Diese Fähigkeit wurde genutzt, um das Ergebnis von *13 multipliziert mit 7* ausrechnen zu lassen. Der Ausdruck *13 * 7 = %i \n* enthält etwas Neues, nämlich das *%i*. Diese Zeichenkombination dient in C als Platzhalter für einen ganzzahligen Wert, der,

durch Komma getrennt, hinter der Zeichenkette folgt. In unserem Fall ist es das Ergebnis des Ausdrucks *13*7*. Nachdem es berechnet ist (=91), wird *%i* durch 91 ersetzt und die gesamte, in Anführungszeichen stehende Zeichenkette ausgedruckt. An Stelle des Platzhalters *%i* kann hier auch *%d* verwendet werden, das fast die gleiche Aufgabe erfüllt. Viele ältere Compiler kennen *%i* nicht!

(5) Durch die schließende geschweifte Klammer *}* wird der zu *main* gehörende Anweisungsblock abgeschlossen. An dieser Stelle wird das Programm in jedem Fall beendet.

2.3 Die Funktion printf

Das nächste Programm zeigt weitere Eigenschaften der Funktion *printf*.

```
/* bspl0003.c */
#include <stdio.h>
main() {
    printf("\nJetzt rechne ich: \n");
    printf("3 + 2 = %i\n3 - 2 = %i\n",3+2,3-2);      /*(1)*/
    printf("12 * 3 = %i\n",12*3);
    printf("12 / 3 = %i\n\a",12/3);                   /*(2)*/
}
```

Nach dem Programmstart erscheint:

```
Jetzt rechne ich:
3 + 2 = 5
3 - 2 = 1
12 * 3 = 36
12 / 3 = 4
```

(1) Ein Platzhalter, in diesem Beispiel *%i*, kann in einer Zeile mehrfach vorkommen. In so einem Fall müssen hinter der Zeichenkette genau so viele Werte folgen, wie Platzhalter angegeben sind. Auch die Reihenfolge der Werte muß mit der Reihenfolge der Platzhalter übereinstimmen, da die Ausdrücke von links nach rechts bewertet und an Stelle des *%i* eingetragen werden. Für das erste *%i* wird also das Ergebnis von *3+2* und für das zweite *%i* das Ergebnis von *3-2* übernommen. (Denken Sie daran, daß statt *%i* auch *%d* verwendet werden kann.) Die Escapesequenzen dürfen im Text an beliebiger

Stelle stehen. Sie sind hier benutzt worden, um jede Berechnung in einer eigenen Zeile anzuzeigen.

(2) Am Ende dieser Zeile ist eine weitere Escapesequenz verwendet worden. Ihre Wirkung läßt sich allerdings nicht optisch darstellen, denn *a* steht für *alert* (Alarm) und gibt einen Ton über den Lautsprecher des Rechners aus.

Zusammengefaßt läßt sich die Arbeitsweise von *printf* so beschreiben: Hinter der geöffneten Klammer folgt als erstes eine Zeichenkette, die durch Anführungszeichen begrenzt wird. Sie enthält den zu druckenden Text. Bevor der Text ausgedruckt wird, untersucht *printf*, ob eines der beiden Sonderzeichen % oder \ vorkommt. Das Prozentzeichen, gefolgt von einem Buchstaben, bedeutet, daß an dieser Stelle bei der Ausgabe der Wert erscheinen soll, der hinter der Zeichenkette steht. Der Backslash (\) gibt an, daß der nächste Buchstabe als Steuerzeichen zu interpretieren ist. Sie haben bisher die Steuerzeichen *n* für «Neue Zeile» und *a* für «Alarm» kennengelernt.

Für die Grundrechenarten werden folgende Zeichen verwendet:

Zeichen	Bedeutung
+	addieren
-	subtrahieren
*	multiplizieren
/	dividieren
%	Divisionsrest berechnen (siehe *bspl0005.c*)

Kommen in einem Ausdruck mehrere Rechenzeichen vor, so werden Multiplikation und Division zuerst ausgeführt, da sie einen höheren Rang haben als Addition und Subtraktion. Bei Zeichen mit gleichem Rang wird von links nach rechts bewertet.

2.4 Das Format des Programmcodes

Zum Abschluß dieses ersten Kapitels sollen Sie noch das kürzeste C-Programm kennenlernen. Es lautet:

```
main(){}
```

Sie sehen hier ein vollständiges, korrektes C-Programm, geschrieben in einer Zeile. Das einzige, was man an diesem Programm bemängeln könnte, ist die Tatsache, daß es absolut nichts tut. Es kann jedoch als Grundlage für die Erläuterung einer weiteren C-spezifischen Eigenart dienen:

C ist eine formatfreie Sprache. Das heißt, daß die äußere Form des Programms fast beliebig ist. Dem C-Compiler ist es herzlich egal, ob Sie Ihr Programm beispielsweise so:

```
#include <stdio.h>
main(
     ){  printf("Hallo Welt"  )
 ;}
```

oder so:

```
#include <stdio.h>
main() {
   printf("Hallo Welt");
}
```

schreiben. Für die Übersichtlichkeit dürfte die zweite Form allerdings die bessere sein. Sie sollten sich von Anfang an eine strukturierte Schreibweise aneignen; sie macht Ihre Programme besser verständlich und damit auch besser zu pflegen. Wie Sie die Einrückungen und Absätze letztlich wählen, bleibt Ihnen überlassen. Sie können sich jedoch an der in diesem Buch vorgestellten Schreibweise orientieren.

Damit wird auch die Funktion der Semikolons am Ende jeder Zeile klar: Sie beenden jede Anweisung und ermöglichen es dem Compiler dadurch, sich im Programm zurechtzufinden. Dadurch ist unser erstes Programm auch in der folgenden Form für den Compiler gut lesbar, weniger jedoch für Menschen.

```
/* bspl0004.c */
#include <stdio.h> main(){printf(
"\nDies ist ein erstes C-Programm.\n");printf(
"\nWie Sie sehen, kann 'printf' ");printf(
"nicht nur Texte drucken,\n");printf(
"sondern auch rechnen.\n\n");printf("13 * 7 = %i \n"
,13 * 7);}
```

2.5 Zusammenfassung

Sie haben in diesem Kapitel bereits die grundlegenden Eigenschaften der Programmiersprache C kennengelernt. Die folgende Aufzählung faßt diese Punkte zusammen.

▦ C ist formatfrei und benötigt keine Zeilennummern. Das heißt, Sie können das Aussehen Ihres Programms frei bestimmen.

▦ C besteht nur aus Funktionen. Die Funktion *main* muß in jedem C-Programm genau einmal vorkommen.

▦ Jeder Funktionscode beginnt mit { und endet mit }.

▦ Jede Anweisung muß mit einem Semikolon abgeschlossen werden.

▦ Kommentare werden im Programm mit /* eingeleitet und mit */ beendet.

▦ Der Sprachumfang von C ist klein und leicht zu erlernen. Viele Funktionen, die der Erstellung eines Programms dienen, werden in Bibliotheken mitgeliefert.

▦ Eine der wichtigsten Bibliotheksfunktionen ist *printf*. Durch sogenannte Escapesequenzen kann bei ihr die Ausgabe von Texten gesteuert werden. Des weiteren kann *printf* Berechnungen durchführen und ihre Ergebnisse ausgeben.

2.6 Übungen

Aufgabe 1

Welche Ausgabe liefert das folgende Programm?

```
#include <stdio.h>
main() {
    printf("\nDas Ergebnis von\n12 durch 4 ist %i.",3);
}
```

Aufgabe 2

Ergänzen Sie die folgende *printf*-Anweisung, damit auf dem Bildschirm die darunter dargestellte Ausgabe erscheint.

```
#include <stdio.h>
main() {
    printf("\nDieser ...
}
```

```
Dieser Text
enthaelt
viele
Zeilenumbrueche.
```

Aufgabe 3

Welches Ergebnis liefert dieses Programm?

```
#include <stdio.h>
main() {
    printf("4 + 6 / 2 = %i\n",4+6/2);
}
```

3 Mit Zahlen arbeiten

Im vorherigen Kapitel haben Sie die Grammatik (Syntax) eines C-Programms kennengelernt und mit Hilfe der Funktion *printf* erste Berechnungen durchgeführt. Die Beispielprogramme hatten allerdings den Nachteil, daß für jeden neuen Zahlenwert das Programm neu übersetzt werden mußte. Es wäre viel praktischer, wenn das Programm beliebige Zahlen während des Programmlaufs von der Tastatur entgegennehmen und mit diesen Werten die Berechnungen durchführen könnte. Erst diese Flexibilität macht ein Programm zu einem sinnvollen Programm.

3.1 Mit ganzen Zahlen rechnen

Die C-Bibliothek stellt eine Vielzahl von Funktionen zur Dateneingabe bereit. Für die folgenden Beispiele wird die Funktion *scanf* benutzt. Man kann diese Funktion als Gegenstück zu *printf* betrachten, da auch hier ein Formatstring mit Platzhaltern, gefolgt von einer Variablenliste, verwendet wird.

Geben Sie das Programm *bspl0005.c* ein, und probieren Sie es aus. Auch hier gilt natürlich, daß die Kommentare nicht mit eingegeben werden müssen.

```
/* bspl0005.c */
#include <stdio.h>                              /*(1)*/

main() {
  int x,y;                                      /*(2)*/
  printf("\n\t1 . R e c h e n p r o g r a m m\n");  /*(3)*/
  printf("\nBitte x eingeben :");
  scanf("%i",&x);                               /*(4)*/
  printf("Bitte y eingeben :");
  scanf("%i",&y);
```

```
printf("\n %i + %i ist %i",x,y,x+y);
printf("\n %i - %i ist %i",x,y,x-y);
printf("\n %i * %i ist %i",x,y,x*y);
printf("\n %i / %i ist %i",x,y,x/y);
printf("\n %i %% %i ist %i",x,y,x%y);                    /*(5)*/
}
```

Geben Sie als Werte für *x* 12 und für *y* 3 ein. Das Ergebnis sieht dann so aus:

```
    1 .  R e c h e n p r o g r a m m

Bitte x eingeben :12
Bitte y eingeben :3

  12 + 3 ist 15
  12 - 3 ist 9
  12 * 3 ist 36
  12 / 3 ist 4
  12 % 3 ist 0
```

Neben der Funktion *scanf* sind noch weitere neue Elemente in diesem Programm aufgetaucht.

(1) Eine oder mehrere *#include*-Anweisungen finden sich in fast jedem C-Programm wieder. *#include* ist keine Programmanweisung, sondern eine sogenannte Präprozessor-Direktive (siehe Kapitel 9.1). Hinter diesem furchteinflößenden Wort verbirgt sich allerdings nichts Geheimnisvolles. Bevor der eigentliche Kompiliervorgang beginnt, sucht der sogenannte Präprozessor nach dem Nummernzeichen (*#*). Findet er dieses Zeichen, so weiß er, daß jetzt eine Anweisung für ihn folgt. Das Wort *include* bedeutet nun, daß er die Datei, die danach in spitzen Klammern angegeben ist, an dieser Stelle in Ihr Programm einfügen soll. Dieser Vorgang läßt sich mit dem automatischen Einfügen von Textbausteinen bei einer Textverarbeitung vergleichen. Im Beispiel soll die Datei *stdio.h* in den Programmtext eingefügt werden. Die *include*-Dateien, die an der Endung *h* zu erkennen sind, haben u. a. die Aufgabe, sogenannte Prototypen in Ihr Programm einzubauen. Das sind Definitionen, die vom Compiler benötigt werden, damit er die korrekte Verwen-

dung der Bibliotheksfunktionen kontrollieren kann. In ihrer Dokumentation ist zu jeder einzelnen Funktion angegeben, welche *include*-Datei von ihr benötigt wird.

Bevor Sie weiterlesen, sollten Sie die folgende Aufgabe lösen.

Aufgabe 4

Welche *include*-Dateien werden für die Funktionen *strlen* (ermittelt die Länge einer Zeichenkette) und *getchar* (liest ein Zeichen von der Tastatur) benötigt? Benutzen Sie zur Lösung den Anhang dieses Buches.

(2) In *bspl0005.c* sollen Werte während des Programmlaufs eingegeben werden. Darum muß im Programm dafür gesorgt werden, daß die Werte gespeichert werden. Diese Aufgabe wird von Variablen übernommen. Bevor eine Variable das erste Mal verwendet werden kann, muß sie deklariert werden, das heißt, Typ und Name müssen festgelegt werden. Die beiden Variablen *x* und *y* sind vom Typ Integer (Ganzzahl). Sie werden durch das Schlüsselwort *int* gekennzeichnet. Zuerst kommt also die Typbezeichnung, hier *int*, dann der Name der Variablen. Werden mehrere Variablen vom gleichen Typ benötigt, können sie – durch Komma getrennt – hinter dem Schlüsselwort aufgezählt werden.

(3) In dieser Zeile wird die Escapesequenz \t verwendet. Der Buchstabe *t* steht für *Tabulator* und bewegt den Cursor um jeweils acht Stellen nach rechts. Der Tabulator ist hier benutzt worden, um die Überschrift ungefähr in die Mitte der Zeile zu positionieren.

(4) Die Funktion *scanf* dient der Eingabe von Daten und verfügt über ähnliche Parameter wie *printf*. Zuerst kommt eine Zeichenkette mit einem Platzhalter *(%i)* für die einzugebende Variable und dahinter die Variable selbst (*x* bzw. *y*) mit vorangestelltem &. Die genaue Bedeutung des &-Zeichens vor der Variablen zu erklären würde an dieser Stelle zu weit führen. Dieser Punkt wird ausführlich in Kapitel 10.1 besprochen. Hier mag genügen, daß das &-Zeichen die Adresse einer Variablen liefert.

(5) Hier soll von *printf* innerhalb des Textes das %-Zeichen ausgegeben werden. Da es jedoch die Platzhalter für Variablen kennzeichnet, muß man für seine Anzeige %% benutzen. Durch *x%y* wird eine sogenannte Modulo-Operation oder auch Divisionsrestberechnung

ausgeführt. Das Ergebnis ist 0, weil sich 12 glatt durch 3 teilen läßt. Bei *13%3* lautet es 1, *14%3* liefert 2 und *15%3* wieder 0.

Starten Sie jetzt das Programm nochmals, und geben Sie für *x* 125 und für *y* 25 ein. Sie erhalen als Anzeige dann:

```
      1 .  R e c h e n p r o g r a m m


Bitte x eingeben :125
Bitte y eingeben :25

  125 + 25 ist 150
  125 - 25 ist 100
  125 * 25 ist 3125
  125 / 25 ist 5
  125 % 25 ist 0
```

Auch diese Ergebnisse sind richtig. Das Programm scheint korrekt zu funktionieren. Machen Sie noch einen letzten Test: Geben Sie diesmal für *x* 300 und für *y* 200 ein. Je nach Computersystem erhalten Sie eine der folgenden Anzeigen.

Auf einem 32-Bit-Rechner sehen Sie:

```
      1 .  R e c h e n p r o g r a m m


Bitte x eingeben :300
Bitte y eingeben :200

  300 + 200 ist 500
  300 - 200 ist 100
  300 * 200 ist 60000
  300 / 200 ist 1
  300 % 200 ist 100
```

Auf einem 16-Bit-System liefert das Programm dagegen:

```
      1 .  R e c h e n p r o g r a m m

Bitte x eingeben :300
Bitte y eingeben :200
```

```
300 + 200 ist 500
300 - 200 ist 100
300 * 200 ist -5536
300 / 200 ist 1
300 % 200 ist 100
```

Die Ergebnisse für Addition und Subtraktion sind zwar immer noch richtig, bei der Multiplikation und der Division sind die Ergebnisse jedoch augenscheinlich teilweise falsch. Woran liegt das?

Sie hatten die Variablen x und y als Typ *int* deklariert. Das bedeutet, daß diese Variablen nur ganze Zahlen aufnehmen können. Die Division von 300/200 ergibt aber 1.5. (Beachten Sie bitte, daß C – wie andere Programmiersprachen auch – einen Punkt als Dezimalzeichen verwendet.) Da also Integer-Variablen nur ganze Zahlen speichern können, geht der Dezimalanteil verloren. Damit wird die Ausgabe *300/200 ist 1* verständlich.

Das erklärt allerdings noch immer nicht, warum 300*200 auf 16-Bit-Computern −5536 ergeben soll. Aber auch für dieses Verhalten liegt der Grund in dem gewählten Variablentyp. Integer-Zahlen haben nämlich bei 16-Bit-Computern einen Wertebereich, der nur die Darstellung der Zahlen von −32768 bis 32767 erlaubt (2^{16} = 65536 Werte). Bei 32-Bit-Rechnern reicht er dagegen von −2147483648 bis 2147483647 (2^{32} = 4294967296 Werte). Da 300*200 aber bereits 60000 ergibt, kommt es zu diesem seltsamen Ergebnis. Der tiefere Grund dafür, daß gerade −5536 herauskommt, liegt in der internen Darstellungsform für negative und positive Dualzahlen. Die ausführliche Erklärung würde hier zu weit führen.

Sie sollten sich an dieser Stelle aber merken, daß Sie als Programmierer dafür verantwortlich sind, daß der Wertebereich der Integer-Zahlen nicht überschritten wird. Sie sollten sie trotzdem so oft wie möglich verwenden, da sie die «natürlichsten» Zahlen für einen Computer sind. Der Rechner kann mit diesen Zahlen am effektivsten, das heißt am schnellsten arbeiten.

3.2 Fließkomma-Zahlen

Die Verwendung von Ganzzahlen ist auf den genannten Wertebereich begrenzt, außerdem können eben nur ganze Zahlen dargestellt werden. Sollen größere Zahlen oder Zahlen mit Nachkommastellen verwendet werden, müssen Sie andere Variablentypen benutzen. Im nachstehenden Programm wird der Typ *float* vorgestellt, der einen Wertebereich von 1.17 549 * 10 hoch −38 bis 3.40 282 * 10 hoch 38 darstellen kann. Für negative Zahlen gilt das gleiche. Ausgeschrieben lauten diese Zahlen 0,00000000000000000000000000000000000000117549 und 34028200000000000000000000000000000000. Das dürfte fürs erste ausreichen.

Hinweis:
Sie können sich beim folgenden Beispiel viel Tipparbeit ersparen, wenn Sie das letzte Programm überschreiben. Sie müssen nur *int* gegen *float* und alle *%i* gegen *%f* austauschen. Außerdem müssen Sie die letzte *printf*-Anweisung mit der Modulo-Operation entfernen.

```
/* bsp10006.c */
#include <stdio.h>

main() {
   float x,y;
   printf("\n\t2 . R e c h e n p r o g r a m m\n");
   printf("\nBitte x eingeben :");
   scanf("%f",&x);
   printf("Bitte y eingeben :");
   scanf("%f",&y);
   printf("\n %f + %f ist %f",x,y,x+y);
   printf("\n %f - %f ist %f",x,y,x-y);
   printf("\n %f * %f ist %f",x,y,x*y);
   printf("\n %f / %f ist %f",x,y,x/y);
}
```

Geben Sie jetzt wieder für *x* 300 und für *y* 200 ein.

```
       2 . R e c h e n p r o g r a m m

Bitte x eingeben :300
Bitte y eingeben :200

 300.000000 + 200.000000 ist 500.000000
 300.000000 - 200.000000 ist 100.000000
 300.000000 * 200.000000 ist 60000.000000
 300.000000 / 200.000000 ist 1.500000
```

In diesem Programm sind die Variablen *x* und *y* vom Typ *float*; sie können somit auch große Zahlen und Zahlen mit Nachkommastellen aufnehmen. Damit die Ausgabe dieser Zahlen auch richtig erfolgt, haben Sie in der Funktion *printf* den Platzhalter *%f* verwendet. Standardmäßig werden dabei sechs Nachkommastellen angezeigt.

Divisionsrestberechnungen wie in *bspl0005.c* machen bei Variablen vom Typ *float* keinen Sinn, denn jetzt wird ja dezimalstellengenau gerechnet.

3.3 Formatierte Zahlenausgabe

Das bisher Gelernte sollen Sie nun an einem Programm zur Umrechnung von Währungen ausprobieren.

```
/* bspl0007.c */
#include <stdio.h>

main() {
   float u_faktor,betrag;
   printf("\n\tW a e h r u n g s r e c h n e n\n");
   printf("\nBitte Umrechnungsfaktor eingeben: ");
   scanf("%f",&u_faktor);
   printf("Bitte DM-Betrag eingeben: ");
   scanf("%f",&betrag);
   printf("\n%.2f DM entsprechen ",betrag);          /*(1)*/
   printf("%.2f in der Fremdwaehrung.",
          betrag*u_faktor);
}
```

Geben Sie als Umrechnungsfaktor 0.345 und als DM-Betrag 100 ein. Beachten Sie, daß die Nachkommastellen mit einem Punkt abgetrennt werden!

```
      W a e h r u n g s r e c h n e n

Bitte Umrechnungsfaktor eingeben: 0.345
Bitte DM-Betrag eingeben: 100

100.00 DM entsprechen 34.50 in der Fremdwaehrung.
```

(1) Wenn Sie sich die Ausgabe des vorletzten Programms (*bspl0006.c*)
     ansehen, werden Sie feststellen, daß jede Zahl mit sechs Nachkom-
     mastellen ausgegeben wurde. In diesem Programm werden die
     Währungsbeträge jedoch mit nur zwei Stellen angezeigt. Sie haben
     sicher bemerkt, welche Formulierung in *printf* das bewirkt. Die An-
     gabe *.2* hinter dem Prozentzeichen legt das Format der Zahl fest
     und bedeutet «zeige die Zahl mit zwei Nachkommastellen an».

Untersuchen Sie, wie *printf* die Zahlen rundet, indem Sie als Umrechnungsfaktor 0.3245 bzw. 0.3246 und als Betrag jedesmal 10 eingeben.

Zum Abschluß dieses Kapitels noch zwei *Hinweise*:

▦ Variablennamen dürfen maximal **31 Stellen** lang sein. Sie können
  aus den Buchstaben A–Z und a–z, Ziffern und dem Unterstrich (_)
  bestehen. Ziffern dürfen jedoch nicht am Anfang stehen. Innerhalb
  dieser Grenzen bleibt Ihnen die Wahl der Variablennamen freige-
  stellt. Sie sollten allerdings solche Namen wählen, die etwas über
  den Inhalt der Variable aussagen. So ist es zwar durchaus erlaubt, *x1,
  ac3, mma* usw. als Namen zu verwenden, *summe, umsatz* oder *taste*
  sind jedoch viel leichter zu merken. Wenn Sie ins andere Extrem ver-
  fallen und die Namen zu lang machen, bringt das auch Probleme
  mit sich, da beim Schreiben der Variablennamen häufiger Fehler un-
  terlaufen können.

▦ Die in den bisherigen Programmen verwendete Kleinschreibung ist
  nicht zufällig gewählt. C ist ‹case-sensitive›, das heißt, es wird zwischen Groß- und Kleinschreibung unterschieden. Mit *Bereich, bereich* und *beReich* definieren Sie daher drei verschiedene Variablen.
  Alle Bibliotheksfunktionen müssen in Kleinbuchstaben eingegeben
  werden. Haben Sie sich verschrieben und statt *printf Printf* geschrieben, wird Sie der Compiler (genaugenommen ist es in diesem Fall
  der Linker) nachdrücklich auf diesen Fehler aufmerksam machen.
  Bei selbstdefinierten Variablen und Funktionen können Sie die
  Schreibweise selbst wählen. Üblicherweise werden C-Programme jedoch fast durchgehend klein geschrieben.

3.4 Ein Additionsprogramm

In den bisher vorgestellten Programmen haben Sie sämtliche Berechnungen von der Funktion *printf* durchführen lassen. Das funktionierte auch einwandfrei. Wie kann man sich diese errechneten Werte aber für die weitere Verwendung im Programm merken? Denn *printf* berechnet ja das Ergebnis und gibt es dann sofort auf dem Bildschirm aus. Damit kann man im weiteren Verlauf des Programms aber nichts mehr anfangen, da die Werte eben nur auf dem Bildschirm stehen und sonst nirgends. Im folgenden kleinen Additionsprogramm wird dieser Mißstand behoben.

```
/* bsp10008.c */
#include <stdio.h>

main() {
    float summe=0.0,zahl;                          /*(1)*/
    printf("\n1. Zahl : ");
    scanf("%f",&zahl);
    summe=summe+zahl;                              /*(2)*/
    printf("2. Zahl : ");
    scanf("%f",&zahl);
    summe=summe+zahl;
    printf("3. Zahl : ");
    scanf("%f",&zahl);
    summe=summe+zahl;
    printf("\nEndergebnis = %.17f",summe);
}
```

Starten Sie das Programm, und geben Sie diese drei Werte ein:

```
1. Zahl : 0.12345678901234567890
2. Zahl : 5
3. Zahl : 5
```

Das Ergebnis sieht so aus:

```
Endergebnis = 10.12345695495605500
```

Wie es scheint, hat es der Computer bei dieser Rechnung nicht so genau genommen; ab der 7. Stelle weicht das Ergebnis von der Eingabe ab. Schauen Sie sich zunächst einmal das Programm im einzelnen an.

(1) Der Ausdruck *float summe=0.0* erledigt zwei Aufgaben auf einmal.
     Als erstes deklariert er den Typ der Variablen *summe* als *float*; das
     kennen Sie bereits. Als zweites wird *summe* der Wert *0.0* zugewie-
     sen. C verwendet das Gleichheitszeichen = als Zuweisungsoperator.
     Diese erstmalige Zuweisung eines Wertes nennt man *initialisieren*.
     In C sind normale Variablen nach der Deklaration nicht automa-
     tisch mit null vorbelegt, wie es in einigen anderen Programmier-
     sprachen der Fall ist. Sie enthalten vielmehr beliebige Zufallswerte.
     In diesem Programm soll *summe* aber die Werte der drei eingege-
     benen Zahlen aufaddieren und muß daher zu Beginn immer auf 0
     stehen. Entfernen Sie die Zuweisung =0.0 aus dieser Zeile, und te-
     sten Sie das Programm erneut. Mit großer Wahrscheinlichkeit wird
     das Programm jetzt falsche Ergebnisse liefern.
(2) In diesen Zeilen wird der Variablen *summe* ein neuer Wert zuge-
     wiesen. Sollten Sie noch wenig Programmiererfahrung besitzen,
     wird Ihnen der Ausdruck *summe = summe + zahl* auf den ersten
     Blick etwas seltsam erscheinen. Durch das Gleichheitszeichen wird
     der links stehenden Variablen der Wert des rechts stehenden Aus-
     drucks zugewiesen. In unserem Beispiel wird also zuerst unter Ver-
     wendung des aktuellen Wertes von *summe* die Addition *summe +
     zahl* ausgeführt, und dieses Ergebnis ist dann der neue Wert von
     summe. Ein Beispiel:
     summe hat zu Beginn den Wert 0. Geben Sie nacheinander 3, 12
     und 5 ein, dann haben die Variablen folgende Werte:
     1. *summe* (0) + *zahl* (3) -> *summe* (3)
     2. *summe* (3) + *zahl* (12) -> *summe* (15)
     3. *summe* (15) + *zahl* (5) -> *summe* (20)
     Am Ende der Berechnung hat *summe* den Wert 20.

Nun aber zur Erklärung des seltsamen Ergebnisses.
Wie Sie bereits wissen, haben Variablen vom Typ *float* einen Wertebereich von ca. 1.2 * 10 hoch −38 bis 3.4 * 10 hoch 38. Das sagt allerdings
noch nichts über die Genauigkeit aus, mit der die Zahlen gespeichert
werden. Für *float* werden im Speicher 4 Byte (32 Bit) reserviert. Damit
liegt auch die mögliche Genauigkeit fest. Für genauere Berechnungen
bietet C den Typ *double*. Für diesen Typ sind positive wie negative Zahlen zwischen 2.22 507 * 10 hoch −308 und 1.79 769 * 10 hoch 308
erlaubt. Nicht nur der Wertebereich ist riesig (308 Nullen!), auch
die Genauigkeit der Zahlen liegt etwa doppelt so hoch wie die der

float-Zahlen, da für *double* 8 Byte (64 Bit) im Speicher reserviert werden.

Im Programm *bspl0009.c* wird der Variablentyp *double* verwendet. Sie können sich wieder Tipparbeit ersparen, wenn Sie das letzte Programm überschreiben. Sie müssen nur *float* gegen *double* und den Platzhalter *%f* bei *scanf* gegen *%lf* austauschen.

```
/* bspl0009.c */
#include <stdio.h>

main() {
   double summe=0.0,zahl;
   printf("\n1. Zahl : ");
   scanf("%lf",&zahl);
   summe=summe+zahl;
   printf("2. Zahl : ");
   scanf("%lf",&zahl);
   summe=summe+zahl;
   printf("3. Zahl : ");
   scanf("%lf",&zahl);
   summe=summe+zahl;
   printf("\nEndergebnis = %.17f",summe);
}
```

Wenn Sie die gleichen Eingaben wie in *bspl0008.c* machen, erscheint folgendes Ergebnis:

```
1. Zahl : 0.12345678901234567890
2. Zahl : 5
3. Zahl : 5

Endergebnis = 10.12345678901234400
```

Die Ungenauigkeit beginnt hier erst ab der 15. Nachkommastelle; das dürfte auch für die ausgefallensten Anwendungen ausreichen.

Zu erwähnen wäre noch, daß für *double*-Werte von *scanf* der Platzhalter *%lf* verwendet wird. *lf* kommt von *long float* (= *double*).

Von jetzt an wird in den Programmen nur noch der Typ *double* verwendet, da dies für C der bevorzugte Fließkommatyp ist. (Der Compiler wandelt *float* bei Bedarf selbständig in *double* um.)

Hinweis:
Der C-Standard legt noch einen Typ *long double* fest, für den *scanf* und *printf* den Platzhalter *%Lf* benutzen. Für Compiler mit nur zwei Fließkommatypen gilt: *float* bietet die geringere Genauigkeit und *long double* die höhere. Der Typ *double* ist dann entweder mit *float* oder mit *long double* identisch, meistens mit letzterem.

3.5 Zusammenfassung

▓ Include-Dateien werden beinahe in jedes C-Programm eingefügt. Sie enthalten u. a. Definitionen für die einzelnen Funktionen. Die am häufigsten benötigte Include-Datei ist *stdio.h*.

▓ C kennt verschiedene Datentypen. Sie haben den Typ *int* für ganze Zahlen und den Typ *float* für Fließkommazahlen kennengelernt.

▓ Variablennamen können bis zu 31 Zeichen lang sein.

▓ Die Funktion *scanf* dient der Eingabe von Daten. Sie ist nur eine von mehreren Funktionen, die diesem Zweck dienen.

▓ Platzhalter in der Funktion *printf* können um eine Angabe zur formatierten Ausgabe von Zahlen erweitert werden.

▓ Als weitere Escapesequenz haben Sie \t kennengelernt. Diese Sequenz bewirkt einen Tabulatorsprung um acht Stellen.

▓ C ist ‹case-sensitive›, das heißt, es wird zwischen Groß- und Kleinschreibung unterschieden.

▓ Als Zuweisungsoperator verwendet C das Gleichheitszeichen (=).

▓ Bei einer Wertzuweisung darf auf der linken Seite nur eine Variable stehen.

▓ Variablen können bei der Deklaration gleichzeitig initialisiert werden.

▓ Der Typ *double* ist der bevorzugte Fließkommatyp.

3.6 Übungen

Aufgabe 5

Was ist an diesem Programm falsch?

```c
#include <stdio.h>

main()
{
float celsius;
  PRINTF("\nBitte Grad Celsius eingeben : ");
  SCANF("%f",&celsius);
  PRINTF("\n%.1f Grad Celsius entsprechen ",celsius);
  PRINTF("%.1f Grad Fahrenheit.\a",celsius*9/5+32);
}
```

Aufgabe 6

Dieses Programm berechnet die Anzahl der Herzschläge seit Ihrer Geburt. Was muß im Programm geändert werden, damit die Gesamtzahl der Herzschläge ohne Nachkommastellen ausgegeben wird?

```c
#include <stdio.h>

main()
{
float schlaege,alter;
  printf("\n\t\tHerzschlaege\n");
  printf("\nHerzschlaege pro Minute : ");
  scanf("%f",&schlaege);
  printf("Alter in Jahren        : ");
  scanf("%f",&alter);
  printf("\nIhr Herz hat seit Ihrer Geburt ");
  printf("%f ",schlaege * 60 * 24 * 365.25 * alter);
  printf("mal geschlagen.");
}
```

Aufgabe 7

Schreiben Sie ein Programm, das den Benzinverbrauch eines Autos in Litern je 100 Kilometer errechnet. Als Eingabe benötigt das Programm den Benzinverbrauch in Litern und die gefahrenen Kilometer. Der Verbrauch pro 100 Kilometer ergibt sich aus: Liter * 100/km.

Aufgabe 8

Welche der folgenden Zuweisungen sind falsch?
a)   summe = summe + 10
b)   x*x = x*5
c)   5a = anfang + ende
d)   wert = eingabe + alter_wert * 2
e)   g_betrag = betrag * 1.14

Aufgabe 9

Warum liefert das folgende Programm unter Umständen ein falsches Ergebnis?

```
#include <stdio.h>

main() {
   double summe, zahl;
   zahl = 10;
   summe = summe + zahl;
   summe = summe + zahl;
   printf("Ergebnis = %f",summe);
}
```

4 Entscheidungen treffen

In den ersten drei Kapiteln haben Sie Programme mit einer sequentiellen Struktur geschrieben. Die Befehle wurden hierbei von oben nach unten der Reihe nach abgearbeitet. In diesem Kapitel werden Sie eine wichtige Programmstruktur kennenlernen: die bedingten Anweisungen. Mit Hilfe solcher Entscheidungen kann bestimmt werden, welcher Programmteil zu durchlaufen ist.

4.1 Entscheidungen in Ausdrücken

Häufig müssen Programme Entscheidungen treffen. Egal, ob dabei eine Berechnung auszuwählen oder ein Anweisungsblock auszuführen ist, immer werden sie nach dem Schema *wenn..., dann...* gefällt.
Für alternative Berechnungen und Zuweisungen stellt C einen speziellen Operator zur Verfügung, der im folgenden Programm verwendet wird, um zu entscheiden, welche von zwei Zahlen die größere ist.

```
/* bspl0010.c */
#include <stdio.h>

main() {
  int x,y;
  printf("\nZ a h l e n v e r g l e i c h\n");
  printf("\nBitte x eingeben: ");
  scanf("%i",&x);
  printf("Bitte y eingeben: ");
  scanf("%i",&y);
  printf("\nDie groessere Zahl lautet %i",
      (x>y) ? x : y;                          /*(1)*/
}
```

Wenn Sie beispielsweise als Zahlen 22 und 198 eingeben, erhalten Sie
vom Programm die folgende Ausgabe.

```
Zahlenvergleich

Bitte x eingeben: 22
Bitte y eingeben: 198

Die groessere Zahl lautet 198
```

(1) Die Entscheidung, welche Zahl die größere von beiden ist, wird an
     dieser Stelle innerhalb der *printf*-Anweisung getroffen. Wie Sie wis-
     sen, wird für den Platzhalter *%i* der Wert eingesetzt, der der Zei-
     chenkette folgt. Hier ist dies der Ausdruck *(x>y) ? x : y*. Diese «For-
     mel» wird folgendermaßen berechnet: Die Bedingung *wenn x
     größer als y ist* vor dem Fragezeichen bestimmt das Ergebnis. Ist sie
     wahr, wird der Wert eingesetzt, der dem Fragezeichen folgt, ist sie
     jedoch falsch, wird derjenige benutzt, der hinter dem Doppelpunkt
     steht. Wenn *x* also größer als *y* ist, wird *x* von *printf* ausgegeben, an-
     sonsten *y*.

Bei der Kombination *? :* handelt es sich um einen sogenannten *ternären*
(lat., dreifach) Operator, weil er mit drei Ausdrücken arbeitet, nämlich
der Bedingung, dem Ausdruck für den Wahrheitsfall und dem alternativen Ausdruck.

Vergleichsoperatoren
Mit der Formulierung *x > y* wird ein Vergleich durchgeführt. Sein Ergebnis lautet entweder *ja* oder *nein* bzw. *wahr* oder *falsch*. Das Zeichen
> ist ein sogenannter Vergleichsoperator; er legt fest, wie der Vergleich
durchgeführt werden soll. Die folgende Tabelle enthält alle derartigen
Operatoren.

Zeichen	Bedeutung
<	kleiner als
>	größer als
<=	kleiner oder gleich
>=	größer oder gleich
!=	ungleich
==	genau gleich

Wichtig:
Verwechseln Sie nicht den Zuweisungsoperator (=) mit dem Vergleichsoperator (==)! Diese Verwechslung dürfte wohl der häufigste Fehler bei Anfängern sein.

Bevor Sie mit komplexeren Entscheidungsproblemen weitermachen, sollten Sie zuerst die folgende Aufgabe lösen.

Aufgabe 10

Was bewirken die folgenden Ausdrücke?

a) (x<0) ? -x : x
b) (celsius < −273.15) ? −273.15 : celsius

Mit Hilfe des ternären Operators *?:* können auch komplexere Entscheidungen getroffen werden, wie das Programm *bspl0011.c* zeigt. Hier wird die größere von drei Zahlen ermittelt.

```
/* bspl0011.c */
#include <stdio.h>

main() {
    int x,y,z;
    printf("\nZ a h l e n v e r g l e i c h\n");
    printf("\nBitte x eingeben: ");
    scanf("%i",&x);
    printf("Bitte y eingeben: ");
    scanf("%i",&y);
    printf("Bitte z eingeben: ");
    scanf("%i",&z);
    printf("\nDie groessere Zahl lautet %i",
        (x>y) ? ((z>x)? z : x) : ((z>y)? z : y) );      /*(1)*/
}
```

Testen Sie das Programm mit verschiedenen Eingaben. Sie erhalten immer korrekte Berechnungen ähnlich der folgenden Darstellung.

```
Zahlenvergleich

Bitte x eingeben: 45
Bitte y eingeben: -3
Bitte z eingeben: 122

Die groessere Zahl lautet 122
```

(1) Die etwas chaotische Formel hier ist nichts anderes als ein ternärer Ausdruck, der wiederum sowohl im Ja- als auch im Nein-Teil einen ternären Ausdruck enthält. Diese sind zur Sicherheit und zur Verdeutlichung in runde Klammern gesetzt. Wenn x größer als y ist, wird durch den nächsten Ausdruck festgestellt, ob etwa nun z größer als x ist. Stimmt das, dann ist z, ansonsten x der größere Wert. Ist x nicht größer als y, dann wird durch den dritten Ausdruck geprüft, ob z denn größer als y ist. In dem Fall ist wieder z, ansonsten y der größte Wert. Die folgende Grafik macht dies nochmals deutlich.

```
(x>y) — ja  → ? ⎛(z>x) — ja  → ? z ⎞
       |        ⎝      └─ nein → : x ⎠
       └── nein → : ⎛(z>y) — ja  → ? z ⎞
                   ⎝      └─ nein → : y ⎠
```

In dem Operator ? : haben Sie nun eine Möglichkeit kennengelernt, für Berechnungen zwischen verschiedenen Ergebnissen auszuwählen. Statt jeweils den Inhalt einer Variablen einzusetzen, wie in den beiden Beispielen dieses Kapitels, kann natürlich auch jeweils eine andere Formel benutzt werden, wie beispielsweise bei der Berechnung des Erbanteils eines Ehegatten. Dies könnte etwa so aussehen:

```
printf("Das Erbe beträgt %f DM",
    (kinderzahl > 0) ? vermoegen/4 : vermoegen/2);
```

4.2 Bedingte Anweisungen

Wenn ein Programm je nach Situation nicht nur anders rechnen, sondern gleich eine ganze Gruppe von Anweisungen ausführen soll, dann ist die im Kapitel 4.1 dargestellte Methode nicht mehr geeignet. Für solche Zwecke kennt C das Schlüsselwort *if*.

Im folgenden Programm wird die Anweisung *if* benutzt, um festzustellen, welche Option ausgeführt werden soll. Es kann wahlweise DM in Euro oder Euro in DM umrechnen.

```
/* bspl0012.c */
#include <stdio.h>
main() {
  int wahl;
  float betrag;
  printf("\n\tE U R O R E C H N E R\n");
  printf("\n1 DM   --> EURO\n2 EURO --> DM");
  printf("\n\nIhre Wahl: ");
  scanf("%i",&wahl);
  if (wahl == 1) {                                    /*(1)*/
    printf("Bitte DM-Betrag eingeben: ");
    scanf("%f",&betrag);
    printf("\n%.2f DM sind %.2f EURO",betrag,
        betrag*0.51129);
  }                                                   /*(2)*/
  if (wahl == 2) {                                    /*(3)*/
    printf("Bitte EURO-Betrag eingeben: ");
    scanf("%f",&betrag);
    printf("\n%.2f EURO sind %.2f DM",betrag,
        betrag*1.95583);
  }
}
```

Vom Programm wird zuerst ein kleines Auswahlmenü angezeigt, das die Programmoptionen auflistet. Abhängig von der eingegebenen Ziffer wird dann der Betrag abgefragt und die Rechnung ausgeführt. Die Bildschirmanzeige sieht zum Beispiel folgendermaßen aus:

```
         E U R O R E C H N E R

1 DM   --> EURO
2 EURO --> DM

Ihre Wahl: 1
Bitte DM-Betrag eingeben: 100

100.00 DM sind 51.13 EURO
```

Die Steuerung des Programms funktioniert auf folgende Weise:

(1) Hinter der *if*-Anweisung wird durch geschweifte Klammern ein Block gebildet, der nur dann abgearbeitet wird, wenn die Bedingung hinter *if* wahr ist. Diese Bedingung muß immer in runde Klammern gesetzt werden. Hier werden die Anweisungen hinter der Klammer { nur dann ausgeführt, wenn der Wert der Variablen *wahl* genau gleich 1 ist.

(2) Ansonsten wird das Programm sofort hinter dieser schließenden Klammer fortgesetzt. Die von den geschweiften Klammern eingeschlossenen Anweisungen werden dadurch übersprungen.

(3) In jedem Fall wird danach die nächste *if*-Anweisung ausgeführt. Ist der Wert der Variablen *wahl* genau gleich 2, dann wird der zugehörige Block ausgeführt. Weil *wahl* immer nur einen Wert annehmen kann, und dieser sich zwischendurch nicht ändert, schließen die beiden *if*-Blöcke sich gegenseitig aus. Es wird vom Programm also immer nur einer ausgeführt.

4.3 Alternative Anweisungen

Die *if*-Anweisung kann um den Zusatz *else* erweitert werden. Diese Konstruktion benutzt man immer dann, wenn man genau aus zwei Alternativen auswählen will. Das nächste Programm verwendet diese Struktur, um zwischen möglichen und unmöglichen Temperaturen zu unterscheiden.

```
/* bspl0013.c */
#include <stdio.h>
main() {
   float temperatur;
   printf("\n\tT E M P E R A T U R R E C H N E R\n");
   printf("\nBitte Grad Celsius eingeben: ");
   scanf("%f",&temperatur);
   if (temperatur >= -273.15)                    /*(1)*/
      printf("\n%.2f °C sind %.2f K",temperatur,
             temperatur+273.15);
   else                                          /*(2)*/
      printf("\nDiese Temperatur gibt es nicht!");
}
```

Das Beispiel rechnet Grad Celsius in Kelvin um, die internationale Temperatureinheit. Bei Eingabe von −273.15 °C wird die Temperatur des absoluten Nullpunktes ausgegeben.

```
T E M P E R A T U R R E C H N E R

Bitte Grad Celsius eingeben: -273.15

-273.15 °C sind 0.00 K
```

(1) Die *if-else*-Anweisung besteht zunächst aus einem *if* mit der zugehörigen Bedingung. Ihm folgt der Anweisungsblock, der auszuführen ist, wenn diese wahr ist. Das ist hier der Fall, wenn der Wert von *temperatur* größer oder gleich −273,15 ist. Wenn, wie hier, nur eine einzige Anweisung abgearbeitet werden soll, dann können Sie auf die geschweiften Klammern verzichten. Wenn Sie sich jedoch angewöhnen, immer mit Klammern zu arbeiten, dann sind die Blöcke in Ihren Programmen deutlicher zu erkennen.

(2) Direkt hinter dem Anweisungsblock bzw. dem Semikolon der einzigen Anweisung des *if* folgt das Schlüsselwort *else* mit dem alternativen Anweisungsblock. Ist nun der Ausdruck hinter *if* falsch, in unserem Beispiel also wenn der Wert der Variablen *temperatur* kleiner als −273,15 ist, dann werden die Anweisungen hinter *else* ausgeführt. Achten Sie darauf, daß hinter *else* kein Semikolon folgt!

Der Vorteil von *if-else* gegenüber der Verwendung von zwei *if*-Anweisungen ist der, daß nur eine einzige Bedingung getestet werden muß; das Programm arbeitet also schneller. Die Verwendung des *else* ist allerdings nicht ganz unproblematisch. Gibt es nämlich mehr als zwei Alternativen und ist die Bedingung hinter *if* nicht wahr, dann werden ohne weitere Prüfung die Anweisungen hinter *else* abgearbeitet. Ein Beispiel für ein solches Fehlverhalten zeigt Programm *bspl0014.c*.

```
/* bspl0014.c - Dieses Programm arbeitet nicht korrekt !*/
#include <stdio.h>

main() {
    int x;
    printf("\nBitte Zahl eingeben : ");
    scanf("%i",&x);
    if(x > 0)
```

```
      printf("Die Zahl ist positiv.");
   else
      printf("Die Zahl ist negativ.");
}
```

Der Programmierer beabsichtigte, die eingegebenen Zahlen in positive
und negative Werte aufzuteilen. Er hat jedoch übersehen, daß auch die
Zahl 0 eingegeben werden kann. In dem Fall trifft die Bedingung $x > 0$
nicht zu. Daraufhin wird zur Anweisung hinter *else* verzweigt, und das
Programm behauptet, daß 0 eine negative Zahl sei.
Dieses Problem kann man umgehen, indem man drei *if*-Abfragen ohne
else-Zweig ähnlich *bspl0012.c* verwendet, die jeden der drei Fälle geson-
dert behandeln. Dadurch werden aber jedesmal alle drei Bedingungen
überprüft, egal welcher Wert eingegeben wird.
Die bessere Lösung verwendet eine Konstruktion aus *if* und *else if*, wie
das folgende Beispiel zeigt.

```
/* bspl0015.c */
#include <stdio.h>
main() {
   int wahl;
   float betrag;
   printf("\n\tE U R O  R E C H N E R\n");
   printf("\n1 DM   --> EURO\n2 EURO --> DM");
   printf("\n\nIhre Wahl: ");
   scanf("%i",&wahl);
   if (wahl == 1) {
      printf("Bitte DM-Betrag eingeben: ");
      scanf("%f",&betrag);
      printf("\n%.2f DM sind %.2f EURO",betrag,
             betrag*0.51129);
   }
   else if (wahl == 2) {                       /*(1)*/
      printf("Bitte EURO-Betrag eingeben: ");
      scanf("%f",&betrag);
      printf("\n%.2f EURO sind %.2f DM",betrag,
             betrag*1.95583);
   }
   else                                        /*(2)*/
      printf("\nUngueltige Option");
}
```

(1) Die *else if*-Anweisung funktioniert wie ein *else*, nur mit dem Unterschied, daß hier zusätzlich eine weitere Bedingung angegeben wird. Diese wird jedoch erst dann überprüft, wenn der *if*-Test *wahl == 1* negativ verlaufen ist. Ist sie wahr, wird der ihr folgende Anweisungsblock abgearbeitet.

(2) Der *else*-Block wird bei Verwendung von *else if* erst dann vom Programm durchlaufen, wenn auch die Bedingung beim *else if* falsch ist. In einer *if*-Struktur dürfen mehrere *else if*, aber nur ein *else* benutzt werden.

Bei der im Programm *bspl0015.c* vorgestellten Lösung mittels *else if* werden nachfolgende Tests immer erst dann durchgeführt, wenn die vorherigen negativ waren. Ist die *if*-Bedingung bereits positiv, dann werden sie anschließend übersprungen. Dadurch arbeitet das Programm viel effektiver, als wenn es jedesmal alle Tests überprüfen muß.

4.4 Logische Verknüpfungen

Die Bedingungen, die bisher verwendet wurden, bestanden immer nur aus einem Vergleich zweier Werte (*a > b, summe != 100* o. ä.). Es ist jedoch häufig der Fall, daß man eine Aktion von mehreren Bedingungen gleichzeitig abhängig machen will. Im täglichen Leben benutzt man ständig solche Entscheidungen:

«Wenn es Sonntag regnet und wenn meine Freundin kommt, dann gehen wir ins Kino».

Diese Aussage verknüpft zwei Bedingungen miteinander. Die Aktion *gehen wir ins Kino* wird nur dann wahr, wenn beide Teilaussagen *Wenn es Sonntag regnet* und *wenn meine Freundin kommt* stimmen.

Für solche komplexen Bedingungen lassen sich sogenannte Wahrheitstabellen aufstellen. Aus ihnen kann man ablesen, ob die Verknüpfung mehrerer Aussagen wahr oder falsch ist. Für das obige Beispiel sieht eine solche Tabelle folgendermaßen aus.

Aussagen		Ergebnis
Regen am Sonntag	Freundin kommt	Kinobesuch
falsch	falsch	falsch
falsch	wahr	falsch
wahr	falsch	falsch
wahr	wahr	wahr

Das Ergebnis ist nur dann wahr, wenn beide Einzelaussagen wahr sind. In der Programmierung spricht man bei einer derartigen Verknüpfung von einer logischen *UND*-Verknüpfung (engl. *AND*) und verwendet dafür spezielle Zeichen, sogenannte logische Operatoren. So verwendet C für das logische *UND* den Operator *&&*.

4.4.1 Die Grundverknüpfungen

Logisches UND
In dem gerade erläuterten Beispiel haben Sie eine der beiden wichtigsten logischen Verknüpfungen kennengelernt: die *UND*-Verknüpfung. *A* und *B* sind jeweils die Ergebnisse eines Vergleichs.

Aussagen		Ergebnis
A	B	A UND B
falsch	falsch	falsch
falsch	wahr	falsch
wahr	falsch	falsch
wahr	wahr	wahr

Das Resultat ist nur dann wahr, wenn beide Einzelaussagen wahr sind. C verwendet für diese Verknüpfungsart das Zeichen *&&*. Beispiele:

```
if (summe == 5 && anzahl < 1)
if (x < 1000 && y != 512)
```

Logisches ODER
Ebenfalls sehr häufig wird die *ODER*-Verknüpfung benötigt. Hier ge-

nügt es, wenn einer der beiden Vergleiche wahr ist, um den gesamten Ausdruck wahr werden zu lassen.

Aussagen		Ergebnis
A	**B**	**A ODER B**
falsch	falsch	falsch
falsch	wahr	wahr
wahr	falsch	wahr
wahr	wahr	wahr

Vielleicht fällt Ihnen bei dieser Tabelle auf, daß das Ergebnis auch dann wahr ist, wenn beide Aussagen wahr sind. Dies entspricht nicht dem allgemeinen Sprachgebrauch, wo *oder* häufig im Sinne von *entweder-oder* (siehe Kapitel 4.4.4) verwendet wird! Für die *ODER*-Verknüpfung benutzt C den Operator || (bzw. Trigraphen *??!??!*, siehe Kapitel 2.1.1). Beispiele:

```
if (wahl == 1 || wahl == 2)
if (summe == 10 || zahl2 == 20)
if (n > x || n < y)
```

Logisches NICHT
Abschließend lernen Sie noch den *NICHT*-Operator kennen. Dieser dreht den Wahrheitswert einer Aussage um.

Aussage	Ergebnis
A	**NICHT A**
falsch	wahr
wahr	falsch

In C wird dafür das Ausrufungszeichen (!) verwendet. Wenn in der Bedingung *if (!(eingabe > 5))* der Ausdruck *eingabe > 5* wahr ist, wird er durch das *!* in falsch umgewandelt.

Der *NICHT*-Operator wird weniger häufig als der *UND*- und der *ODER*-Operator eingesetzt, denn jeder Vergleich läßt sich auch so formulieren, daß auf den *NICHT*-Operator verzichtet werden kann. So liefern eben *if(!(eingabe > 5))* und *if (eingabe <= 5)* das gleiche Ergebnis.

4.4.2 Reihenfolge der Auswertung

Es können beliebig viele Aussagen durch logische Operatoren verknüpft werden. Daher ist die folgende Programmzeile durchaus üblich.

```
if (x > 5 || zahl == 4 && x < zahl)
```

Sie erinnern sich wahrscheinlich an die alte Schulweisheit *Punktrechnen geht vor Strichrechnen*, mit der etwas über den Vorrang von Operatoren ausgesagt wird. Ähnliches gilt auch für die logischen Operatoren. Bei ihnen gilt folgende Reihenfolge:

!	stärkste Bindung
&&	
||	schwächste Bindung

Wenn in dem aufgeführten Beispiel die Variable *x* den Wert 3 hat und *zahl* den Wert 4, dann erfolgt die Bewertung des Gesamtausdrucks in dieser Reihenfolge:

1. Zuerst werden die Ergebnisse der Vergleiche ermittelt. Da $x > 5$ falsch ist und *zahl == 4* sowie $x < zahl$ richtig sind, lautet das Zwischenergebnis: *if (falsch ODER richtig UND richtig)*.
2. Da *&&* den höheren Rang hat, wird zuerst *richtig UND richtig* bewertet, was *richtig* ergibt. Nun verbleibt die einfache Verknüpfung *if(falsch ODER richtig)*.
3. Die Auswertung der *ODER*-Verknüpfung liefert den endgültigen Wahrheitswert *richtig*.

Kommen in einem Ausdruck logische Operatoren mit gleichem Rang vor, wird von links nach rechts bewertet. Soll ein Ausdruck anders ausgewertet werden, so kann man dies durch Klammern erreichen. In dem Ausdruck

```
if ((x > 5 || zahl == 4) && x < zahl)
```

wird jetzt zuerst die *ODER*- und dann erst die *UND*-Verknüpfung berechnet. Das Ergebnis lautet bei diesem Beispiel trotzdem wiederum *richtig*. Weil die Vergleichsoperatoren <, > usw. Vorrang vor den logischen Operatoren haben, können sie ohne Klammern verwendet werden. Die Schreibweise:

```
if ((x > 5) || (zahl == 4) && (x < zahl))
```

ist zwar nicht falsch, aber überflüssig. Sie sollten sich diese Sachverhalte gut einprägen, da Sie ohne deren Verständnis an vielen Stellen Probleme bekommen.

Aufgabe 11

Sind die folgenden Aussagen wahr oder falsch?

a) int a=5,b=18;
    if (a > 0 && b != 18)

b) int zahl=10,wert=100;
    if (zahl != 0 || zahl > wert || wert-zahl == 90)

c) double x=1.0,y=5.7;
    if (x >= .9 && y <= 5.8)

d) int n1=1,n2=17;
    if (n1 > 0 && n2 > 0 || n1 > n2 && n2 != 17)

4.4.3 Logische Werte

Nachdem Sie nun bereits geraume Zeit mit Wahrheitswerten gearbeitet haben, wollen Sie wahrscheinlich endlich wissen, was dahintersteckt. Intern stellt C den Wahrheitswert *falsch* durch 0 dar und den Wahrheitswert *richtig* durch 1. Aber auch alle anderen Zahlen, die *ungleich* 0 sind, werden als *richtig* interpretiert. Deshalb funktioniert beispielsweise der folgende Ausdruck:

```
if (x && y )
```

Diese Bedingung ist nur dann wahr, wenn sowohl *x* als auch *y* einen Wert enthalten, der von 0 abweicht.
Das Ergebnis eines Vergleichs oder eines logischen Ausdrucks kann natürlich auch gespeichert werden. Dazu müssen dann allerdings Va-

riablentypen verwendet werden, die die Werte 0 und 1 speichern können, wie zum Beispiel in *bspl0016.c*:

```
/* bspl0016.c */
#include <stdio.h>

main() {
  int x = 5, y = 11, z = 3;
  int ergebnis, resultat;                      /*(1)*/
  ergebnis = x < y;                            /*(2)*/
  resultat = x || z < y;
  if (ergebnis)                                /*(3)*/
    printf("\nx ist kleiner als y");
  else
    printf("\nx ist groesser oder gleich y");
  printf("\n%i",resultat);                     /*(4)*/
}
```

Das Programm zeigt folgendes am Bildschirm an:

```
x ist kleiner als y
1
```

(1) Da Wahrheitswerte von C durch 0 und 1 dargestellt werden, eignen sich zum Speichern *int*-Variablen.

(2) Die Ergebnisse von Vergleichen und logischen Verknüpfungen können durch einfache Zuweisung gespeichert werden. Der logische Ausdruck auf der rechten Seite wird ausgewertet und sein Resultat in der Variablen abgelegt.

(3) Es wird einfach der Inhalt der Variablen auf *wahr* getestet. Ein Vergleich *ergebnis == 1* funktioniert zwar auch, ist jedoch überflüssig.

(4) Derartige Variablen werden ganz normal ausgegeben, indem als Platzhalter wie gewohnt *%i* verwendet wird.

4.4.4 Sonderverknüpfungen

Manche Programmiersprachen kennen mehr logische Operatoren als C. Für die Umsteiger unter Ihnen, die bisher solchen «Komfort» genutzt haben, stellt dieses Kapitel fünf weitere Verknüpfungen vor und zeigt, wie sie in C formuliert werden.

Logisches NAND

Bei einer *NICHT-UND*-Verknüpfung wird das Ergebnis nur dann falsch, wenn beide Teilaussagen wahr sind.

Aussagen		Ergebnis
A	B	A NAND B
falsch	falsch	wahr
falsch	wahr	wahr
wahr	falsch	wahr
wahr	wahr	falsch

Die gleiche Wahrheitstabelle liefert der Ausdruck *!(A && B)*.

Logisches NOR

Die *NICHT-ODER*-Verknüpfung liefert immer falsch, es sei denn, die Teilaussagen sind beide falsch. Dann ist das Ergebnis wahr. Sprachlich wird dies durch *weder... noch...* ausgedrückt.

Aussagen		Ergebnis
A	B	A NOR B
falsch	falsch	wahr
falsch	wahr	falsch
wahr	falsch	falsch
wahr	wahr	falsch

In C kann man dies so schreiben: *!(A || B)*.

Logisches XOR

Das *exklusive ODER* (Antivalenz), sprachlich als *entweder... oder...* formuliert, liefert nur dann wahr, wenn eine Teilaussage falsch und die andere wahr ist.

Aussagen		Ergebnis
A	B	A XOR B
falsch	falsch	falsch
falsch	wahr	wahr
wahr	falsch	wahr
wahr	wahr	falsch

Der entsprechende C-Ausdruck lautet *!A && B || A && !B*.

Logisches XNOR

Das *exklusive NICHT-ODER*, auch Äquivalenz (in Visual Basic: *Eqv*) genannt, ergibt immer dann wahr, wenn die Teilaussagen übereinstimmen. Dies kann man als *aus... folgt...* formulieren.

Aussagen		Ergebnis
A	B	A XNOR B
falsch	falsch	wahr
falsch	wahr	falsch
wahr	falsch	falsch
wahr	wahr	wahr

Man erhält in C dies Verhalten durch *A && B || !A && !B*.

Implikation

Bei der Implikation (bei Visual Basic *Imp*) erhält man nur dann als Resultat falsch, wenn A wahr und B falsch ist. Dies wird auch durch *wenn... so...* ausgedrückt.

Aussagen		Ergebnis
A	B	A IMP B
falsch	falsch	wahr
falsch	wahr	wahr
wahr	falsch	falsch
wahr	wahr	wahr

Schreiben Sie dafür in C *!(A && !B)*.

Mit dem folgenden Programm können Sie die Wahrheitstabellen überprüfen und auch solche für eigene Ausdrücke erstellen.

```
/* bspl0017.c */
#include <stdio.h>

main() {
    int a,b,ergebnis;
    printf("\n\tW A H R H E I T S T A B E L L E\n");
    printf("\nA\tB\tErgebnis");
    a=0;b=0;ergebnis=!(a&&!b);
    printf("\n%i\t%i\t%i",a,b,ergebnis);
    a=0;b=1;ergebnis=!(a&&!b);
    printf("\n%i\t%i\t%i",a,b,ergebnis);
    a=1;b=0;ergebnis=!(a&&!b);
    printf("\n%i\t%i\t%i",a,b,ergebnis);
    a=1;b=1;ergebnis=!(a&&!b);
    printf("\n%i\t%i\t%i",a,b,ergebnis);
}
```

An den markierten Stellen müssen Sie den gewünschten logischen Ausdruck eintragen, damit sein Resultat der Variablen *ergebnis* zugewiesen wird.

Sie können dieses Programm verkürzen, indem Sie die Werte, die in den Markierungen jeweils den Variablen *a, b* und *ergebnis* zugewiesen werden, direkt bei den *printf* angeben. Bei Verwendung einer Funktionsdefinition (siehe Kapitel 6) läßt es sich weiter optimieren.

4.5 Fallunterscheidungen

Eine weitere Kontrollstruktur, die C besitzt, ist die *switch*-Anweisung. Mit ihr kann eine Auswahl aus einer Vielzahl von Alternativen getroffen werden. Hinter dem *switch* folgt ein ganzzahliger Ausdruck. Anhand dieses Ausdrucks wird der Fall aus einer *case*-Liste gesucht, der mit diesem Wert übereinstimmt. Ohne Übereinstimmung wird der optionale *default*-Zweig abgearbeitet.

Das folgende Programm setzt eine solche *switch*-Struktur ein, um die Tagesanzahl eines Monats zu ermitteln. Dabei testet es auch, ob es sich beim angegebenen Jahr um ein Schaltjahr handelt. Der entsprechende logische Ausdruck ist ein weiteres typisches Beispiel für C.

```
/* bspl0018.c */
#include <stdio.h>

main() {
  int jahr,monat,tage;
  printf("\n\tK a l e n d e r\n");
  printf("\nBitte Jahr eingeben: ");
  scanf("%i",&jahr);
  printf("Bitte Monat eingeben: ");
  scanf("%i",&monat);
  if (monat>=1 && monat <=12 && jahr > 1582) {        /*(1)*/
    switch (monat) {                                  /*(2)*/
      case 2:                                         /*(3)*/
        if (!((jahr%100)%4) && (jahr%100)            /*(4)*/
             || !(jahr%400))
          tage = 29;
        else
          tage = 28;
      break;                                          /*(5)*/
      case 2*2:                                       /*(6)*/
      case 6:
      case 9: case 11:                                /*(7)*/
        tage = 30;
        break;
      default:                                        /*(8)*/
        tage = 31;
    }
    printf("\n%i hat der Monat %i %i Tage",jahr
           ,monat,tage);
  }
  else
    printf("\nFalsche Datumsangaben!");
}
```

(1) Seine eigentliche Aufgabe erledigt das Programm in diesem *if*-Block. Die Bedingung *monat >=1 && monat <=12 && jahr > 1582* sorgt dafür, daß nur mit korrekten Daten gearbeitet wird. Das bedeutet, daß nur Monatsangaben von 1 bis 12 und Jahreszahlen ab 1583 (Beginn des gregorianischen Kalenders) gültig sind.

(2) Dieser Programmteil zeigt Ihnen ein Beispiel für die Verwendung von *switch*. Die allgemeine Syntax für diese Anweisung sieht folgendermaßen aus:

- ▓ Hinter *switch* folgt in Klammern ein ganzzahliger Ausdruck, in der einfachsten Form eine Variable. Dieser Wert steuert die Entscheidungsstruktur.

- ▓ Daran schließt sich der Block an, der durch geschweifte Klammern begrenzt wird und der die Anweisungen für alle möglichen Fälle enthält.

- ▓ Innerhalb dieses Blocks tritt das Schlüsselwort *case* beliebig oft auf. Jedem *case* folgt ein konstanter Ausdruck, dessen Wert mit einem der möglichen Werte des Ausdrucks hinter *switch* übereinstimmt.

- ▓ Wahlweise kann das Schlüsselwort *default* erscheinen, das angibt, was geschehen soll, wenn kein *case* zutrifft.

(3) Die *case*-Angaben werden gegenüber der *switch*-Anweisung eingerückt. Jedes *case* muß einen anderen Wert angeben.

(4) Dies ist die Bedingung für ein Schaltjahr. Die Formulierung nutzt aus, daß C den Wert *0* als *falsch* und alles andere als *wahr* interpretiert. Wenn sich also die letzten zwei Stellen der Jahreszahl (*jahr%100*) durch 4 teilen lassen (*!((jahr%100)%4)*) UND das Jahr sich nicht durch 100 teilen läßt (*jahr%100*) ODER es durch 400 teilbar ist (*!(jahr%400)*), dann wird die Bedingung wahr.

(5) Das *break* schließt in der Regel jeden Anweisungsblock für einen speziellen Fall ab.

(6) Beim *case* dürfen außer konstanten Werten auch Ausdrücke stehen, solange sie konstant sind, das heißt, sie müssen wiederum aus konstanten Werten bestehen, wie hier der Ausdruck *2*2*. Der Compiler muß den Wert zur Übersetzungszeit ermitteln können. Variablen, selbst wenn sie initialisiert sind, dürfen im Ausdruck nicht verwendet werden. Diesem *case* folgt kein *break*, deshalb wird für den Fall, daß *monat* den Wert 4 hat, die nächste vorgefundene Anweisung ausführt, nämlich *tage = 30*. Mehrere *case*-Fälle ohne *break* haben daher die gleiche Wirkung wie eine *ODER*-Verknüpfung.

(7) Weil C eine formatfreie Sprache ist, können auch die *case*-Angaben beliebig geschrieben werden. Üblich ist jedoch, sie entweder als eigene Zeile oder, wie hier, hintereinander zu schreiben.

(8) Dem Schlüsselwort *default* folgen die Anweisungen, die für die Fälle ausgeführt werden sollen, für die kein spezielles *case* vorgesehen

ist. Da dieser Block meistens am Ende der Struktur steht, ist ein abschließendes *break* überflüssig.

Sehen Sie sich diesen Programmteil noch einmal Schritt für Schritt an. Als Beispiel soll angenommen werden, daß die Zahl 4 als Wert für die Variable *monat* eingegeben wurde. Durch *switch(monat)* wird Ihr Rechner jetzt angewiesen, ein *case* zu suchen, hinter dem ein konstanter Wert 4 steht. Dieses *case* wird bei *2*2* gefunden, und das Programm macht ab dieser Stelle weiter. In unserem Beispiel wird also *tage = 30* ausgeführt.

Die darauf folgende Anweisung *break* sorgt dafür, daß das Programm den *switch*-Block verläßt und hinter der schließenden geschweiften Klammer weitermacht. Die *break*-Anweisung ist nötig, da ein *case* nur als Startpunkt für die weitere Programmausführung dient. Wenn das *break* fehlt, wird auch noch *tage = 31* ausgeführt. Ein vergessenes *break* ist die häufigste Fehlerquelle in der *switch*-Anweisung!

Im nächsten Programm können Sie Dezimalzahlen eingeben und bestimmen, wie diese Zahlen dargestellt werden sollen. Sie haben die Wahl zwischen den Zahlensystemen Oktal und Hexadezimal, oder Sie lassen ASCII-Zeichen zu den dezimalen Codenummern 0 bis 255 darstellen.

```c
/* bsp10019.c */
#include <stdio.h>
#include <ctype.h>                          /*(1)*/

main() {
  char eingabe;                             /*(2)*/
  int zahl;
  printf("\nWaehlen Sie (O)ktal, (H)ex oder (A)SCII > ");
  eingabe=getchar();                        /*(3)*/
  printf("\nBitte Dezimalzahl eingeben :");
  scanf("%i",&zahl);
  switch(toupper(eingabe)) {                /*(4)*/
    case 'O':                               /*(5)*/
      printf("Dezimal %i = Oktal %o \n",    /*(6)*/
             zahl,zahl);
      break;
    case 'H':
      printf("Dezimal %i = Hexadezimal %x \n",
             zahl,zahl);
      break;
```

```
    case 'A':
      if(zahl <= 255)
        printf("ASCII-Code %i entspricht %c \n",
          zahl,zahl);
      else
        printf("Diese Zahl ist zu gross ! \n\a");
      break;
  }
}
```

(1) Hier wird eine weitere Datei per *#include* in das Programm einge-schlossen. In *ctype.h* findet der Compiler die Definition für die Zeichenkonvertierungsfunktion *toupper* (siehe (4)).

(2) Der Variablentyp *char* dient zur Aufnahme eines einzelnen Zeichens. Im Hauptspeicher belegt dieser Typ *1 Byte* (8 Bit). Damit lassen sich 256 verschiedene Zeichen darstellen. Im genormten ASCII-Code (siehe Anhang) sind den ersten 128 Nummern (0 bis 127) Steuercodes und häufig benötigte Zeichen zugeordnet. Die Codenummern 128 bis 255 können von den Herstellern unterschiedlich belegt werden. Beim überwiegenden Teil der MS-DOS-Rechner wird der Zeichensatz der Firma IBM verwendet. Probleme kann diese unterschiedliche Belegung im deutschen Sprachraum vor allem dadurch hervorrufen, daß die Umlaute im Bereich oberhalb 128 angesiedelt und ihre Codes nicht genormt sind. In diesem Buch wird durchgehend der IBM-Zeichensatz verwendet, wie er auf praktisch allen PCs gebräuchlich ist.

(3) Mit *getchar* haben Sie eine weitere C-Funktion kennengelernt. Auch diese Funktion dient zur Eingabe über die Tastatur. Im Gegensatz zu *scanf* kann *getchar* aber nur zum Lesen einzelner Zeichen verwendet werden. Dieses wird am Bildschirm angezeigt. Da es sich bei *getchar* um eine Funktion handelt, müssen die leeren Klammern dahinter angegeben werden.

(4) Damit nicht sowohl für die Klein- als auch für die Großbuchstaben separate *case*-Klauseln aufgeführt werden müssen, wird das in *eingabe* gespeicherte Zeichen mittels *toupper* in seinen korrespondierenden Großbuchstaben umgewandelt. Es können also nur Großbuchstaben von *switch* festgestellt werden. Die Funktion *toupper* – ihr Pendant heißt *tolower* – funktioniert jedoch nicht bei Umlauten und ß.

(5) Wird von der *switch*-Struktur keine Zahl, sondern ein Zeichen un-

tersucht, müssen die konstanten Buchstaben in Apostrophe gesetzt werden. Bei *case O* würde *O* als Variable angesehen und nicht als Zeichen, was obendrein eine unzulässige Angabe wäre.

(6) Der Platzhalter *%o* stellt Ganzzahlen in oktaler (Zahlensystem mit der Basis 8) und der Platzhalter *%x* in hexadezimaler Form (Zahlensystem mit der Basis 16) dar. Das Platzhaltersymbol *%c* interpretiert Ganzzahlen als Code und stellt das zugehörige Zeichen dar. Im ASCII-Code entspricht beispielsweise die Zahl 65 dem Buchstaben A.

Dieses Programm demonstriert noch einmal, wie flexibel C-Programme sind. Allein durch die Verwendung verschiedener Platzhalter kann ein und derselbe Wert in den unterschiedlichsten Formen dargestellt werden.

4.6 Konstante Zeichen

Im Laufe dieser ersten Kapitel haben Sie mit *int, float, double* und *char* einige der Variablentypen der Sprache C kennengelernt. Variablen zeichnen sich dadurch aus, daß sie während des Programmlaufs die unterschiedlichsten Werte aufnehmen können. Sie sind eben *variabel*.

Es kommt allerdings häufig vor, daß Werte benötigt werden, die sich nicht ändern sollen. Solche Werte nennt man auch Konstanten bzw. Literale (siehe auch Kapitel 8.5). Der Ausdruck *if(x > 125)* enthält die Variable *x* und die Konstante *125*. Der Typ der Konstanten *125* ist *int*, Sie können aber auch jeden beliebigen anderen Typ benutzen.

Einzelzeichen
Zeichenkonstanten werden in Hochkommata eingeschlossen, zum Beispiel *'7'*, *'A'*, und *'B'*. Dies haben Sie schon in *bspl0019.c* kennengelernt. Zeichenkonstanten haben den Datentyp *char* und können auch in Vergleichen eingesetzt werden, beispielsweise

```
char zeichen1='A',zeichen2='B';
    ...
if (zeichen1 == 'A')
    ...
if (zeichen1 < zeichen2)
    ...
```

Solche Vergleiche werden mit den entsprechenden Codewerten durchgeführt, und da hat das A den Wert 65 und B den Wert 66. Alle Vergleichsoperatoren sind somit auch auf Zeichen anwendbar.

Zeichenketten

Zeichenkettenkonstanten werden in Anführungszeichen eingeschlossen, beispielsweise *"Bitte eine Zahl eingeben"* oder *"Achtung!"*. Diesen Typ haben Sie bereits häufig in der Funktion *printf* verwendet. Auch "7", "A" und "B" sind Zeichenketten und keine einzelnen Zeichen (siehe Kapitel 7.2). Zeichenketten können nicht mit Hilfe von Operatoren, sondern nur durch Funktionen miteinander verglichen werden (siehe Kapitel 7.2)!

Das folgende kleine Beispiel zeigt, wie Sie Zeichenketten leicht aneinanderhängen können, so daß sich eine einzige Konstante ergibt.

```
/* bspl0020.c */
#include <stdio.h>
main() {

   printf("\n%s","Dies ist ganz besonders langer Text."
      " um zu zeigen, dass Zeichenketten ganz "
      "einfach aneinandergehaengt werden koennen");
}
```

Für Zeichenketten benutzt *printf* den Platzhalter *%s*. Dahinter stehen hier zwar drei Zeichenketten, weil zwischen ihnen aber nur Leerstellen, Tabulatoren und Zeilenschaltungen stehen, werden sie vom Compiler zu einer einzigen quasi «zusammengeschweißt».

4.7 Zusammenfassung

▨ Die *if*-Anweisung führt einen Programmblock nur dann aus, wenn die zugehörige Bedingung wahr ist, ansonsten wird das Programm hinter dem Ende des Blocks fortgesetzt. Das *if* kann durch einen *else*-Zweig ergänzt werden.

▨ Für die logischen Operatoren *UND, ODER* und *NICHT* verwendet C die Symbole &&, || und !.

▨ C interpretiert 0 als *falsch* und alle anderen Werte als *wahr*.

▨ Die *switch*-Anweisung erlaubt die Auswahl aus mehreren Alternativen. Sie wird häufig dann eingesetzt, wenn eine gleichwertige *if*-Konstruktion mehr als drei *if*-Anweisungen enthielte und somit unübersichtlich würde.

▓ *switch* ist auf den Vergleich ganzzahliger Werte mit einer Konstanten beschränkt. Beim *case* wird nur auf Gleichheit abgefragt.

▓ *char* ist der kürzeste Variablentyp. Er belegt im Speicher 1 Byte. Der Platzhalter für diesen Typ ist %c.

▓ Die Funktion *getchar* liest ein einzelnes Zeichen von der Tastatur und zeigt es auf dem Bildschirm an.

▓ Die Platzhalter %o und %x werden für oktale bzw. hexadezimale Zahlen verwendet.

4.8 Übungen

Aufgabe 12

Überlegen Sie, was das Programm tut, und ergänzen Sie die beiden *printf*-Anweisungen in sinnvoller Weise. Benutzen Sie zur Lösung die ASCII-Tabelle im Anhang!

```
/* Aufg12.c */
#include <stdio.h>

main() {
  char bstb;
  printf("\nBitte keine Umlaute eingeben !\n");
  printf("\nBuchstabe : ");
  bstb=getchar();
  if(bstb < 'A' || bstb > 'z' || bstb > 'Z' && bstb < 'a')
    printf("\nDas ist kein Buchstabe !");
  else if(bstb >= 'A' && bstb <= 'Z')
    printf("\nSie haben ... eingegeben.");
  else
    printf("\nSie haben ... eingegeben.");
}
```

Aufgabe 13

Schreiben Sie ein Programm, das eine Temperatur abfragt und danach anzeigt, ob Wasser verdampft, flüssig bleibt oder gefriert.

Aufgabe 14

Das folgende Programm rechnet Temperaturen von °C in andere Einheiten um. Warum arbeitet es nicht korrekt?

```
/* Aufg14.c */
#include <stdio.h>
#include <ctype.h>

main() {
  float temperatur;
  char zeichen;
  printf("\n\tT E M P E R A T U R R E C H N E R\n");
  printf("\n1 Fahrenheit\n2 Reaumur\n3 Kelvin");
  printf("\n4 Rankine\n0 Ende");
  printf("\n\nAuswahl: ");
  zeichen = getchar();
  switch (zeichen) {
    case 0:
      break;
    case 1: case 2: case 3: case 4:
      printf("\nBitte Grad Celsius eingeben: ");
      scanf("%f",&temperatur);
      if (temperatur >= -273.15)
        switch (zeichen) {
          case 1:
            printf("\n%.2f °C sind %.2f °F",
              temperatur,9.0/5.0*temperatur+32.0);
          case 2:
            printf("\n%.2f °C sind %.2f °R",
              temperatur,4.0/5.0*temperatur);
          case 3:
            printf("\n%.2f °C sind %.2f K",
              temperatur,temperatur+273.15);
          case 4:
            printf("\n%.2f °C sind %.2f °Rank",
              temperatur,9.0/5.0*(temperatur+273.15));
        }
      else
        printf("\nDiese Temperatur gibt es nicht!");
    default:
      printf("\nUngueltige Option");
  }
}
```

5 Wiederholen von Programmteilen

Im Kapitel 3 haben Sie Programme zur Summenbildung geschrieben. Für jede Zahleneingabe enthielt das Programm eine eigene Zeile. Bei den drei einzugebenden Zahlen mag das noch angehen. Was aber, wenn hundert oder tausend Zahlen addiert werden sollen? Die Lösung für dieses Problem bieten sogenannte Programmschleifen, auch Wiederholungsstrukturen bzw. Iterationen genannt. Bei diesen Schleifen läuft das Programm nicht wie bisher von oben nach unten durch, sondern springt zurück und wiederholt einen bestimmten Programmteil mehrmals.

5.1 Zählschleifen

Ein einfacher Schleifentyp ist die sogenannte Zählschleife. Sie trägt diesen Namen, weil das Programm zuerst die Anzahl der notwendigen Wiederholungen ermittelt und dann mitzählt, ob die gewünschte Anzahl von Durchläufen erreicht worden ist.

5.1.1 Einfache Schleifen

In Programm *bspl0021.c* lernen Sie eine Zählschleife kennen. Seine Aufgabe besteht darin, eine bestimmte Anzahl von Zahlen über die Tastatur einzulesen. Die Summe der Zahlen soll berechnet und zusammen mit dem Mittelwert beim Programmende ausgegeben werden.

```
/* bspl0021.c */
#include <stdio.h>

main() {
  int x,anzahl;                                        /*(1)*/
  double zahl,summe=0.0,mittelw;
```

```
    printf("\n\tS t a t i s t i k\n");
    printf("\nWieviel Werte wollen Sie eingeben: ");
    scanf("%i",&anzahl);
    printf("\n");
    for(x=1; x<=anzahl; x=x+1) {                          /*(2)*/
      printf("Bitte %i. Zahl eingeben : ",x);             /*(3)*/
      scanf("%lf",&zahl);
      summe=summe+zahl;
    }                                                      /*(4)*/
    mittelw=summe/anzahl;
    printf("\n\nSumme der Zahlen        = %f",summe);
    printf("\nMittelwert der Zahlen = %f",mittelw);
  }
```

Ein beispielhaftes Programmergebnis sieht folgendermaßen aus:

```
        S t a t i s t i k

Wieviel Werte wollen Sie eingeben : 3

Bitte 1. Zahl eingeben : 12
Bitte 2. Zahl eingeben : 15
Bitte 3. Zahl eingeben : 7

Summe der Zahlen        = 34.000000
Mittelwert der Zahlen = 11.333333
```

(1) Damit das Programm seine Wiederholungsläufe mitzählen kann, benötigt es eine sogenannte Zählvariable, hier x.

(2) In unserem Beispiel wollen Sie nacheinander drei Zahlen eingeben. Da in den folgenden Zeilen jeweils eine Zahl eingelesen und die Summe gebildet wird, muß dieser Programmteil auch dreimal durchlaufen werden. Das Programm muß also wissen, was zu wiederholen ist und wie oft das zu geschehen hat. In C, wie auch in anderen Sprachen, muß dieser zu wiederholende Anweisungsblock eingeklammert werden. In C geschieht das mit den geschweiften Klammern, BASIC-Programmierer benutzen statt dessen die Anweisung *for...next*. Jetzt wird nur noch festgelegt, wie oft zu wiederholen ist. Das besorgt die Anweisung *for* in dieser Zeile. Was sie macht, wird gleich genau erläutert.

(3) Durch diese *printf*-Anweisung wird immer die Nummer der einzu-

gebenden Zahl mit angezeigt. Sie ist identisch mit der Nummer des Schleifendurchlaufs, deshalb wird dafür die Zählvariable x benutzt.

(4) Hier wird durch die schließende geschweifte Klammer das Schleifenende gekennzeichnet, das heißt das Ende des zu wiederholenden Programmteils.

Sehen Sie sich nun die Anweisung *for(x=1; x<=anzahl; x=x+1)* einmal etwas genauer an. Sie steuert den gesamten Ablauf.

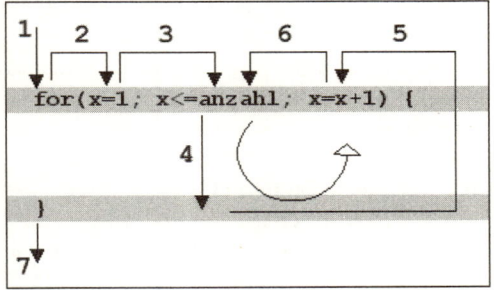

1. Das Programm arbeitet zunächst sequentiell und erreicht dann die *for*-Anweisung.
2. Als nächstes wird die Zuweisung *x=1* ausgeführt. Damit das Programm feststellen kann, wie viele Durchläufe bereits stattgefunden haben, wird eine Variable benutzt, die jeden Schleifendurchlauf mitzählt. Der Ausdruck *x=1* setzt diese Zählvariable auf einen Startwert (hier der Wert 1).
3. Daraufhin wird der nächste Ausdruck *x<=anzahl* ausgewertet. Er entscheidet, ob die Schleife zu durchlaufen ist. Diese Entscheidung wird so lange mit *ja* beantwortet, wie in unserem Beispiel x kleiner oder gleich (<=) *anzahl* ist. Durch *anzahl* wird also der Maximalwert der Zählvariablen festgelegt.
4. Nach jeder erfolgten positiven Auswertung der Bedingung wird der eigentliche Schleifenkörper, das heißt die zu wiederholenden Anweisungen, durchlaufen.
5. Nach der schließenden geschweiften Klammer wird immer die dritte Anweisung des *for*-Ausdrucks ausgeführt. Die Zuweisung *x=x+1* sorgt dafür, daß nach jedem Schleifendurchlauf der Wert der Zählvariablen x um 1 erhöht wird. Die Zählvariable muß jedoch nicht

immer um 1 hochgezählt werden; man kann beliebige Zählintervalle verwenden, um rauf- oder runterzuzählen!

6. Anschließend wird wieder die Bedingung überprüft. Solange sie wahr ist, wiederholen sich die Schritte 4 – 6. Die Differenz aus Maximal- und Startwert und das Zählintervall bestimmen die Anzahl der Durchläufe.

7. Ist $x<=anzahl$ schließlich nicht mehr erfüllt, wird das Programm hinter der geschlossenen geschweiften Klammer fortgeführt.

Die *for*-Schleife wird typischerweise dann eingesetzt, wenn zu Beginn einer Schleife bekannt ist, wie oft sie ausgeführt werden soll.
Die Anweisung *printf("Bitte %i. Zahl eingeben : ",x);* druckt die Eingabeaufforderungen auf dem Bildschirm aus. Das Programm macht sich dabei zunutze, daß die Laufvariable x die Werte von 1 bis 3 annimmt, um damit dem Benutzer anzuzeigen, die wievielte Zahl er gerade eingibt. Es liegt nun am Programmierer, welchen Start- und Endwert er für die *for*-Schleife wählt. Bei geschickter Auswahl der Laufvariablen kann man sich einiges an Arbeit ersparen. Betrachten Sie dazu folgendes Beispiel: Angenommen, Sie wollen Umsatzzahlen für die Jahre 1994 bis 1999 verarbeiten; Sie müssen dann insgesamt sechs Werte einlesen. Damit Sie sofort sehen, welches Jahr gerade einzugeben ist, soll das Programm die entsprechende Jahreszahl ausdrucken. Die zugehörige Programmschleife sieht dann so aus

```
for (x = 1994; x < 2000; x=x+1) {
    printf("Umsatz für %i: ",x);
    scanf("%lf",&umsatz);
    gesamtumsatz = gesamtumsatz + umsatz;
}
```

Sie sehen, daß es nicht auf die Werte der Zählvariablen selbst, sondern auf die Differenz von Start- und Endwert und natürlich auch auf das Zählintervall ankommt. Ein Programmteil, der für alle Fußballweltmeisterschaften von 1950 bis 1998 wiederholt werden soll, benutzt sinnvollerweise die folgende *for*-Anweisung.

```
for (x = 1950; x <= 1998; x=x+4)
```

Aufgabe 15

Geben Sie für die folgenden *for*-Schleifen an, wie oft sie durchlaufen werden und welche Werte die Zählvariable dabei annimmt.

a)   for (zaehler = 0; zaehler != 10; zaehler=zaehler+1)

b)   for (n=10; n>0; n=n-1)

c)   for (x=1; x<=15; x=x+3)

d)   for (anfang=0; anfang<3; anfang=anfang+0.5)

e)   for (i=10; i<0; i=i+2)

5.1.2 Geschachtelte Schleifen

Das nächste Programm hat die Aufgabe, das kleine Einmaleins in tabellarischer Form zu erzeugen:

```
 1   2   3   4   5   6   7   8   9  10
 2   4   6   8  10  12  14  16  18  20
 3   6   9  12  15  18  21  24  27  30
 4   8  12  16  20  24  28  32  36  40
 5  10  15  20  25  30  35  40  45  50
 6  12  18  24  30  36  42  48  54  60
 7  14  21  28  35  42  49  56  63  70
 8  16  24  32  40  48  56  64  72  80
 9  18  27  36  45  54  63  72  81  90
10  20  30  40  50  60  70  80  90 100
```

Bevor Sie das Programm eingeben, erst ein paar Vorüberlegungen:
Für diese Tabelle müssen insgesamt hundert Zahlen gedruckt werden. Das läßt vermuten, daß eine Schleife sinnvoll wäre. Die Tabelle ist aber aus zehn Zeilen mit jeweils zehn Spalten aufgebaut. Mit anderen Worten, es müssen insgesamt zehn Zeilen gedruckt werden und in jeder Zeile wiederum zehn Zahlen. In diesem Fall bietet sich eine geschachtelte Schleife zur Erzeugung der Tabelle an.

```
/* bspl0022.c */
#include <stdio.h>

main() {
  int x,y;
  for(x=1; x<=10; x=x+1) { /* äußere Schleife */       /*(1)*/
```

```
      printf("\n");
      for(y=1; y<=10; y=y+1)/* innere Schleife */        /*(2)*/
        printf("%4i",x*y);                                /*(3)*/
    }
}
```

(1) Wenn das Programm das erste Mal diese Zeile erreicht, wird die Variable *x* auf 1 gesetzt. Dann erfolgt in der nächsten *printf*-Anweisung der Zeilenvorschub.

(2) Jetzt ist das Programm hier angekommen und führt die innere Schleife zehnmal aus. Es werden also zehn Zahlen in dieser Zeile gedruckt. Weil nur eine einzige Anweisung zu wiederholen ist, dürfen auch hier, wie bei der *if*-Anweisung, die geschweiften Klammern fehlen. Nach Beendigung der inneren Schleife springt das Programm wieder in die äußere Schleife zurück, zählt die Variable *x* auf 2 hoch und läuft wieder in die innere Schleife, wo die nächsten zehn Zahlen gedruckt werden. Versuchen Sie jetzt, das Programm Schritt für Schritt nachzuvollziehen.

(3) Die Angabe *%4i* in dieser Zeile legt fest, daß für jede zu druckende Zahl vier Stellen reserviert werden. Ist die Zahl kleiner als die Anzahl der Stellen, wird mit Leerstellen aufgefüllt. Auf diese Art können Zahlen kommastellengerecht ausgegeben werden.

Aufgabe 16

Wie oft wird der Text «Hallo Welt!» gedruckt?

```
...
for (x = 1; x < 6; x = x+1) {
  for (y = 2; y <= 4; y = y+1) {
    printf("\nHallo Welt!");
  }
}
...
```

Die Zahl der Schleifen, die geschachtelt werden können, ist fast beliebig groß. Es kommt jedoch selten vor, daß die Schachtelungstiefe vier Ebenen übersteigt.

> *Hinweis:*
> Die Schreibweise *for(;;)* erzeugt eine Endlosschleife!

5.2 Die while-Schleife

Die *while*-Schleife ist die in C am häufigsten verwendete Schleife. Ein
Beispiel dafür sehen Sie im nächsten Programm.
Für eine beliebige Anzahl von Zahlen soll das Quadrat berechnet und
gedruckt werden. Die Eingabeserie wird durch Eingabe von 0 beendet.

```c
/* bspl0023.c */
#include <stdio.h>

main() {
   int zahl;
   printf("\nBitte Zahl eingeben ('0' fuer Ende) :");
   scanf("%i",&zahl);
   while(zahl != 0) {                                    /*(1)*/
     printf("%3i hoch 2 = %4i\n",zahl,zahl*zahl);
     printf("\nBitte Zahl eingeben ('0' fuer Ende) :");
     scanf("%i",&zahl);
   }
}
```

Wie bei der *for*-Schleife haben Sie auch hier einen Schleifenrumpf, in
dem die zu wiederholenden Programmteile stehen, und eine Anweisung, die entscheidet, ob der Rumpf durchlaufen werden soll. Anders
als bei der *for*-Schleife wird aber nicht die Anzahl der Durchläufe gezählt, sondern eine mehr oder weniger komplexe Bedingung legt fest,
ob weitergemacht oder abgebrochen werden soll.

(1) Die Anweisung *while(zahl != 0)* läßt sich mit *solange die Variable zahl
    ungleich 0 ist* übersetzen, und wenn dieser Vergleich wahr ergibt,
    wird der Schleifenrumpf abgearbeitet. Andernfalls fährt das Pro-
    gramm hinter der Schleife fort. Die zu wiederholenden Anweisun-
    gen werden auch hier von geschweiften Klammern eingeschlossen.
    Damit sie wenigstens einmal durchlaufen werden, muß die Bedin-
    gung in den Klammern hinter *while* anfangs wahr sein, ansonsten
    wird die Schleife übersprungen.

Damit eine *while*-Schleife korrekt arbeitet, müssen Sie drei Punkte genau beachten:

▨ Initialisierung: Bevor die *while*-Anweisung das erste Mal ausgewertet wird, müssen die Variablen der Bedingung einen definierten Wert erhalten. Dafür sorgt im Beispiel die vorherige *scanf*-Anweisung.

▨ Bedingung: Bei der Formulierung der Schleifenbedingung ist darauf zu achten, daß sie zunächst wahr ist, damit die Schleife auch tatsächlich durchlaufen wird.

▨ Änderung: Innerhalb der Schleife müssen Anweisungen dafür sorgen, daß die Schleifenbedingung irgendwann falsch wird. Dies ermöglicht in *bspl0023.c* die erneute *scanf*-Anweisung.

Bei der *while*-Schleife tragen Sie die Verantwortung dafür, daß die Schleife richtig abgebrochen wird. Es ist ein häufiger Fehler, daß die Veränderung der Schleifenvariablen vergessen wird. Das ergibt dann eine der ärgerlichen Endlosschleifen.

Die Schleifensteuerung mittels *while* wird typischerweise dann eingesetzt, wenn zu Beginn einer Schleife noch nicht bekannt ist, wie oft sie durchlaufen werden soll. Ein weiteres Anwendungsbeispiel finden Sie im nächsten Programm. Es soll die Gesamtfläche einer Wohnung berechnen. Außerdem sollen die Anzahl der Räume und die durchschnittliche Raumgröße ausgegeben werden.

```
/* bspl0024.c */
#include <stdio.h>

main() {
    double flaeche,gesamt=0;
    int anzahl=0;
    printf("\n\t\tBerechnung der Wohnflaeche\n");
    printf("\nBeenden der Eingabe mit '0'.\n\n");
    printf("Zimmergroesse in qm > ");
    scanf("%lf",&flaeche);
    while(flaeche > 0.0) {                          /*(1)*/
        gesamt = gesamt + flaeche;
        anzahl = anzahl +1;
        printf("Zimmergroesse in qm > ");
        scanf("%lf",&flaeche);

        intf("\nAnzahl der Zimmer = %i",anzahl);
        intf("\nGesamtflaeche = %.2lf qm",gesamt);
```

```
    printf("\nDurchschnittliche Zimmergroesse = ");
    printf("%.2lf",gesamt/anzahl);
}
```

(1) Die Laufbedingung *while(flaeche > 0.0)* ist willkürlich gewählt. Sie hätten ebensogut bestimmen können, daß der Wert 0 oder der Wert 9999 die Schleife beendet. Sie sollten jedoch eine möglichst logische Bedingung nehmen, das heißt Werte, die als normale Eingabe nicht sinnvoll sind. Im Programm selbst sollte aber immer ein Hinweis gegeben werden, wie die Schleife zu beenden ist.

5.3 Die do-Schleife

Die *do*-Schleife ist eng mit der *while*-Schleife verwandt. Der Unterschied besteht im Zeitpunkt der Prüfung, ob weitergemacht werden soll oder nicht. Bei *do* findet diese Prüfung am Ende der Schleife statt; die Schleife wird also auf jeden Fall einmal durchlaufen, während es bei der *while*-Schleife vorkommen kann, daß sie überhaupt nicht verarbeitet wird, da die Prüfung hier zu Beginn erfolgt.

Das folgende Programm demonstriert den Einsatz der *do*-Schleife.

```
/* bsp10025.c */
#include <stdio.h>

main() {
    int eingabe;
    do {                                                    /*(1)*/
        printf("\nBitte eine Zahl bis max. 100 :");
        scanf("%i",&eingabe);
    } while(eingabe > 100);                                 /*(2)*/
    printf("Ihre Zahl war %i",eingabe);
}
```

(1) Die Schleife wird durch das Schlüsselwort *do* eingeleitet. Ihm folgt der Anweisungsblock, der durch geschweifte Klammern begrenzt wird.

(2) Am Schluß steht die Bedingung zur Fortführung der Schleife: *while(eingabe > 100);*. Beachten Sie das Semikolon hinter der *while*-Bedingung. Die Schleife wird hier so lange wiederholt, bis der An-

wender der Eingabeaufforderung folgt und eine Zahl eingibt, die kleiner als 100 ist.

Die *do*-Schleife wird seltener eingesetzt als die *while*-Schleife. Sie wird hauptsächlich dann benutzt, wenn auf jeden Fall eine Eingabe erfolgen soll, wie es zum Beispiel bei Programmdialogen oder Auswahlmenüs vorkommt. Dabei muß der Benutzer eine Option auswählen und wird daher so lange in der Schleife gehalten, bis eine gültige Wahl getroffen wurde.

5.4 Schleifen aussetzen

Innerhalb von Schleifen sind auch Sprünge möglich. Dabei gibt es zwei Möglichkeiten:

■ Die Schleife wird abgebrochen, und die ihr folgenden Anweisungen werden ausgeführt.

■ Die Schleife wird unterbrochen, wobei ihre restlichen Anweisungen übersprungen werden, und der nächste Durchlauf beginnt.

Den ersten Fall demonstriert das Programm *bspl0026.c*. Es hat die gleiche Aufgabe wie *bspl0025.c*, benutzt jedoch eine andere Steuerungslogik. Sie erkennen daran auch, daß das gleiche Problem oft mit verschiedenen Schleifen gelöst werden kann.

```
/* bspl0026.c */
#include <stdio.h>

main() {
  int eingabe;
  while (1) {                                    /*(1)*/
    printf("\nBitte eine Zahl bis max. 100 :");
    scanf("%i",&eingabe);
    if (eingabe<=100)
      break;                                     /*(2)*/
  }
  printf("Ihre Zahl war %i",eingabe);
}
```

(1) Weil C den Wert 1 logisch als wahr einstuft, wird durch *while (1)*

eine Endlosschleife definiert. Derartige Schleifen müssen natürlich irgendwie abgebrochen werden können.

(2) Dies erreicht man durch eine *break*-Anweisung. Sie wird nicht nur beim *switch* verwendet, sondern dient bei allen Schleifen dazu, ihren Anweisungsblock zu verlassen. Das Programm prüft bei jedem Schleifendurchlauf, ob der eingegebene Wert kleiner oder gleich 100 ist, und fährt danach beim letzten *printf* fort.

Eine anderes Verhalten zeigt das nächste Programm. Hier enthält die Schleife eine Anweisung, die nicht bei jedem Durchlauf ausgeführt werden soll. In solchen Fällen bietet die Anweisung *continue* die Möglichkeit, sofort einen neuen Durchlauf der Schleife zu beginnen, ohne die restlichen Anweisungen auszuführen.

Das Programm listet die Jahreszahlen von 1950 bis 2000 auf und fügt den Schaltjahren einen Hinweis hinzu.

```
/* bspl0027.c */
#include <stdio.h>

main() {
  int jahr;
  for (jahr=1950;jahr <=2000;jahr=jahr+1) {
    printf("\n%i",jahr);
    if ((jahr%4))
      continue;                              /*(1)*/
    printf(" = Schaltjahr");
  }
}
```

Die Anzeige sieht folgendermaßen aus:

```
...
1990
1991
1992 = Schaltjahr
1993
1994
1995
1996 = Schaltjahr
1997
1998
1999
2000 = Schaltjahr
```

(1) Immer wenn sich das Jahr glatt durch 4 teilen läßt (*jahr%4*), wird
     die Bedingung falsch (=0), und *continue* wird nicht ausgeführt. An-
     sonsten sorgt es dafür, daß das Programm alle restlichen Anwei-
     sungen der Schleife überspringt und den nächsten Durchlauf star-
     tet. Bei der *for*-Schleife hier wird also der Zähler *jahr* erhöht und die
     Bedingung erneut getestet. Bei *while*- und *do*-Schleifen ist jedoch
     Vorsicht geboten. Werden bei ihnen durch *continue* genau die An-
     weisungen übersprungen, die die Schleifenbedingung ändern,
     dann ist das Resultat eine Endlosschleife.

Sowohl *break* als auch *continue* können ebenfalls in verschachtelten
Schleifen eingesetzt werden. Sie verändern dann jedoch nur den Ablauf
der Schleife, in deren Ebene sie vorkommen. Sie können keine verschachtelten Schleifen komplett abbrechen oder neu starten.

Das folgende Programm hat die Aufgabe, den Restwert von Wirt-
schaftsgütern für einen Abschreibungszeitraum von 4, 6 und 8 Jahren
zu berechnen. Für die Tabelle wird, ähnlich wie bei *bspl022.c*, eine verschachtelte Schleife benutzt.

```
/* bspl0028.c */
#include <stdio.h>

main() {
  int x,y;
  double preis,rest;
  printf("\n\tR e s t w e r t t a b e l l e\n");
  printf("\nBitte Neupreis in DM eingeben: ");
  scanf("%lf",&preis);
  printf("\n\tA  F A - Z e i t r a u m");
  printf("\nJahr\t8 Jahre\t6 Jahre\t4 Jahre");
  for(x=1; x<=8; x=x+1) { /* äußere Schleife */
    printf("\n%i\t",x);
    for(y=8; y>=4; y=y-2) {/* innere Schleife */
      rest = preis - x*preis/y;
      if (rest < 0)
        break;                                    /*(1)*/
      printf("%8.2f",rest);
    }
  }
}
```

Das Beispiel liefert Tabellen, die etwa so aussehen:

```
        R e s t w e r t t a b e l l e
Bitte Neupreis in DM eingeben: 1000

        A F A - Z e i t r a u m
Jahr    8 Jahre 6 Jahre 4 Jahre
1         875.00 833.33 750.00
2         750.00 666.67 500.00
3         625.00 500.00 250.00
4         500.00 333.33   0.00
5         375.00 166.67
6         250.00   0.00
7         125.00
8           0.00
```

(1) Die innere Schleife erzeugt auch hier die einzelnen Zeilen der letz-
     ten 3 Spalten. Sie sind so angelegt, daß aufgrund des kürzeren Ab-
     schreibungszeitraumes die Werte immer kleiner werden. Sobald
     sie kleiner als 0 sind, sollen sie nicht mehr angezeigt werden. Dies
     bewirkt hier das *break*. Es bricht nur die innere Schleife ab, das
     heißt, eine neue Zeile wird sofort begonnen.

Wenn ein Programm unbedingt alle oder mehrere verschachtelte
Schleifen beenden muß, dann hilft nur ein Sprung mittels *goto*. Dieses
Schlüsselwort lernen Sie im Kapitel 12.7 kennen.

5.5 Zusammenfassung

▪ C kennt die drei Iterationen *for, while* und *do*.

▪ Die *for*-Anweisung legt fest, wie oft ein Programmteil zu wiederholen ist. Sie benutzt dazu eine Variable, die die Anzahl der Durchläufe zählt.

▪ Bei der *while*-Schleife wird ein logischer Ausdruck bewertet, der entscheidet, ob die Schleife nochmals zu durchlaufen ist. Diese Prüfung
  findet zu Beginn statt, so daß es vorkommen kann, daß die Schleife
  gar nicht durchlaufen wird. Diese Schleife wird auch *kopfgesteuerte*
  bzw. *abweisende Schleife* genannt.

▪ Auch bei der *do*-Schleife wird eine Bedingung getestet. Allerdings erfolgt dieser Test erst nach dem Abarbeiten der Schleife; sie wird also
  mindestens einmal durchlaufen. Diese Art der Schleife nennt man
  fußgesteuert.

▪ Schleifen können (fast) beliebig verschachtelt werden.

■ Achten Sie darauf, daß eine *for*- und eine *while*-Anweisung nicht mit einem *Semikolon* abgeschlossen werden. Die Zeile *for (x=1; x<=100; x=x+1);* zählt nur *x* von 1 bis 100 hoch, sonst nichts!

5.6 Übungen

Aufgabe 17

Schreiben Sie ein Programm, das alle ungeraden Zahlen von 1 bis *n* addiert. Verwenden Sie dazu eine *for*-Schleife.

Aufgabe 18

Das folgende Programm gibt eine Anzahl von Sternen (*) in Form eines Dreiecks auf dem Bildschirm aus. Ändern Sie das Programm so, daß dieses Dreieck auf dem Kopf steht.

```
/* Aufg18.c */
#include <stdio.h>

main() {
  int zeile,spalte;
  for(zeile=1; zeile <= 20; zeile=zeile+1) {
    for(spalte=1; spalte <= zeile; spalte=spalte+1)
      printf("*");
    printf("\n");
  }
}
```

Aufgabe 19

Schreiben Sie ein Programm, das die ganzen Zahlen von 1 bis *n* miteinander multipliziert.
Das Programm erwartet die Eingabe von *n* und berechnet das Produkt von 1*2*3* ... *n. In der Mathematik heißt dieses Produkt n Fakultät, geschrieben n!.
4! entspricht also 1*2*3*4 = 24.

Aufgabe 20

Notieren Sie die folgenden Aussagen in C-Schreibweise für eine *while*-Schleife.

a) Solange *summe* ungleich 1000.

b) Solange *x* gleich *y*.

c) Solange *zahl* größer oder gleich *n*

d) Solange *x* minus *y* ungleich 145.

e) Solange *a* mal *b* gleich *c* mal *d*.

Aufgabe 21

Ändern Sie das Programm aus Aufgabe 17 so, daß statt der *for-* eine *while-*Schleife benutzt wird.

Aufgabe 22

In einem Programm muß bei der Eingabe einer Zahl dafür gesorgt werden, daß nur Integer-Zahlen kleiner null eingegeben werden können. Wie muß dieser Programmteil aussehen, damit die Forderung erfüllt wird? Benutzen Sie hierfür die *do-*Schleife.

Aufgabe 23

Was ist an folgendem Programm falsch?

```
/* Aufg23.c */
#include <stdio.h>

main() { /* Dieses Programm enthaelt einen Fehler! */
  double wert,wertminderung,restwert;
  int jahr;
  printf("\t\tBerechnung der Wertminderung\n");
  printf("\nWert              :");
  scanf("%lf",&wert);
  printf("%%-Wertminderung :");
  scanf("%lf",&wertminderung);
  printf("Restwert          :");
  scanf("%lf",&restwert);
  jahr=1;
  while(wert != restwert) {
    wert=wert*((100-wertminderung)/100);
    printf("\nWert nach %2i Jahren %7.2f",jahr,wert);
    jahr=jahr+1;
  }
}
```

6 Funktionen definieren

C verfügt nur über einen sehr kleinen Sprachumfang, stellt jedoch eine Vielzahl an Funktionen in den Bibliotheken für fast jeden Bedarf bereit. Was aber, wenn man eine Funktion für eine ganz spezielle Aufgabe benötigt und nichts Brauchbares in der Library vorhanden ist? Ganz einfach: Man schreibt sich diese Funktion selbst!

In den bisherigen Programmen haben Sie zwar auch Funktionen, wie zum Beispiel *printf* oder *scanf*, verwendet, das sind aber Funktionen, die bereits fertig in der Bibliothek vorliegen. In den folgenden Kapiteln wird die Möglichkeit, eigene Funktionen zu schreiben, ausgiebig genutzt.

6.1 Funktionen als Bausteine

Sie können sich eine Funktion als einen Spezialisten vorstellen, der immer dann gerufen wird, wenn eine bestimmte Aufgabe zu erledigen ist. Sie müssen nicht immer wieder das Rad neu erfinden; arbeitet eine Funktion einmal einwandfrei, kann sie immer wieder, auch in anderen Programmen, verwendet werden.

Sehen Sie sich dazu das nachstehende Beispiel an.

```
/* bspl0029.c */
#include <stdio.h>

loesche_bild() {
  int x;
  for(x=1; x<=25; x=x+1)
    printf("\n");
}

main() {
```

```
    int x,y,z;
    loesche_bild();
    printf("\nBitte x eingeben > ");
    scanf("%i",&x);
    loesche_bild();
    printf("\nBitte y eingeben > ");
    scanf("%i",&y);
    loesche_bild();
    printf("\nBitte z eingeben > ");
    scanf("%i",&z);
    loesche_bild();
    printf("\n%i + %i + %i = %i\n\a",x,y,z,x+y+z);
}
```

In diesem Programm taucht zum erstenmal neben *main* eine weitere,
selbstgeschriebene Funktion auf. Sie hat die Aufgabe, den Bildschirm
zu löschen, und hat daher den Namen *loesche_bild* bekommen. Der
Aufbau ist der gleiche wie bei *main*. Zuerst kommt der Name, es folgen
die Klammern, in denen bei anderen Funktionen Parameter stehen
könnten, und abschließend der Anweisungsblock, der durch geschweifte Klammern umschlossen ist. In diesem wird zunächst die von
der Zählschleife benötigte Variable *x* deklariert, und darauf folgen die
entsprechenden Programmanweisungen. Die Funktion *loesche_bild*
löscht den gesamten Bildschirminhalt, indem sie 25mal das Zeichen \n
(neue Zeile) ausgibt.
Ihnen ist wahrscheinlich aufgefallen, daß *loesche_bild* ebenso wie *main*
die Variable *x* verwendet. Diese beiden Variablen haben jedoch nichts
miteinander zu tun. Es ist also nicht so wie zum Beispiel in BASIC, wo
keine zwei Variablen mit dem gleichen Namen existieren können. In C
hat jede Funktion ihren eigenen *lokalen* Bereich, in dem sie Variablen
verwaltet, so daß sie sich nicht gegenseitig überschreiben können. Diese Eigenschaft erleichtert die Programmentwicklung erheblich. Sie
können in C Funktionen schreiben, ohne stets zu prüfen: «Habe ich
diesen Variablennamen nicht schon einmal verwendet?»
Haben Sie eine Funktion fertig geschrieben, brauchen Sie sich nicht
mehr um deren interne Arbeitsweise zu kümmern. Sie müssen nur
noch wissen, wie sie anzuwenden ist.
Mit zunehmender Erfahrung in C wird auch Ihre Funktionsbibliothek
wachsen, so daß Sie im Laufe der Zeit für die Entwicklung eines Programms immer weniger Zeit benötigen, da Sie auf Ihre Sammlung von

Funktionen zurückgreifen können. Um den Einsatz von Funktionen in anderen Programmen zu gewährleisten, sollten Sie bestrebt sein, die Funktionen möglichst allgemeingültig zu halten.

Bei der Wahl der *Funktionsnamen* gelten die gleichen Regeln wie bei den Variablennamen. Sie dürfen aus den Buchstaben A–Z und a–z, den Ziffern 0–9 und dem Unterstrich (_) bestehen und maximal 31 Zeichen lang sein. Namen müssen mit einem Buchstaben oder einem Unterstrich beginnen, Ziffern an der ersten Stelle sind nicht erlaubt. Obwohl es möglich ist, einen Variablen- oder Funktionsnamen mit Unterstrich zu beginnen, sollte man davon keinen Gebrauch machen. Weil nämlich die Bibliotheksfunktionen und -variablen häufig mit einem Unterstrich beginnen, können sonst unerklärliche Fehler auftreten. Benutzen Sie den Unterstrich besser dazu, Variablennamen lesbarer zu gestalten, zum Beispiel *loesche_bild* statt *loeschebild*.

Sie wissen bereits, daß C zwischen Groß- und Kleinschreibung unterscheidet. *Loesche_bild, loesche_bild* und *LOESCHE_BILD* sind deshalb drei völlig verschiedene Namen. Sie sollten sich bei der Namensvergabe daher eine einheitliche Schreibweise aneignen, um diesem Problem aus dem Weg zu gehen. Es ist üblich, Funktions- und Variablennamen durchgängig klein zu schreiben; diese Schreibweise wird auch in allen Beispielprogrammen benutzt.

6.2 Funktionsparameter

Mit *loesche_bild* haben Sie eine Funktion geschrieben, die eine festgelegte Aufgabe erfüllt. Häufig ist jedoch ein flexibleres Verhalten wünschenswert. Das erreicht man, indem man der Funktion Werte, sogenannte Parameter, mitgibt, die genauer festlegen, was gemacht oder womit gearbeitet werden soll. Dieses Prinzip ist Ihnen bereits von Bibliotheksfunktionen wie *printf* und *scanf* bekannt, denen auch Parameter übergeben werden, wie zum Beispiel Formatangaben oder Variablenwerte.

Das nächste Programm stellt Ihnen eine Funktion vor, die eine variable Anzahl von Leerzeilen erzeugen kann.

```
/* bspl0030.c */
#include <stdio.h>
```

```
neue_zeile(int x) {                                        /*(1)*/
  int zaehler;
  for(zaehler=1; zaehler<=x; zaehler=zaehler+1)
    printf("\n");
}


main() {
  int eingabe;
  neue_zeile(3);                                           /*(2)*/
  printf("1. Satz");
  neue_zeile(3+1);                                         /*(3)*/
  printf("2. Satz");
  neue_zeile(1);
  printf("Wieviel Zeilenvorschuebe soll ich drucken :");
  scanf("%i",&eingabe);
  neue_zeile(eingabe);                                     /*(4)*/
  printf("3. Satz");
}
```

Die Funktion *neue_zeile* soll Zeilenvorschübe erzeugen. Die Anzahl dieser Vorschübe wird von der Funktion jedoch nicht fest vorgegeben, sondern ihr als Parameter mitgeteilt. Das macht sie weitaus flexibler.

(1) Hinter dem Funktionsnamen werden in den Klammern der Typ und der Name des übergebenen Wertes (*int x*) angegeben. Der Parametername ist völlig frei wählbar. Er ist nur lokal für die Funktion gültig und wird in ihr wie jede andere Variable verwendet. Hier dient *x* dazu, die Anzahl der Schleifendurchläufe festzulegen. Durch diese Schreibweise kann der Compiler beim Übersetzen Ihres Programms feststellen, ob die Funktion mit den richtigen Werten aufgerufen wurde. Sie erhalten zum Beispiel eine Warnung, wenn Sie eine Funktion, die einen *int*-Wert erwartet, mit einem *double*-Wert aufrufen oder wenn die Anzahl der Parameter nicht stimmt. Ob diese Warnung auch tatsächlich ausgegeben wird, hängt davon ab, wie Sie den Compiler eingestellt haben.

(2) Beim Aufruf der Funktion werden die Parameter initialisiert. Deshalb müssen hier genau so viel Werte angegeben werden, wie bei der Funktionsdefinition festgelegt wurden. Außerdem müssen die Typen passen. Die Funktion *neue_zeile* wird daher hier mit einem *int*-Wert aufgerufen.

(3) Wie Sie schon bei *printf* kennengelernt haben, werden Ausdrücke

als Parameter vor dem Funktionsaufruf ausgewertet. Statt also konstante Werte anzugeben, darf der Parameter auch, wie hier, aus einem Ausdruck bestehen, solange der Typ des Ergebnisses zu dem verlangten Typ paßt.

(4) Auch Variablen können die Parameter initialisieren. Der Inhalt der Variablen *eingabe* wird hier beim Aufruf in den Parameter *x* übertragen.

Hinweis:

In älteren C-Programmen finden Sie häufig noch eine andere Schreibweise für die Parameterübergabe. Nach der alten Konvention sähe der Kopf unserer Funktion so aus:

```
neue_zeile(x)
int x;
{
...
```

In dieser Form erfolgt die Deklaration der Parameter zwischen Funktionsname und Anweisungsblock.

Das nächste Programm benutzt eine Funktion, um Linien variabler Länge zu zeichnen. Neben der Länge wird auch das Zeichen angegeben, aus dem die Linie bestehen soll.

```
/* bspl0031.c */
#include <stdio.h>

linie(int zeichen, int laenge) {
   int i;
   for(i=1; i<=laenge; i++)                       /*(1)*/
      printf("%c",zeichen);
}

main() {
   int zeichen,wieoft;
   printf("\nIch schreibe jetzt 10 Fragezeichen.\n");
   linie('?',10);                                 /*(2)*/
   printf("\nWelches Zeichen  : ");
   zeichen=getchar();                             /*(3)*/
   printf("Wie oft schreiben: ");
```

```
    scanf("%i",&wieoft);
    printf("\n");
    linie(zeichen,wieoft);
}
```

Die Funktion *linie* muß zwei Werte erhalten, das Zeichen selbst und die Angabe, wie oft es zu drucken ist. Die beiden Parameter müssen, durch Komma getrennt, einzeln angegeben werden. So weit dürfte die Funktion verständlich sein. Das Programm enthält aber drei Besonderheiten.

(1) In der Schleife *for(i=1; i<=laenge; i++)* finden Sie den seltsamen Ausdruck *i++*. Er bewirkt das gleiche wie die Zuweisung *i=i+1*. Als Gegenstück dazu gibt es auch die Möglichkeit, eine Variable um 1 herunterzuzählen. Zum Beispiel steht *zahl--* für *zahl=zahl-1*. Diese Schreibweisen sind nicht einfach Kurzformen für Additionen bzw. Subtraktionen um 1, sondern ermöglichen dem Compiler, einen sehr effektiven Maschinencode aus dieser Anweisung zu erzeugen. Die Operatoren ++ und -- werden sehr häufig bei Schleifenvariablen verwendet, die um den Wert 1 herauf- oder heruntergezählt werden sollen. Durch die Verwendung dieses Operators und Bezeichnung der Zählvariablen mit *i* sieht der Code schon viel professioneller aus.

(2) Die Funktion *linie* ist so definiert worden, daß als erster Parameter ein *int*-Wert verwendet wird. Hier wird aber eine Zeichenkonstante (*char*) übergeben. Dies ist deshalb möglich, weil C einen Zahlenwert auch als Code des zugehörigen Zeichens interpretieren kann (siehe Kapitel 4.5). Weil das auch umgekehrt funktioniert, wird hier ein Zeichen angegeben. Die Funktion *linie* benutzt seinen Codewert, um ihn wieder als Zeichen (*%c*) auszugeben. Statt '?' können Sie hier natürlich auch den Wert *63* (siehe Zeichentabellen im Anhang) direkt eingeben.

(3) Der Typ der Variablen *zeichen* in *main* müßte Sie eigentlich verwundern. Hatten Sie doch festgestellt, daß die Funktion *getchar* genau ein Zeichen von der Tastatur liest. Die Variable *zeichen* müßte also vom Typ *char* sein. Die Funktion liefert jedoch nicht einen Wert vom Typ *char* sondern den Typ *int* zurück. Daß Sie in den bisherigen Programmen trotzdem *char* verwenden konnten, liegt eben an der Eigenschaft von C, Typen bei Bedarf automatisch um-

zuwandeln. Diese automatische Umwandlung bemerken Sie normalerweise überhaupt nicht. Sie ist im allgemeinen auch problemlos. An den Stellen, wo sie zu berücksichtigen ist, wird besonders darauf hingewiesen.

6.3 Rückgabewerte

Die wichtigste Eigenschaft einer Funktion wurde bisher noch nicht besprochen: die Rückgabe von Werten. Einer Funktion zur Berechnung von Quadratwurzeln beispielsweise wird als Parameter eine Zahl übergeben, und sie liefert die Quadratwurzel dieser Zahl zurück. Oder nehmen Sie die Funktion *getchar*. Sie benötigt zwar keine Parameter, liefert als Ergebnis aber den Wert des eingegebenen Zeichens.

In C wird die Wertrückgabe durch die Anweisung *return* bewirkt. Im nächsten Beispiel soll die Funktion *max* den größeren von zwei *int*-Werten ermitteln und ihn an die aufrufende Programmstelle zurückgeben.

```
/* bspl0032.c */
#include <stdio.h>

int max(int a, int b) {                           /*(1)*/
   if(a > b)
      return a;                                    /*(2)*/
   else
      return b;                                    /*(3)*/
}

main() {
   int zahl1,zahl2;
   printf("\nBitte geben Sie eine Zahl ein: ");
   scanf("%i",&zahl1);
   printf("Bitte geben Sie eine Zahl ein: ");
   scanf("%i",&zahl2);
   printf("\nDie Zahl %i ist groesser!",
      max(zahl1,zahl2));                           /*(4)*/
}
```

(1) Neben den Typangaben für die Parameter taucht in dieser Zeile eine weitere Typbezeichnung vor dem Funktionsnamen auf: *int*

max(...). Diese Angabe legt fest, welchen Datentyp die Funktion liefert. Die Funktion *max* benötigt also zwei Parameter vom Typ *int* und gibt als Ergebnis ebenfalls einen Wert vom Typ *int* zurück. Der Typ des Rückgabewertes muß prinzipiell immer angegeben sein. Sie haben zwar in den bisherigen Beispielfunktionen keine Angaben dazu gemacht, da C aber, bei fehlendem Funktionstyp, automatisch den Typ *int* annimmt, hat die Kompilierung problemlos funktioniert. Gewöhnen Sie sich dennoch an, bei jeder Funktion den Rückgabetyp anzugeben.

(2) Die Anweisung *return* erfüllt zwei Aufgaben. Erstens beendet sie die Funktion. Sollte *a* größer sein als *b*, wird die Funktion in dieser Zeile also verlassen. Zweitens übergibt sie den angegebenen Wert, hier *a*, an die aufrufende Stelle.

(3) Auch im *else*-Zweig muß natürlich ein Wert zurückgegeben werden, hier *b*. Die Anweisung *return* kann auch ohne einen Rückgabewert verwendet werden. In diesem Fall wird die Funktion dann verlassen, ohne einen Wert zurückzuliefern. Beachten Sie bitte: Eine Funktion kann zwar mehrere Parameter entgegennehmen, jedoch nur einen einzigen Wert zurückgeben!

(4) Der Aufruf einer Funktion mit Rückgabewert ist an jeder Stelle möglich, wo auch eine Variable, eine Konstante oder ein Ausdruck mit dem entsprechenden Typ stehen könnte. Auf Grund des Platzhalters %i erwartet *printf* hinter der Zeichenkette einen *int*-Ausdruck; und da die Funktion *max* einen Wert vom Typ *int* liefert, kann sie an dieser Stelle eingesetzt werden. Nach ihrem Aufruf wird sie durch den Wert ersetzt, den sie per *return* liefert.

Versuchen Sie jetzt bitte, die folgende Aufgabe zu lösen.

Aufgabe 24

Wie muß eine Funktion *d_min* aussehen, die den kleineren von zwei *double*-Werten zurückliefert?

Das folgende Programm demonstriert den Einsatz der Funktion *max* an einem ausführlicheren Beispiel. Es soll aus einer Reihe von Zahlen die größte ermitteln. Es definiert eine weitere Funktion *eingabe*, die den Dialog realisiert.

```
/* bspl0033.c */
#include <stdio.h>

int max(int a, int b) {
  if(a > b)
    return(a);
  else
    return(b);
}

int eingabe(int nr) {
  int eingabe;
  printf("Bitte die %i. Zahl eingeben: ",nr);
  scanf("%i",&eingabe);
  return eingabe;
}

main() {
  int i,anzahl,maximum;
  printf("\nWieviel Zahlen eingeben? ");
  scanf("%i",&anzahl);
  maximum = eingabe(1);
  for(i=2; i<=anzahl; i++)
    maximum = max(eingabe(i),maximum);
  printf("\nDie groesste Zahl war %i.",maximum);
}
```

Das Programm *bspl0034.c* verwendet eine Funktion namens *fakultaet*, um die Kombinationsmöglichkeiten im Lotto zu berechnen. Versuchen Sie auch in diesem Fall, das Programm Schritt für Schritt nachzuvollziehen.

```
/* bspl0034.c */
#include <stdio.h>

double fakultaet(int zahl) {
  int i;
  double ergebnis=1.0;
  for(i=1; i <= zahl; i++)
    ergebnis = ergebnis * i;
  return(ergebnis);
}
```

```
main() {
   double ergebnis;
   ergebnis=fakultaet(49)/                                   /*(1)*/
         (fakultaet(43)*fakultaet(6));
   printf("\nDie Anzahl der moeglichen Kombinationen ");
   printf("im Lotto 6 aus 49 ist %.0f \n",ergebnis);
}
```

(1)   Die Formel zur Berechnung der möglichen Kombinationen im Lot-
      to lautet: *49!/((49-6)! * 6!)*. Sie sehen, daß eine Funktion auch in
      ein und derselben Anweisung beliebig oft aufgerufen werden
      kann.

Zusätzlich zu den «normalen» Rückgabetypen, wie beispielsweise *int*
oder *double*, kennt C den Typ *void*. Er wird eingesetzt, um dem Compiler anzuzeigen, daß eine Funktion keinen Wert zurückliefert. Die Funktionen *neue_zeile* und *linie* sind zum Beispiel vom Typ *void*. Sie sollten
alle Funktionen, die keinen Wert liefern, durch *void* kenntlich machen,
wie beispielsweise:

```
void neue_zeile(int x) {
...

void linie(int zeichen, int laenge) {
...
```

Auch wenn eine Funktion keinen Parameter verwendet, dient *void*
dazu, den Compiler über diese Tatsache zu informieren. Die Funktion
loesche_bild heißt also besser:

```
void loesche_bild(void) {
...
```

6.4 Prototypen

Bei allen Programmen dieses Kapitels befinden sich die definierten
Funktionen jeweils vor *main*. Diese Aufteilung – zuerst die Funktionen,
dann das Hauptprogramm *main* – ist jedoch nicht zwingend vorge-

schrieben. Sie können die Reihenfolge prinzipiell beliebig wählen. Dabei sind allerdings einige Besonderheiten zu beachten. Das folgende Programm dient der Erläuterung der dabei auftretenden Probleme.

```
/* bspl0035.c */
#include <stdio.h>

main() { /* Dieses Programm erzeugt Fehler! */
  double x=4711.0,y=11.0;
  printf("\nErgebnis = %f ",func(x,y));          /*(1)*/
}


double func(double x, double y) {                /*(2)*/
  return(y/x);
}
```

Wie Sie dem Kommentar im Programm entnehmen können, treten bei *bspl0035.c* Probleme auf. Je nach Compiler wird ein *redefinition error* gemeldet oder beispielsweise auch 0.000000 angezeigt. Die Ursache hierfür soll untersucht werden.

(1) Beim Übersetzen arbeitet sich der Compiler von oben nach unten durch das Programm. Hier trifft er nun auf die Funktion *func*. Da er diese noch nicht kennt, nimmt er standardmäßig an, daß sie den Rückgabetyp *int* hat.

(2) Im weiteren Verlauf erreicht er dann die Definition der Funktion *func*, allerdings mit dem Rückgabetyp *double*. Wenn der Compiler dies akzeptiert, dann treten zur Laufzeit Fehler auf. Denn der zurückgegebene *double*-Wert (8 Bytes) wird jetzt als *int*-Zahl (2 bzw. 4 Bytes) interpretiert.

Wie kann man das nun verhindern?

Als erste Möglichkeit bietet sich an, die Funktionen an einer Stelle im Programm zu definieren, bevor sie das erste Mal aufgerufen werden. In unserem Beispiel könnten Sie *func* vor *main* setzen. Damit kennt der Compiler diese Funktion, bevor sie das erste Mal in *main* aufgerufen wird. Diese Methode haben Sie bisher auch verwendet.

Die zweite Möglichkeit besteht darin, dem Compiler zu Beginn des Programms mitzuteilen, welche Funktionen vorkommen. Das wird durch die sogenannten Funktionsprototypen erreicht. Ein solcher Prototyp teilt dem Compiler mit, welchen Rückgabetyp eine Funktion hat, und außerdem Typ und Anzahl der zu erwartenden Parameter. Damit ist der Compiler in der Lage, Ihr Programm auf eventuelle Fehler hin zu untersuchen.

An dieser Stelle mögen Sie einwenden, daß die erste Möglichkeit – Funktionen vor *main* zu stellen – das Problem genauso gut behebt. Da es aber häufiger vorkommt, daß von einer Funktion eine oder mehrere andere aufgerufen werden, ist es an einigen Stellen unumgänglich, die zweite Möglichkeit zu benutzen. Im allgemeinen bleibt es Ihnen jedoch überlassen, welches Layout Sie für Ihr Programm bevorzugen.

Im folgenden Programm ist *bspl0035.c* durch einen Funktionsprototyp erweitert worden, so daß der Compiler seine Aufgabe ohne Probleme erledigen kann.

```
/* bspl0035.c */
#include <stdio.h>

double func(double, double);                              /*(1)*/

main() {
    double x=4711.0,y=11.0;
    printf("\nErgebnis = %f ",func(x,y));
}

double func(double x, double y) {
    return(y/x);
}
```

(1) Der Funktionsprototyp sieht fast so aus wie eine Funktionsdefinition. Nur daß hier in den Klammern keine Variablennamen angegeben werden müssen; es reichen die Typen. Außerdem endet die Zeile, im Gegensatz zur normalen Funktion, mit einem Semikolon.

Ohne daß Sie es bemerkten, wurden in Ihren Programmen schon wiederholt Funktionsprototypen verwendet. Die *include*-Dateien bestehen nämlich zu einem Großteil aus fertigen Prototypdeklarationen für die Bibliotheksfunktionen. So enthält *stdio.h* eben unter anderem die Prototypen für die Funktionen *printf, scanf* und *getchar.*

6.5 Zusammenfassung

- Eine Funktionsdefinition besteht aus Rückgabetyp, Funktionsname, Parameterliste und Anweisungsblock.
- Rückgabetyp kann jeder gültige Typ sein. Ist kein Typ angegeben, wird standardmäßig *int* angenommen.
- Funktionen, die keinen Wert liefern, erhalten den Rückgabetyp *void*.
- In der Parameterliste werden Typ und Name der übergebenen Werte aufgeführt.
- Die Anweisung *return* dient zur Rückgabe eines Wertes und beendet die Funktion.
- Ein *return* ohne folgenden Ausdruck verläßt die Funktion, ohne einen Wert zurückzugeben.
- Funktionsprototypen ermöglichen es dem Compiler, das Programm genauer auf mögliche Fehler zu untersuchen.

6.6 Übungen

Aufgabe 25

Ändern Sie die folgende Funktionsdefinition so, daß sie dem neuen Standard entspricht.

```
double func (x, y)
double x;
int y;
{
...
```

Aufgabe 26

Welche Aufgabe hat die folgende Funktion?

```
/* Aufg26.c */
int umlaut(int zeichen) {
  switch(zeichen) {
    case 'ä':
    case 'Ä':
```

```
    case 'ö':
    case 'Ö':
    case 'ü':
    case 'Ü':
      return(1);
    default:
      return(0);
  }
}
```

Aufgabe 27

Schreiben Sie eine Funktion mit Namen *d_abs*, die den Absolutwert (den Wert ohne Vorzeichen) eines *double*-Wertes zurückliefert.

Aufgabe 28

Schreiben Sie eine Funktion namens *beep*, die Töne erzeugt. Die Anzahl der Töne wird als Parameter übergeben.

Aufgabe 29

Schreiben Sie eine Funktion mit dem Namen *vorzeichen*, die den Rückgabetyp *int* hat und als Parameter einen Wert vom Typ *double* erhält. Wenn der Wert größer als null ist, soll 1, wenn er kleiner als null ist, −1, und wenn er gleich null ist, 0 zurückgegeben werden.

Aufgabe 30

Schreiben Sie eine Funktion, die einen *double*-Wert potenziert. Der Prototyp der Funktion sieht so aus:

```
double hoch(double wert, int potenz);
```

Wird als Potenz 0 angegeben, soll der Wert 1, wird als Potenz ein negativer Wert angegeben, soll der Fehlerwert −1 zurückgeliefert werden. Ansonsten wird nach der Formel *Funktionsrückgabe = wert hoch potenz* gerechnet.

7 Felder und Zeichenketten

In diesem Kapitel lernen Sie, wie die Programmiersprache C Zeichenketten bearbeitet. Vorher müssen Sie jedoch wissen, was unter einem Feld zu verstehen ist und was man damit machen kann.

7.1 Felder

Stellen Sie sich vor, Sie müßten ein Programm schreiben, das die Tagestemperaturen eines Monats speichern soll. Nach dem, was Sie in den ersten Kapiteln gelernt haben, hätten Sie nur die Alternative, für jeden Tag des Monats eine eigene Variable zu definieren. Für den Monat August könnten Sie beispielsweise die Variablen *august1, august2, ... august31* benutzen. Abgesehen von der Tipparbeit bringt das noch weitere Schwierigkeiten mit sich. Allein um den Temperaturdurchschnitt zu berechnen, wäre eine ellenlange Formel nötig wie: *durchschnitt = (august1 + august2 + ... august31)/31*. Glücklicherweise bietet C eine Lösung für solche Problemstellungen in Form der Datenfelder (engl. array) an.

7.1.1 Felder definieren

Für unser Problem wäre es nützlich, wenn man die Tage des Monats nicht als Teil des Variablennamens verwenden müßte, sondern wenn diese Kennzeichnung variabel gehalten werden könnte. In C sieht eine solche Lösung so aus:

```
double temperatur[31];
```

Mit dieser Deklaration haben Sie dem Compiler mitgeteilt, daß Sie eine Variable mit dem Namen *temperatur* verwenden möchten und daß Sie unter diesem Namen 31 verschiedene Werte vom Typ *double* speichern wollen. Dabei wird die Größe des Feldes in eckigen Klammern hinter dem Feldnamen angegeben.

Sie erinnern sich, daß eine *double*-Variable acht Bytes im Speicher belegt. Wenn Sie 31 Stück davon haben, ergibt das eine Gesamtanzahl von 248 Bytes, die der Compiler für Ihr Feld *temperatur* reserviert.

7.1.2 Feldelemente ansprechen

Wollen Sie jetzt die einzelnen Elemente dieses Feldes ansprechen, geben Sie den Variablennamen an, gefolgt von der Nummer (dem Index) des Elements. Der dritte Tag des Monats wird also folgendermaßen angesprochen:

```
temperatur[2]
```

Doch halt! Sie wollten doch den dritten Tag, warum heißt es dann *temperatur[2]*? Der Grund dafür liegt in der Art, wie C die einzelnen Felder anspricht. C benutzt als erste Indexnummer immer die Null! Mit der Felddeklaration haben Sie also die folgenden Variablen vereinbart:

```
temperatur[0]
temperatur[1]
...
temperatur[30]
```

temperatur

Bitte beachten Sie: Mit der Deklaration *double temperatur[31]* reservieren Sie Platz für 31 Variablen. Die Indizes dieser Variablen laufen aber von 0 bis 30!

Mit dem folgenden Programm können Sie die Temperaturwerte für einen Monat eingeben, in einem zweiten Schritt wieder anzeigen und im letzten Schritt die Durchschnittstemperatur berechnen lassen.

```
/* bspl0036.c */
#include <stdio.h>

main() {
  int i;
  double temperatur[31],gesamt=0,durchschnitt;          /*(1)*/
  printf("\t\tTagestemperaturen des Monats August\n\n");
  for(i=0; i<=30; i++) {
    printf("%2i. Tag : ",i+1);
    scanf("%lf",&temperatur[i]);                         /*(2)*/
  }
  printf("\nAlle Werte des August.\n");
  for(i=0; i<=30; i++)
    printf("\n%2i. Tag : %2.1f Grad",i+1,temperatur[i]);
  for(i=0; i<=30; i++)
    gesamt += temperatur[i];                             /*(3)*/
  durchschnitt = gesamt / 31;
  printf("\n\nDurchschn. Temperatur = %2.1f Grad.",
         durchschnitt);
}
```

(1) In dieser Deklaration wird Speicherplatz für ein Feld von 31 Variablen und zwei Einzelvariablen des Typs *double* reserviert.

(2) In dieser Schleife werden die 31 Werte eingelesen. Beachten Sie, daß der Index des Feldes *temperatur* bei 0 beginnt und bis zum Wert 30 läuft (nicht 31!). Bei der Funktion *scanf* wird über den Index ein einzelnes Element angesprochen.

(3) Diese Schleife addiert alle eingegebenen Werte. Der hier verwendete Operator += addiert den Wert des rechten Ausdrucks auf den Wert der linken Variablen und speichert das Ergebnis in ihr. Die Anweisung entspricht also dem Ausdruck *gesamt = gesamt + temperatur[i]*, ist aber effektiver. Für die anderen Rechenarten gibt es die entsprechenden Operatoren -=, *=, /= und %=.

7.2 Zeichenketten

Zeichenketten sind ein wichtiger Bestandteil eines jeden Programms. Sie dienen zur Aufnahme von Meldetexten – einschließlich Fehlermeldungen – oder speichern die Texte, die Sie mit einer Textverarbeitung in den Rechner eingeben.

Die Programmiersprache C kennt keinen Datentyp, der speziell für Zeichenketten geschaffen ist. Bei ihr ist eine Zeichenkette (engl. string) nichts anderes als ein Feld von *char*-Werten. Zeichenketten sind das weitaus häufigste Einsatzgebiet für Felder. Es gibt in der Funktionsbibliothek weit über zwanzig Funktionen, die der Zeichenkettenverarbeitung dienen. Um eine Zeichenkette speichern zu können, muß ein Feld vorhanden sein, das groß genug ist, den gesamten Text aufzunehmen. Die Deklaration

```
char text[10];
```

reserviert im Speicher Platz für zehn *char*-Werte. Diese einzelnen Zeichen können mit *text[0], text[1]* usw. bis *text[9]* angesprochen werden. Bei der Behandlung von Zeichenketten ergibt sich aber ein Problem: Sie haben eine variable Länge. Angenommen Sie haben mit *char satz[80];* Platz für achtzig Zeichen reserviert. Sie speichern jetzt das Wort *Hallo* in diesem Feld und wollen es wieder ausgeben lassen. Woran soll das Programm erkennen, daß hinter dem *o* von *Hallo* der Text bereits zu Ende ist? Man müßte das Ende irgendwie kenntlich machen! Diese Endemarkierung einer Zeichenkette wird in C durch eine binäre Null bewirkt. Eine binäre Null hat nichts mit der Ziffer 0 (ASCII-Code 48) zu tun, sondern ist das Zeichen mit dem ASCII-Code 0! Um dieses Zeichen eingeben zu können, wird die Schreibweise '\0' benutzt. Achtung: Die Hochkommas vor dem Backslash (\) und hinter der Null müssen mit eingegeben werden!
Im Speicher ist die Zeichenkette dann folgendermaßen abgelegt:

0	1	2	3	4	5
H	a	l	l	o	\0

Zu Ihrer Beruhigung: Sie müssen nur in Ausnahmefällen die binäre Null selbst an das Ende einer Zeichenkette setzen. Normalerweise besorgen die entsprechenden Stringfunktionen dies für Sie.
Sehen Sie sich dazu das nächste Programm an. Es erwartet von Ihnen die Eingabe eines Satzes, der dann zur Kontrolle wieder angezeigt wird. Anschließend wird eine Änderung am Satz vorgenommen und das Ergebnis ebenfalls ausgegeben. In diesem Programm lernen Sie die Funktionen *gets* und *strlen* sowie den Platzhalter *%s* kennen.

```
/* bspl0037.c */
#include <stdio.h>
#include <string.h>                                    /*(1)*/

main() {
  char satz[80];                                       /*(2)*/
  printf("\nBitte einen Satz eingeben\n>");
  gets(satz);                                          /*(3)*/
  printf("\n%s",satz);                                 /*(4)*/
  printf("\nDer Satz besteht aus %i Zeichen.",
         strlen(satz));                                /*(5)*/
  printf("\n\nsatz[5] erhaelt eine binaere Null.\n");
  satz[5]='\0';                                        /*(6)*/
  printf("\n%s",satz);                                 /*(7)*/
  printf("\nDer Satz besteht aus %i Zeichen.",         /*(8)*/
         strlen(satz));
}
```

Starten Sie das Programm, und geben Sie den Satz

```
Das ist ein Test.
```

ein. Wenn Sie ⏎ gedrückt haben, wird der Satz nochmals angezeigt, und es erscheint die Meldung:

```
Der Satz besteht aus 17 Zeichen.
```

Danach schreibt das Programm in das Element *satz[5]* eine binäre Null und druckt den Satz nochmals aus. Jetzt erscheint der Text:

```
Das i
```

und die Meldung:

```
Der Satz besteht aus 5 Zeichen.
```

Sie werden wahrscheinlich schon beschreiben können, was im einzelnen geschehen ist. Das Programm soll dennoch einmal Schritt für Schritt erläutert werden.

(1) Programme, die Funktionen zur Zeichenkettenverarbeitung einsetzen, hier ist es *strlen*, müssen die Datei *string.h* einbinden.

(2) Das Feld *satz* soll Ihren Text aufnehmen. Dafür wird mit dieser An-

weisung Platz für achtzig Zeichen reserviert. Denken Sie daran, daß von diesen achtzig Zeichen nur 79 für den Text nutzbar sind, da der letzte Platz die binäre Null (\0) aufnehmen muß. Wenn Sie also wirklich achtzig Zeichen Text speichern wollen, müssen Sie das Feld auf 81 vergrößern.

(3) Die Funktion *gets* dient der Eingabe von Zeichenketten (strings). Ihre Benutzung ist denkbar einfach: In den Klammern hinter *gets* geben Sie den Namen des Feldes an, in das der Text gespeichert werden soll. Um die Eingabe der binären Null müssen Sie sich nicht kümmern; das erledigt die Funktion *gets* für Sie.

(4) Diese Druckanweisung gibt den gerade eingegebenen Satz zur Kontrolle auf dem Bildschirm aus. Wie sich leicht erraten läßt, steht im Platzhalter *%s* der Buchstabe *s* für *string*, sprich Zeichenkette. Wenn *printf* diesen Platzhalter findet, geht es davon aus, daß jetzt eine Zeichenkette, also ein *char*-Feld zu drucken ist. Es fängt beim ersten Element (in unserem Fall *satz[0]*) an, ein Zeichen nach dem anderen zu drucken, bis die binäre Null gefunden wird, die den Druck beendet und nicht ausgegeben wird.

(5) Die Funktion *strlen* ermittelt die Länge einer Zeichenkette. Es werden dabei alle Zeichen (auch die Leerzeichen) bis zur binären Null gezählt. Diese wird nicht mitgezählt.

(6) Zu Beginn des Kapitels hatten Sie gesehen, daß man die einzelnen Elemente eines Feldes ansprechen kann, indem man den Namen des Feldes und den Index benutzt. Mit *satz[5]* spricht man also das 6. Element der Zeichenkette *satz* an. Durch *satz[5]='\0';* wird in dieses Element eine binäre Null geschrieben. Die Folgen dieser Zuweisung werden in den beiden nächsten Anweisungen deutlich.

(7) Die Funktion *printf* druckt jetzt nur noch *Das i* aus, da an die Stelle des Buchstabens *s* eine \0 geschrieben und damit das Ende der Zeichenkette markiert wurde.

(8) Auch die Funktion *strlen* kommt zu dem Ergebnis, daß die Zeichenkette jetzt nur noch fünf Zeichen lang ist.

Da die gerade erläuterten Zusammenhänge wichtig für das Arbeiten mit C sind, hier noch ein weiteres Beispielprogramm zu diesem Thema. Es arbeitet so, wie *printf* in der Kombination mit dem Platzhalter *%s* funktioniert. Statt die Arbeit jedoch dem *printf* zu überlassen, prüft es selbst Zeichen für Zeichen und gibt sie so lange aus, bis es auf die binäre Null stößt. Dazu benutzt es den Platzhalter *%c*.

```
/* bspl0038.c */
#include <stdio.h>

main() {
   int i=0;
   char satz[80];
   printf("\nBitte einen Satz eingeben\n>");
   gets(satz);
   while(satz[i] != '\0') {                           /*(1)*/
      printf("%c",satz[i]);
      i++;
   }
}
```

(1) In dieser Schleife werden die einzelnen Zeichen so lange gedruckt, bis die binäre Null erreicht wird.

Das gleiche Programm, etwas «C-mäßiger» geschrieben, sieht so aus:

```
/* bspl0039.c */
#include <stdio.h>

main() {
   int i=0;
   char satz[80];
   printf("\nBitte einen Satz eingeben\n>");
   gets(satz);
   while(satz[i]) {                                   /*(1)*/
      printf("%c",satz[i++]);                         /*(2)*/
   }
}
```

(1) Hier wird wieder ausgenutzt, daß ein *char*-Wert auch numerisch und der Wert 0 als falsch interpretiert wird. Die Bedingung ist also für jedes Zeichen außer der binären Null wahr.
(2) Der Operator ++ darf auch innerhalb einer Anweisung benutzt werden. Der Compiler sorgt hier dafür, daß zuerst der Wert von *i* als Index für *satz* eingesetzt und danach erst erhöht wird.

Bevor Sie weiterlesen, bearbeiten Sie bitte die folgende Aufgabe.

Aufgabe 31

Das nächste Programm benutzt eine erlaubte, wenn auch etwas mühselige Art, einem *char*-Feld Werte zuzuweisen.

```
/* Aufg31.c */
#include <stdio.h>

main() {
  char wort[10];
  wort[0]='1';
  wort[1]='.';
  wort[2]=' ';
  wort[3]='W';
  wort[4]='o';
  wort[5]='r';
  wort[6]='t';
  printf("\n%s",wort);
}
```

Welchen Fehler enthält das Programm?

7.3 Zeichenkettenfunktionen

In diesem Abschnitt lernen Sie drei weitere Bibliotheksfunktionen zur Zeichenkettenbearbeitung kennen:

▦ *strcpy* zum Kopieren,
▦ *strcat* zum Verknüpfen und
▦ *strcmp* zum Vergleichen von Zeichenketten.

7.3.1 Kopieren und Verketten

Für die folgenden Beispiele wird vorausgesetzt, daß ein *char*-Feld namens *text* deklariert wurde, das Platz für zehn Zeichen bereitstellt.

```
char text[10];
```

Nach dieser Deklaration stehen Ihnen diese zehn Plätze zur Verfügung:

0	1	2	3	4	5	6	7	8	9

In der Skizze sind die einzelnen Elemente leer gelassen. In Wirklichkeit enthalten sie jedoch irgendwelche zufälligen Zeichen. Für unsere Erläuterungen ist das vorerst unerheblich.

Die Syntax der Funktion *strcpy* sieht so aus:

```
strcpy(<zeichenkette1>,<zeichenkette2>)
```

Für *<zeichenkette1>* wird ein Feld und für *<zeichenkette2>* ein Feld oder ein konstanter Text eingesetzt. Sie wollen *text* die Zeichenkette *Soft* zuweisen; die Anweisung dazu lautet:

```
strcpy(text,"Soft");
```

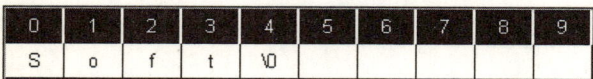

0	1	2	3	4	5	6	7	8	9
S	o	f	t	\0					

Die Funktion *strcpy* hat die binäre Null automatisch angehängt. Mit

```
strcat(<zeichenkette1>,<zeichenkette2>)
```

soll der Text *ware* angehängt werden. Die Anweisung dazu lautet:

```
strcat(text,"ware");
```

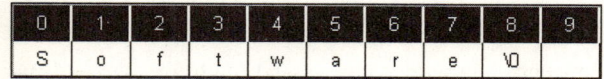

0	1	2	3	4	5	6	7	8	9
S	o	f	t	w	a	r	e	\0	

Die Funktion *strcat* überschreibt mit dem ersten Zeichen des anzuhängenden Textes die binäre Null und hängt eine neue ans Ende der gesamten Zeichenkette an.

Der Inhalt von *text*, nämlich *Software*, wird jetzt nicht mehr benötigt und soll durch den Text *Zahl* überschrieben werden.

```
strcpy(text,"Zahl");
```

0	1	2	3	4	5	6	7	8	9
Z	a	h	l	\0	a	r	e	\0	

Die Zeichenkettenfunktionen löschen den alten Inhalt nicht, so daß in den Speicherstellen 5 bis 8 der Rest des vorherigen Inhalts stehenbleibt. Diese Eigenschaft stört allerdings nicht, da die gültige Zeichenkette mit \0 begrenzt wird.
Daher reicht die folgende Anweisung aus, wenn eine Zeichenkette gelöscht werden soll:

```
strcpy(text,"");
```

0	1	2	3	4	5	6	7	8	9
\0	a	h	l	\0	a	r	e	\0	

Durch die binäre Null zu Beginn der Zeichenkette wird sie zu einem Leerstring. Die Funktion *strlen* würde für diese Zeichenkette den Wert 0 zurückgeben.
Zum Schluß wollen Sie *text* die Zeichenkette *Zahlensysteme* zuweisen.

```
strcpy(text,"Zahlensysteme");
```

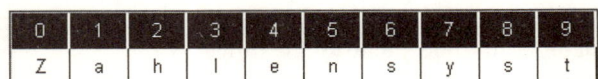

0	1	2	3	4	5	6	7	8	9
Z	a	h	l	e	n	s	y	s	t

Eigentlich sollte das Ende der Zeichenkette doch durch \0 markiert sein? – Das ist es auch! Nur dummerweise in einem Speicherbereich, den Sie für *text* nicht reserviert hatten und der möglicherweise anders verwendet wird:

10	11	12	13	14	15	16	17	18	19
e	m	e	\0						

Beim Arbeiten mit Feldern kontrolliert C nämlich nicht, ob ihr Ende erreicht wurde. Das kann, wie in unserem Fall, dazu führen, daß der angrenzende Speicherbereich überschrieben wird. Und da dort meistens andere Variablen oder Programmbefehle gespeichert sind, haben Sie das Pech, daß diese zerstört werden.

Achtung:
Achten Sie also unbedingt darauf, daß der reservierte Speicherbereich für die Aufnahme einer Zeichenkette groß genug ist! Solche Fehler können sehr unangenehm werden, da sie schwer zu lokalisieren sind.

7.3.2 Textvergleiche

Die Syntax der Funktion *strcmp* sieht so aus:

```
strcmp(<zeichenkette1>,<zeichenkette2>)
```

Sie vergleicht *<zeichenkette1>* mit *<zeichenkette2>* und gibt das Ergebnis im Rückgabewert an:
- Ist der erste Text kleiner als der zweite, dann ist er negativ (<0).
- Bei identischen Zeichenketten ist er gleich 0.
- Ist die erste Zeichenkette jedoch größer als die zweite, so ist er positiv (>0).

Die Angaben kleiner, gleich und größer beziehen sich dabei auf die Sortierfolge nach dem ASCII-Code, nicht auf die Länge!
In *bspl0040.c* muß ein Paßwort eingegeben werden. Mit *strcmp* wird getestet, ob die Eingabe richtig ist. Es soll Ihnen überlassen werden, das richtige Paßwort herauszufinden.

```
/* bspl0040.c */
#include <stdio.h>
#include <string.h>

main() {
   char geheim[10],passwort[80];
   int versuch=3;
   geheim[3]='p';
```

```
   geheim[2]=109;
   geheim[7]=114;
   geheim[5]=116;
   geheim[0]=67;
   geheim[9]='x';
   geheim[1]=111;
   geheim[8]='\0';
   geheim[4]=geheim[1]+6;
   geheim[6]=101;
   printf("\nSie haben 3 Versuche.\n");
   do {
     printf("\nBitte Passwort eingeben.\n>");
     gets(passwort);
     if(strcmp(geheim,passwort) == 0) {
       printf("\nPasswort ok!\n");
       break;
     }
     else
       printf("\nFehlerhaftes Passwort! \n\a");
     versuch--;
   } while(versuch > 0);
 }
```

7.4 Umwandlungsfunktionen

Stellvertretend für die Vielzahl der Umwandlungsfunktionen sollen Ihnen zwei Funktionen vorgestellt werden.

▦ *atoi* (ascii **to** int) wandelt Zahlen in Textdarstellung in numerische Darstellung um.
▦ *sprintf* kann unter anderem eine Zahl in eine Zeichenkette umwandeln.

Für die Funktion *atoi* benötigen Sie die *include*-Datei *stdlib.h*.
Das folgende Programm demonstriert die Arbeitsweise der beiden Funktionen.

```
/* bsp10041.c */
#include <stdio.h>
#include <stdlib.h>
```

```
main() {
   int ergebnis,zahl;
   char eingabe[80];

   printf("\nBitte eine Ganzzahl eingeben : ");
   gets(eingabe);
   ergebnis=atoi(eingabe);                          /*(1)*/
   printf("Der Wert ist %i\n",ergebnis);

   printf("\nBitte eine Ganzzahl eingeben : ");
   scanf("%i",&zahl);
   sprintf(eingabe,"%i",zahl);                      /*(2)*/
   printf("Der String lautet %s\n",eingabe);
}
```

(1) Die Funktion *atoi* erhält als Parameter die Zeichenkette, die in eine *int*-Zahl umzuwandeln ist. Diese darf nur Vorzeichen und Ziffern enthalten.

(2) Die Funktion *sprintf* arbeitet wie *printf*, «druckt» jedoch in ein Feld. Sie kann daher auch zum Umwandeln einer Zahl in Text eingesetzt werden. Dazu benötigt sie hier insgesamt drei Parameter:
1. ein Feld, in das das Ergebnis abgelegt wird,
2. eine Zeichenkette mit dem Platzhalter *%i* und
3. den umzuwandelnden Wert.

7.5 Mehrdimensionale Felder

Bitte sehen Sie sich das Beispiel mit den Monatstemperaturen zu Beginn dieses Kapitels noch einmal an. Wenn Sie nun die Aufgabe hätten, die Temperaturen für ein ganzes Jahr zu speichern, ständen Sie erneut vor dem Problem, eine Vielzahl von Variablen anzulegen, um alle Daten speichern zu können. Man würde vielleicht an so etwas wie *januar[31], februar[29]* usw. denken. Das ist aber auch keine befriedigende Lösung.

Hierfür bieten sich sogenannte mehrdimensionale Felder an; für unser Problem sinnvollerweise ein zweidimensionales. In C wird das folgendermaßen formuliert:

```
double jahres_temperatur[12][31];
```

Diese Deklaration sorgt dafür, daß 12 mal 31 Werte gespeichert werden können. Die erste Dimension (12) wird für die einzelnen Monate, die zweite (31) für die Tage im jeweiligen Monat benutzt. Soll beispielsweise die Temperatur für den zweiten Tag des Monats November gespeichert werden, legen Sie diesen Wert in

```
jahres_temperatur[10][1]
```

ab. (Sie denken daran, daß jeder Index bei 0 beginnt?)

An dieser Stelle noch ein kleiner Tip. Wenn Ihnen das Arbeiten mit dem Wert 0 als erstem Index Schwierigkeiten bereitet, können Sie die Felder ein Element größer machen, als tatsächlich benötigt, und das nullte Element nicht benutzen. Sie verschwenden dadurch allerdings Speicherplatz.

Zur Verwendung mehrdimensionaler Felder noch ein weiteres Beispiel: Wenn der Bildschirm Ihres Rechners 25 Zeilen zu je 80 Spalten darstellen kann, dann benötigen Sie zur Speicherung des Bildschirminhalts ein Feld mit den folgenden Dimensionen:

```
char bild[25][80];
```

Mit dieser Deklaration haben Sie Platz für insgesamt 2000 Zeichen reserviert (25 Zeilen mal 80 Spalten ergibt 2000 Zeichen).

Bildhaft kann man sich dieses Feld so vorstellen:

Bei der Dimensionierung können Sie zwei-, drei- oder höherdimensionale Felder deklarieren. In der Praxis sind mehr als zwei Dimensionen allerdings selten, da der Speicherplatzbedarf für ein solches Feld enorm ansteigt. Mit

```
double riesig[100][100][100];
```

wird Platz für 100 mal 100 mal 100 Elemente festgelegt; und da jedes Element vom Typ *double* ist und somit acht Bytes benötigt, ergibt sich ein Speicherplatzbedarf von 8 Millionen Bytes.

7.6 Zusammenfassung

▨ Zur Deklaration von Feldern benutzt C die eckigen Klammern ([]). In diesen Klammern wird die Anzahl der Elemente angegeben.

▨ Alle Felder beginnen mit dem Index 0.

▨ Eine Zeichenkette (engl. string) ist ein *char*-Feld, das durch eine binäre Null begrenzt ist.

▨ Der Platzhalter *%s* dient der Funktion *printf* zur Ausgabe von Zeichenketten.

▨ Die Feldgrenzen werden von C nicht geprüft. Sie sind als Programmierer dafür verantwortlich, daß jedes Feld groß genug für die Aufnahme aller Elemente ist.

▨ Durch das Überschreiten der Feldgrenzen können andere Variablen zerstört werden.

▨ *strlen*, *strcpy*, *strcat* und *strcmp* gehören zur Gruppe der Zeichenkettenfunktionen.

▨ Die Funktion *atoi* wandelt einen String in eine ganze Zahl um.

▨ Mit *sprintf* können Zahlen in Texte umgewandelt werden. *sprintf* arbeitet wie *printf*, druckt jedoch in ein Feld, das als erster Parameter anzugeben ist.

▨ Bei mehrdimensionalen Feldern wird die Größe jeder weiteren Dimension in separaten eckigen Klammern angegeben.

7.7 Übungen

Aufgabe 32

Welchen Fehler enthält der folgende Programmausschnitt?

```
...
char puffer[20];
strcpy(puffer,"Programmiersprache C");
...
```

Aufgabe 33

Gegeben sind drei Zeichenketten mit folgendem Inhalt:
string1: Bild
string2: schirm
string3: steuerung
Wie müssen diese drei Teilstrings verknüpft werden, damit die Zeichenkette *ergebnis* den Text *Bildschirmsteuerung* enthält?

Aufgabe 34

Ein Programm soll einen Satz einlesen und die Anzahl der Buchstaben *e*
ermitteln. Lassen Sie auch den prozentualen Anteil dieses Buchstabens an
der Gesamtanzahl berechnen.

Aufgabe 35

Was macht das folgende Programm?

```
/* Aufg35.c */
#include <stdio.h>

main() {
   char satz[80];
   int i=0,l=0;
   printf("\nBitte einen Satz eingeben\n>");
   gets(satz);
   while(satz[i]) {
     if(satz[i++] == 32) l++;
   }
   printf("\ny = %i",l);
}
```

Aufgabe 36

Schreiben Sie ein Programm, das einen Satz einliest und ihn ohne Satzzeichen und Leerstellen wieder ausdruckt.

Aufgabe 37

Schreiben Sie ein Programm, das einen Satz einliest und jedes Wort in einer eigenen Zeile wieder ausgibt. Als Wortbegrenzung dient das Leerzeichen.

8 Variablen und Konstanten

In den ersten Kapiteln haben Sie C als eine Programmiersprache kennengelernt, die alle Eigenschaften besitzt, die auch andere moderne Sprachen bieten. Im folgenden sollen einige Aspekte hervorgehoben werden, die deutlich machen, warum C so erfolgreich und auch bei Programmierern immer beliebter geworden ist. Dieses Kapitel beschäftigt sich daher nochmals mit dem Thema Variablen.

8.1 Datentypen

Im Laufe der ersten Kapitel haben Sie alle grundlegenden Datentypen bereits kennengelernt. Die folgende Tabelle faßt diese fünf Typen nochmals zusammen.

Typ	Größe
char	1 Byte
int	4 Bytes*
float	4 Bytes
double	8 Bytes
void	0 Bytes

* Die Größe des Typs *int* ist übrigens von der verwendeten Hardware abhängig. Bei anderen Rechnern kann *int* auch zwei Bytes groß sein. Bei einem 32-Bit-Rechner beträgt sie allerdings vier Bytes. In diesem Buch wird von dieser Größe ausgegangen.

C bietet nun die Möglichkeit, diese Typen, ausgenommen *void*, durch sogenannte Modifizierer genauer zu bestimmen. Als Modifizierer stehen folgende Schlüsselwörter zur Verfügung:

signed
unsigned
long
short

Diese Modifizierer erlauben es, Datentypen zu deklarieren, die ganz individuell auf eine bestimmte Aufgabe zugeschnitten sind. In der folgenden Tabelle finden Sie die wichtigsten Kombinationen von Grundtyp und Modifizierer.

Typ	Bytes	Minimalwert	Maximalwert
char	1	–128	127
unsigned char	1	0	255
signed char	1	–128	127
int*	4	–2147483648	2147483647
unsigned int*	4	0	4294967295
signed int*	4	–2147483648	2147483647
short int	2	–32768	32767
unsigned short int	2	0	65535
signed short int	2	–32768	32767
long int	4	–2147483648	2147483647
unsigned long int	4	0	4294967295
signed long int	4	–2147483648	2147483647
float	4	1.17549E-038	3.40282E+038
double	8	2.22507E-308	1.79769E+308
long double**	8	2.22507E-308	1.79769E+308

* Bei 16-Bit-Rechnern gelten die gleichen Werte bei den entsprechenden Angaben zu *short int*.

** Dieser Typ liefert auf jedem Rechner den genauesten Fließkommatyp, ist jedoch oft mit *double* identisch.

Lassen Sie sich nicht von der Vielfalt an Typen überwältigen; die meisten werden nur in Ausnahmefällen eingesetzt. Sie kommen mit den Grunddatentypen fast immer ans Ziel. So sind zum Beispiel die Grundtypen und die *signed*-Typen identisch (*int = signed int*), da der Compiler standardmäßig vorzeichenbehaftete Typen annimmt.

8.1.1 Der Operator sizeof

Mit dem folgenden Programm können Sie die Werte ermitteln, die für Ihren Rechner gelten.

```
/* bspl0042.c */
#include <stdio.h>
#include <limits.h>                                          /*(1)*/
#include <float.h>                                           /*(2)*/

main() {
  printf("\nTyp\tGroesse\tMinimalwert\tMaximalwert\n");
  printf("\n%s\t%u\t%i\t%i","char",
      sizeof(char),CHAR_MIN,CHAR_MAX);                       /*(3)*/
  printf("\n%s\t%u\t%u\t%u","unsigned char",
      sizeof(unsigned char),0,UCHAR_MAX);
  printf("\n%s\t%u\t%i\t%i","signed char",
      sizeof(signed char),SCHAR_MIN,SCHAR_MAX);
  printf("\n%s\t%u\t%i\t%i","int",
      sizeof(int),INT_MIN,INT_MAX);
  printf("\n%s\t%u\t%u\t%u","unsigned int",
      sizeof(unsigned int),0,UINT_MAX);
  printf("\n%s\t%u\t%i\t%i","signed int",
      sizeof(signed int),INT_MIN,INT_MAX);
  printf("\n%s\t%u\t%i\t%i","short int",
      sizeof(short int),SHRT_MIN,SHRT_MAX);
  printf("\n%s\t%u\t%u\t%u","unsigned short int",
      sizeof(unsigned short int),0,USHRT_MAX);
  printf("\n%s\t%u\t%i\t%i","signed short int",
      sizeof(signed short int),SHRT_MIN,SHRT_MAX);
  printf("\n%s\t%u\t%li\t%li","long int",
      sizeof(long int),LONG_MIN,LONG_MAX);
  printf("\n%s\t%u\t%lu\t%lu","unsigned long int",
      sizeof(unsigned long int),0,ULONG_MAX);
  printf("\n%s\t%u\t%li\t%li","signed long int",
      sizeof(signed long int),LONG_MIN,LONG_MAX);
  printf("\n%s\t%u\t%G\t%G","float"
      sizeoff(float),FLT_MIN.FLT_MAX);
  printf("\n%s\t%u\t%G\t%G","double"
      sizeof(double),DBL_MIN,DBL_MAX);
  printf("\n%s\t%u\t%LG\t%LG","long double",
```

```
        sizeof(long double),LDBL_MIN,LDBL_MAX);
}
```

(1) Die Datei *limits.h* wird eingefügt, weil sie die Maximal- und Minimalangaben zu den einfachen Datentypen enthält.

(2) Das gleiche gilt bei *float.h* für die Fließkommadatentypen.

(3) Hier lernen Sie *sizeof* kennen. Obwohl es wie ein Funktionsaufruf aussieht, spricht man von einem Operator. In der Klammer steht entweder, wie hier, ein Typ oder ein Variablenname. Der Rückgabewert von *sizeof* gibt die Speicherplatzgröße an.

Der Operator *sizeof* ermittelt die Größe eines Datenobjektes. Mit seiner Hilfe können Sie vermeiden, daß ein Programm maschinenspezifische Datentypen verwendet. Soll beispielsweise für *int*-Werte Speicherplatz angefordert werden, so kann man mit *sizeof* zuerst ermitteln, wie groß *int* auf diesem speziellen System ist. Der Operator *sizeof* liefert seinen Wert nicht während des Programmlaufs, sondern bereits während des Kompilierens! Die allgemeine Form lautet:

```
sizeof(typ_name)
```

Das Ergebnis von *sizeof* ist vom Typ *size_t*, was gleichbedeutend mit *unsigned int* ist (siehe Kapitel 14.4).

Die folgenden Variablendeklarationen:

```
short kurz;
char kette[29];
```

liefern auf einem PC mittels

```
printf("\nGroesse = %u",sizeof(kurz));
printf("\nGroesse = %u",sizeof(kette));
```

die folgenden Ergebnisse:

```
Groesse = 2
Groesse = 29
```

8.1.2 Die Umlautfalle

Da der Typ *char* fast ausschließlich dazu benutzt wird, Zeichen zu speichern, die ja keine negativen Codewerte haben, könnte man hier versucht sein, den Typ *unsigned char* zu verwenden. Dann kann es jedoch Probleme geben, denn Konstanten werden vom Compiler als *(signed) char* interpretiert. Dies wird deutlich, wenn Sie ASCII-Codes über 127 verwenden, was zum Beispiel bei den deutschsprachigen Umlauten der Fall ist. Dazu das nächste Beispiel:

```
/* bspl0043.c */
#include <stdio.h>
#include <string.h>

main() {  /* Das Programm arbeitet nicht wie erwartet!*/
  unsigned char text[80]; /* standardmäßig 'signed' */
  int i;
  strcpy(text,"standardmässig");
  for(i=0; i<strlen(text); i++) {
    if(text[i] == 'ä')
      printf("\ngefunden !");
    else
      printf("\nnicht gefunden !");
  }
}
```

In dieser Form des Programms wird der Buchstabe *ä* nicht erkannt. Erst wenn Sie den Typ des Feldes *text* auf *signed* ändern oder den Modifizierer ganz weglassen, ergibt der Vergleich an der entsprechenden Stelle das korrekte Ergebnis. Nur wenn auf der rechten und linken Seite der gleiche Typ steht, arbeitet ein Vergleich korrekt.

Hinweis:
Ältere Compiler arbeiten bei Zeichenkonstanten standardmäßig mit *unsigned char*. Prüfen Sie also, wie Ihr Compiler arbeitet, und verwenden Sie bei seinem Aufruf gegebenenfalls eine Schalteroption, um sein Verhalten zu ändern.

Mehr zu den Konstanten erfahren Sie im Kapitel 8.5.

8.2 Sichtbarkeit von Variablen

Bisher konnten einmal definierte Variablen immer im gesamten Programm verwendet werden. Daß dies nicht immer so sein muß, zeigt das nächste Beispiel. Es produziert einen Compilerfehler, der darauf zurückzuführen ist, daß die Definition von *x* zusammen mit der ersten *printf*-Anweisung von geschweiften Klammern eingeschlossen wird.

```
/* bspl0044.c */
#include <stdio.h>

main() { /* Dieses Programm ist fehlerhaft */
  {                                              /*(1)*/
    int x = 5;
    printf("\n%i",x);
  }                                              /*(2)*/
  printf("\n%i",x);                              /*(3)*/
}
```

(1) Bei einer öffnenden geschweiften Klammer beginnt ein Gültigkeitsbereich für Variablen. Alle ihr folgenden Definitionen gelten nur bis zur korrespondierenden schließenden Klammer.

(2) Hier endet also die Gültigkeit von *x*.

(3) Alle folgenden Anweisungen, die *x* verwenden, produzieren einen Compilerfehler, der auf einen ungültigen Bezeichner hinweist.

Dieses Beispiel zeigt zweierlei Aspekte:

▪ In einem Programm können mit Hilfe der geschweiften Klammern jederzeit Blöcke gebildet werden. Die Konsequenz ist jedoch, daß dadurch die Gültigkeit von Variablen eingeschränkt wird. Ein solcher Block heißt in der Programmiersprache auch *compound statement* und kann maximal 15fach verschachtelt werden.

▪ Werden Variablen innerhalb von geschweiften Klammern definiert, beispielsweise innerhalb von Schleifen, dann gelten sie nur für diesen Bereich.

Der Fehler im Programm *bspl0044.c* kann auf zwei Arten behoben werden. Entweder werden die beiden Klammern einfach entfernt, oder die Variable *x* wird neu definiert. Letzteres muß vor ihrer Verwendung geschehen. Erfolgt die Definition, wie im folgenden Pro-

gramm, gleich zu Beginn, dann tritt ein weiterer Effekt der Klammer-
bildung auf.

```
/* bspl0045.c */
#include <stdio.h>

main() {
  int x = 6;                                            /*(1)*/
  {
    int x = 5;                                          /*(2)*/
    printf("\n%i",x);
  }
  printf("\n%i",x);
}
```

Die Ausgabe des Programms lautet:

5
6

(1) Diese Definition legt fest, daß die Variable *x* mit dem Wert 6 im Bereich der sie umschließenden Klammern gültig ist. Das ist hier der
Funktionsblock von *main*.
(2) Da diese Definition in einem verschachtelten Block erfolgt, wird
eine neue, zweite Variable *x* erzeugt, die nur innerhalb dieses Be-
reiches gültig ist. Sie verdeckt jedoch die übergeordnete Variable.
Deshalb gibt das folgende *printf* den Wert 5 aus. Würden in diesem
Programm übrigens die zusätzlichen geschweiften Klammern fehlen, dann wäre das Resultat ein Compilerfehler, der auf eine Neu-
definition hinweist.

8.2.1 Lokale Variablen

Alle Variablen, die Sie in den bisherigen Programmen verwendet haben, waren sogenannte lokale Variablen, das heißt, sie können nur innerhalb der Funktion benutzt werden, in der sie auch deklariert wurden. Diese Eigenschaft ist durchaus nützlich, da man auf diese Weise
Funktionen entwickeln kann, ohne ständig überlegen zu müssen, ob
dieser Variablenname nicht schon irgendwo vergeben wurde.
Ein Programm kann die folgenden Funktionen enthalten, in denen die

gleichen Variablennamen auftreten. Da sie als lokale Variablen deklariert wurden, können sie sich nicht gegenseitig beeinflussen.

```
funk1() {
   int zaehler;
   zaehler = 10;
   ...
}

funk2() {
   int zaehler;
   zaehler = 125;
   ...
}

main() {
   funk1();
   funk2();
   ...
}
```

Die Variable *zaehler* der Funktion *funk1* hat also nichts mit der Variablen *zaehler* in der Funktion *funk2* zu tun. Beide existieren völlig unabhängig voneinander.

Einer der wichtigsten Aspekte der lokalen Variablen ist, daß sie nur so lange existieren, wie auch ihre Funktion existiert. Mit anderen Worten: bei jedem Aufruf der Funktion werden die Variablen neu angelegt, und wenn die Funktion beendet wird, hören auch die Variablen auf zu existieren.

8.2.2 Globale Variablen

Im Gegensatz zu lokalen Variablen können globale Variablen von allen Programmteilen aus benutzt werden; und sie behalten ihren Wert zwischen den einzelnen Funktionsaufrufen bei. Sie können dies im nächsten Programmausschnitt sehen.

```
int zaehler = 125 ;                      /* globale Variable */

funk1() {
   zaehler++;
```

```
  ...
}

funk2() {
  zaehler += 200;
  ...
}

main() {
  funk1();
  funk2();
  ...
}
```

Die Deklaration einer globalen Variablen ist denkbar einfach: Man deklariert sie außerhalb jeglicher Funktion. Ihre Gültigkeit erstreckt sich daher auf die gesamte Datei.

Wie im Beispiel angedeutet, ist es üblich, alle verwendeten globalen Variablen zu Beginn des Programms zusammenzufassen. Wie andere Variablen dürfen auch globale Variablen sofort initialisiert werden. In unserem Beispiel wird die globale Variable *zaehler* mit dem Wert 125 initialisiert. Dieser Wert wird dann von *funk1* um 1 und anschließend von *funk2* um weitere 200 erhöht, so daß *zaehler* am Ende den Wert 326 enthält.

Benutzen Sie die globalen Variablen möglichst sparsam. Die Tatsache, daß sie von allen Programmteilen benutzt werden können, macht sie zwar recht nützlich, aber auch ebenso anfällig gegen unbeabsichtigte Änderungen.

Noch ein Hinweis: Wenn in einer Funktion eine lokale Variable mit dem gleichen Namen wie eine globale Variable deklariert wird, so hat innerhalb dieser Funktion die lokale Variable den Vorrang. In einem solchen Fall beziehen sich beispielsweise Wertzuweisungen nur auf die lokale Variable. Trotz dieser eindeutigen Regelung sollten solche Konstruktionen vermieden werden, da sie mit Sicherheit nicht der Übersichtlichkeit dienen.

Aufgabe 38

Welchen Wert für die Variable *zahl* liefert das folgende Programm?

```
/* Aufg38.c */
#include <stdio.h>

int zahl=0;  /* globale Variable */

void zaehlen() {
  zahl++;
}

main() {
  int i;
  for(i=1; i<=12; i++)
    zaehlen();
  printf("\nDie Variable 'zahl' hat den Wert %i",zahl);
}
```

8.3 Speicherklassen

Speicherklassen legen in C fest, wo Variablen gespeichert und wie sie behandelt werden sollen. Zu ihrer Definition besitzt C vier Schlüsselwörter. Dies sind:

auto
register
static
extern

Diese Schlüsselwörter erscheinen immer als erstes vor dem Variablentyp. Beispiele:

auto double summe;
register int zaehler;
static float wert;
extern int i;

Durch *auto* und *register* werden Variablen bezeichnet, die ihren Wert nur vorübergehend bis zum Ende ihres Gültigkeitsbereiches behalten. Mittels *static* und *extern* definierte Variablen behalten ihren Wert während des ganzen Programms.

Als Schlüsselwort zur Bezeichnung einer lokalen Variablen dient in C das Wort *auto*. Da der Compiler aber alle Variablen ohne eine zusätzliche Angabe als vom Typ *auto* betrachtet, wird dieses Schlüsselwort so gut wie nie verwendet.

Der Typ *register* verhält sich im Prinzip genau so wie *auto*, nur daß der Inhalt einer solchen Variablen in einem Register des Prozessors abgelegt wird. Dadurch kann weitaus schneller auf diesen Wert zugegriffen werden. Falls Sie jetzt auf die Idee kommen, alle Variablen in Registern ablegen zu wollen, werden Sie eine Enttäuschung erleben. Die Verwendung dieses Typs unterliegt nämlich einigen Einschränkungen.

- Das Schlüsselwort *register* kann nur für lokale Variablen und Parameterdeklarationen verwendet werden.
- Es können nur Variablen vom Typ *char* oder *int* verwendet werden.
- Die Anzahl der Register ist von dem Prozessortyp Ihres Rechners abhängig. Bei vielen Rechnern müssen Sie mit zwei oder wenig mehr auskommen.
- Mit *register* deklarierte Variablen haben keine Speicheradresse, das heißt, der Adreßoperator & (siehe Kapitel 10.1) kann nicht verwendet werden.
- Der Compiler ist nicht an Ihre Anweisung gebunden! Er kann die Register anderweitig belegen.
- Wenn keine Register mehr frei sind, wird die Variable wie eine normale *auto*-Variable behandelt.

Trotz dieser Einschränkungen kann der Einsatz von *register*-Variablen besonders bei Schleifenvariablen sehr nützlich sein, da sich die erhöhte Zugriffsgeschwindigkeit in diesem Fall durchaus bemerkbar macht.

Zum Schlüsselwort *extern* nur so viel: Ein C-Programm kann aus mehreren getrennt kompilierten Teilen bestehen. Wenn in jedem dieser Teile dieselbe globale Variable benötigt wird, darf sie nur in einem Teil deklariert werden. In den anderen Modulen erhält diese Variable den Zusatz *extern*. Damit weiß der Compiler, daß diese Variable existiert, er in diesem Fall aber keinen Speicherplatz reservieren darf, da das bereits an einer anderen Stelle geschehen ist. Die Namen derartig deklarierter Variablen unterliegen im übrigen einer Einschränkung: sie dürfen aus maximal 6 Zeichen bestehen und sind unabhängig von der Groß-/Kleinschreibung (*case insensitive*). Bei Funktionsdefinitionen hat *extern* eine sinngemäße Bedeutung.

Als letzten Bezeichner lernen Sie *static* kennen. Mit *static* können Sie dafür sorgen, daß eine lokale Variable ihren Wert auch zwischen den Funktionsaufrufen behält. Das folgende Programm demonstriert den Einsatz einer *static*-Variablen.

```
/* bspl0046.c */
#include <stdio.h>

int zaehlen() {
  static int zahl=0;                              /*(1)*/
  zahl++;                                         /*(2)*/
  return zahl;
}

main() {
  int i,ergebnis;
  for(i=1; i<=12; i++)
    ergebnis=zaehlen();
  printf("\n'ergebnis' hat den Wert %i",ergebnis);
}
```

(1) In der Funktion *zaehlen* ist eine Variable *zahl* mit der Speicherklasse *static* und dem Typ *int* deklariert worden. Beachten Sie bitte, daß *zahl* nur beim ersten Aufruf dieser Funktion den Wert 0 erhält. Bei allen weiteren Aufrufen wird der jeweils letzte Wert weiterverarbeitet.

(2) Bei jedem Funktionsaufruf wird *zahl* um 1 erhöht und an die aufrufende Programmstelle zurückgegeben.

Was Sie in diesem Programm durch den Einsatz einer *static*-Variablen erreicht haben, daß sie nämlich ihren Wert behält, hätten Sie auch mit Hilfe einer globalen Variablen erreichen können (siehe Programm *Aufg38.c*). Eine *static*-Variable ist in diesem Beispiel aber weitaus vorteilhafter, da Sie so eine in sich abgeschlossene Funktion erhalten, die ohne großen Aufwand auch in anderen Programmen verwendbar ist. Gehen Sie jedoch den Weg über die globalen Variablen, müssen Sie dafür sorgen, daß neben Ihrer Funktion auch diese Variable in das andere Programm übernommen wird.

> *Hinweis:*
> Bei Funktionsdefinitionen kann *static* ebenfalls verwendet wer-
> den. Dadurch kann die Funktion dann nur noch innerhalb dersel-
> ben Programmdatei aufgerufen werden.

Für diesen Abschnitt noch ein letzter Hinweis: Der Speicherplatz, der
zur Aufnahme der lokalen Variablen dient, ist relativ begrenzt; typischerweise auf 2048 Bytes. Dieser Bereich nennt sich *Stack*. Wenn Ihre
Funktionen sehr viele lokale Daten benötigen, kann es vorkommen,
daß der Speicherplatz des Stacks nicht mehr ausreicht. In diesem Fall
bricht das Programm mit der Fehlermeldung *stack overflow* bzw. einem
ähnlichen Text ab.
Der Stack kann bei Bedarf während des Übersetzens vergrößert oder
verkleinert werden. Schlagen Sie die dafür nötigen Schritte bitte im
Handbuch Ihres Compilers bzw. Linkers nach.

8.4 Casts

Sie haben bisher gesehen, daß der C-Compiler Daten vom einen in den
anderen Typ umwandelt, wenn dies erforderlich ist. Sie können ihn
aber auch zwingen, an einer bestimmten Stelle eine solche Umwandlung durchzuführen. Ein solche Konstruktion nennt sich *Cast*. Die allgemeine Form eines *Cast* (deutsch: vorstellen, voranstellen) sieht so
aus:

```
(Typ) Ausdruck
```

Angenommen, Sie wollen eine Integerzahl durch eine andere Integerzahl teilen. Das Ergebnis ist normalerweise wieder eine *int*-Zahl. Sie
benötigen jedoch das korrekte Ergebnis mit Nachkommastellen vom
Typ *double*. Das können Sie erreichen, indem Sie einen Cast verwenden:

```
/* bspl0047.c */
#include <stdio.h>
main() {
    int zahl1 = 5, zahl2 = 3;
```

```
   printf("\n%i", zahl1/zahl2);
   printf("\n%f",(double) (zahl1/zahl2)); /*FALSCH*/
   printf("\n%f",(double) zahl1/zahl2);
}
```

Sie geben vor dem Ausdruck den Typ in Klammern an, den der nachfolgende Ausdruck haben soll. Beachten Sie bitte, daß das zweite *printf* ein falsches Ergebnis liefert, da hier zuerst die *int*-Division in den Klammern durchgeführt und dieses ganzzahlige Ergebnis erst dann umgewandelt wird. Dadurch sind die «echten» Nachkommastellen verlorengegangen.

Casts werden im allgemeinen nicht sehr häufig benötigt. In manchen Fällen können sie jedoch nützlich sein.

8.5 Konstanten

Wie bereits in Kapitel 4.6 beschrieben, werden in Programmen neben Variablen auch Konstanten benötigt. So ist zum Beispiel der Wert 4711 im Ausdruck *x=y+4711* eine Konstante. Dieses Kapitel faßt alle Konstantentypen zusammen und erläutert einige Besonderheiten.

Ganzzahlkonstanten

Der Wert 6815 kann unter anderem in folgenden Schreibweisen angegeben werden:

6815	(dezimal)
0x1A9F	(hexadezimal)
015237	(oktal)
6815L	(dezimal, long)
6815F	(dezimal, float)
6815U	(dezimal, unsigned)

Beginnt eine Zahl mit der Zeichenkombination *0X* (bzw. *0x*), dann handelt es sich bei den folgenden Zeichen um die hexadezimale Schreibweise dieser Zahl. Beginnt die Zahl mit einer Null (0) und folgen darauf direkt weitere Ziffern, so handelt es sich um eine Oktalzahl. Steht am Ende einer Konstanten der Buchstabe L (bzw. l), so handelt es sich um eine Zahl vom Typ *long*, bei U (bzw. u) ist die Zahl vom Typ *unsigned*.

Fließkommakonstanten

Auch diese Konstanten lassen sich in C auf vielfältige Weise darstellen.
Die folgenden Beispiele zeigen einige der Möglichkeiten:

Darstellung	Wert
3.	3,0
−.4	−0,4
−24.0e−1	−2,4
−04.E+2	−400,0
18E−2	0,18
1.434E1	14,34

Die so eingegebenen Konstanten haben automatisch den Typ *double*.

> *Hinweis:*
> Benutzen Sie immer einen Dezimalpunkt, wenn Sie eine Fließ-
> kommazahl schreiben. Beispielsweise 4711.0 statt 4711, da die letz-
> tere als *int* betrachtet wird.

Zeichenkonstanten

Zeichenkonstanten werden in Apostrophe gesetzt. Beispiele sind 'a', '$'
und '-'. Nicht druckbare Zeichen bzw. solche, die nicht auf der Tastatur
verfügbar sind, werden als Escapesequenz angegeben. Die folgende Tabelle enthält die gültigen Zeichen.

'\n'	Neue Zeile (new line)
'\r'	Wagenrücklauf (carriage return)
'\t'	Horizontaler Tabulator
'\v'	Vertikaler Tabulator
'\b'	Backspace
'\f'	Neue Seite (formfeed)
'\\'	Backslash
'\''	Apostroph
'\"'	Anführungszeichen

'\a'	Alarm
'\?'	Fragezeichen
'\nnn'	beliebiges Zeichen (nnn muß eine Oktalzahl sein), z. B. '\0'
'\xhh'	beliebiges Zeichen (hh ist eine Hexadezimalzahl), z. B. '\x1B'

Zeichenkettenkonstanten

Zeichenkettenkonstanten (String-Konstanten) werden in Anführungszeichen gesetzt und können aus beliebigen Zeichen bestehen. Ein
String kann auch Escapesequenzen enthalten, wie im folgenden Beispiel dargestellt:

```
"Eine \tZeichenkettenkonstante\t mit Escapesequenzen"
```

Die Länge einer Zeichenkettenkonstanten aus *n* Zeichen ist *n+1*. Sind in
der Zeichenkette Escapesequenzen enthalten (z. B. \t), dann zählen diese nur als ein Zeichen. Beim Ablegen im Hauptspeicher wird an die Zeichenkette eine binäre Null (\0) als Endemarkierung angehängt.

Konstante Variablen

Sollen einmal initialisierte Variablen nicht mehr verändert werden, so
kann man durch den Modifizierer *const* festlegen, daß nur noch lesend
zugegriffen werden kann. Die allgemeine Form sieht so aus:

```
const typ name = wert;
```

Beispiele:

```
const int Apostel = 12;
const double PI = 3.14159265;
```

8.6 Zusammenfassung

▨ Die Grunddatentypen können durch die Schlüsselwörter *signed, unsigned, long* und *short* modifiziert werden.
▨ Lokale Variablen können wahlweise durch das Schlüsselwort *auto*
kenntlich gemacht werden.

■ Globale Variablen werden dadurch deklariert, daß sie außerhalb jeglicher Funktion stehen. Üblicherweise werden sie am Anfang des Programms zusammengefaßt.

■ C besitzt vier Schlüsselwörter, um die Speicherklasse einer Variablen zu definieren: *auto, register, static* und *extern.*

■ Der *Cast*-Operator erzwingt die Umwandlung in einen gewünschten Datentyp.

8.7 Übung

Aufgabe 39

Welche Ergebnisse liefert das folgende Programm?

```
/* Aufg39.c */
#include <stdio.h>

int naechste_zahl() {
  static int zahl=10;
  if(zahl > 12)
    zahl=10;
  zahl++;
  return zahl;
}

main() {
  int x=1;
  while(x < 10) {
    printf("%4i",naechste_zahl());
    x++;
  }
}
```

9 Der Präprozessor

Alle C-Compiler übersetzen die Quellprogramme in mehreren Durchgängen. Im ersten Durchgang werden die Programme vom sogenannten Präprozessor verarbeitet. Dieser Teil des C-Compilers verarbeitet alle Anweisungen, die mit einem # beginnen, auch Präprozessor-Direktiven genannt. Er erstellt eine temporäre Textdatei, die anschließend in Maschinencode übersetzt wird. Mit den Direktiven wird die Arbeit des Präprozessors gesteuert. So kann er veranlaßt werden, den Inhalt anderer Dateien in das Programm einzufügen, bestimmte Texte durch andere zu ersetzen und Programmteile temporär zu löschen, so daß sie nicht mit übersetzt werden. Diesen Vorgang veranschaulicht das folgende Bild.

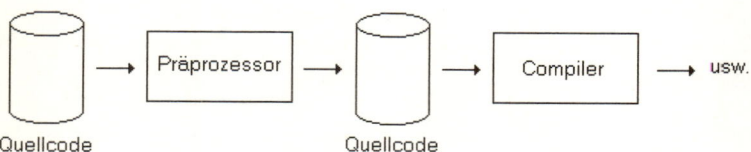

Quellcode   Quellcode

Dieser Vorgang bleibt für den Programmierer normalerweise unsichtbar, denn der Präprozessor wird bei jedem Compileraufruf automatisch als erstes gestartet. Man kann sein Ergebnis aber auch speichern, um entweder seine Arbeit zu kontrollieren oder um sein Resultat anderweitig zu verarbeiten. So habe ich mir die Leistungsfähigkeit des C-Präprozessors schon zunutze gemacht, um den Quellcode anderer Programmiersprachen zu bearbeiten.

Um die temporäre Zwischendatei, die vom Präprozessor erzeugt wird, zu speichern, müssen Compileroptionen angegeben werden. Die vollständigen Kommandos lauten beispielsweise für MS-VC:

```
cl  /P  bspl0048.c
```

für gcc:

```
gcc  -E  -o  bspl0048.i  bspl0048.c
```

Es entstehen in beiden Fällen Dateien namens *bspl0048.i*, die den ferti-
gen Quelltext enthalten. Es wird nicht kompiliert und nicht gelinkt!
Dieses Kapitel beschreibt die wichtigsten Direktiven des Präprozessors.
Eine vollständige Aufstellung finden Sie im Anhang.

9.1 Dateien einfügen

Die wohl wichtigste Direktive für den Präprozessor ist *#include*. Mit ihrer Hilfe werden die Inhalte bestehender Dateien wie Textbausteine in
das Programm eingefügt. Dabei handelt es sich normalerweise um sogenannte Headerdateien, die die Prototypen der Bibliotheksfunktionen enthalten (siehe Kapitel 6.4).
Das folgende Beispiel zeigt nun, wie man eigene Headerdateien einsetzen kann. Es handelt sich dabei um das bereits bekannte Programm
bspl0035.c aus Kapitel 6.4.
Als erstes erstellen Sie eine neue Datei mit dem Prototypen und speichern diese beispielsweise als *bspl0048.h*.

```
/* bspl0048.h */
double func(double, double);
```

Headerdateien erhalten üblicherweise die Endung *.h* und dürfen keinen ausführbaren Code enthalten, sondern nur Deklarationen. Dies
liegt daran, daß sie unter Umständen in mehrere C-Dateien eingefügt
und damit mehrfach übersetzt werden. Enthielten sie fertige Funktionen, dann lägen die hinterher für den Linker mehrfach vor. Dadurch
kann er keine eindeutige Bindung herstellen.
Danach entfernen Sie den Prototypen aus dem C-Programm und benutzen die *#include*-Direktive, um die erstellte Datei einzufügen.

```
/* bspl0048.c */
#include <stdio.h>                                          /*(1)*/
#include "bspl0048.h"                                       /*(2)*/

main() {
  double x=4711.0,y=11.0;
  printf("\nErgebnis = %f ",func(x,y));
}

double func(double x, double y) {
  return(y/x);
}
```

(1) Die Dateinamen der Bibliotheksheader werden von spitzen Klammern < und > eingeschlossen. Derartig gekennzeichnete Dateien werden immer in den Bibliotheksverzeichnissen gesucht, die dem Compiler bekannt sind. Meistens heißen sie *include*.

(2) Eigenen Dateien werden durch Anführungszeichen begrenzt. Sie werden dadurch vom Präprozessor im aktuellen Projektverzeichnis gesucht.

Hinweis:

Eigene Headerdateien werden dann sinnvoll eingesetzt, wenn Funktionen mehrfach benutzt und nicht, wie in dem Beispiel, in derselben Datei definiert werden.

9.2 Konstanten definieren

Der Präprozessorbefehl *#define* erlaubt es, eine Zeichenkette im Programm durch eine andere zu ersetzen. Die allgemeine Form dieses *#define* sieht so aus:

```
#define <NAME> <zeichenkette>
```

Beachten Sie, daß diese Anweisung nicht durch ein Semikolon abgeschlossen wird! Am Beispiel des folgenden Programms können Sie die Arbeitsweise des *#define* nachvollziehen.

```
/* bspl0049.c */
#include <stdio.h>

#define   TITEL    "\n\t\tHerzschlaege\n"
#define   MELDUNG1  "\nHerzschlaege pro Minute        : "
#define   MELDUNG2  "\nAlter in Jahren                : "
#define   MELDUNG3  "\nHerzschlaege seit der Geburt :"
#define   SCHLAEGE  72.0
#define   ALTER    33.0

main() {
    printf(TITEL);
    printf("%s %.0f",MELDUNG1,SCHLAEGE);
    printf("%s %.0f",MELDUNG2,ALTER);
    printf(MELDUNG3);
    printf("%.0f ",SCHLAEGE * 60 * 24 * 365.25 * ALTER);
}
```

Ihnen fällt sicherlich die Großschreibung der Namen der Konstanten
hinter #define auf. Diese Schreibweise ist nicht nötig, die Namen könnten auch durchgängig klein geschrieben werden. Es hat sich jedoch eingebürgert, sie groß zu schreiben, um sie von normalen Variablen- oder
Funktionsnamen besser unterscheiden zu können.
Der Präprozessor sucht in Ihrem Programm den hinter #define stehenden Begriff. Wenn er ihn findet, wird dieser Name gegen den dahinter
stehenden Ausdruck ausgetauscht. Für den Namen *TITEL* wird also der
Text "\n\t\tHerzschlaege\n" eingesetzt. Der Präprozessor macht beim Ersetzen keinen Unterschied zwischen Text und Zahlen; er behandelt al-
les als Text. Seine Arbeitsweise läßt sich mit der Funktion *Suchen und
Ersetzen* einer Textverarbeitung vergleichen. Erst nachdem der Präpro-
zessor das Programm bearbeitet hat, kommt der Compiler zum Zuge.
Und dem präsentiert sich das Programm so, als hätte es von Anfang an
die tatsächlichen Werte enthalten.
Am häufigsten benutzt man #define dann, wenn Konstanten in einem
Programm verwendet werden sollen. Ein weiteres Beispiel dafür finden
Sie im nächsten Programm.

```
/* bspl0050.c */
#include <stdio.h>

#define TRUE 1
```

```
#define FALSE 0

main() {
  int weiter=TRUE;
  int zaehler=0;
  while(weiter) {
    printf("%3i  ",zaehler);
    zaehler++;
    if(zaehler > 100)
      weiter = FALSE;
  }
}
```

Mit *#define* können Sie leicht einprägsame Texte verwenden statt schwer zu merkender Zahlen, zum Beispiel:

```
#define PI 3.141592653589793
#define E 2.718281828459045
#define EURO2DM 1.95583
#define DM2EURO 0.51129
```

Ein weiterer Vorteil liegt darin, daß Sie eine Konstante bei Bedarf nur noch an einer einzigen Stelle im Programm ändern und nicht Ihr gesamtes Programm nach diesem Wert durchsuchen müssen.
Stellen Sie sich vor, Sie haben ein Feld einer bestimmten Größe deklariert und benutzen dieses Feld an vielen Stellen im Programm. Sollte sich im Laufe der Programmentwicklung ergeben, daß die Größe des Feldes nicht ausreicht, können Sie diese Änderung an einer einzigen Stelle durchführen. Voraussetzung ist, Sie haben die Größe des Feldes nicht als Zahlenwert, sondern durch den symbolischen Namen angegeben:

```
#define MAX_ELEMENTE 128

char eingabe_text[MAX_ELEMENTE];
```

Der Präprozessor kennt bereits einige eingebaute Konstanten, die nicht erst definiert werden müssen und auch nicht per *#define* überschrieben werden sollten. Dies sind:

__LINE__   für die aktuelle Zeilennummer (numerisch!)
__FILE__   für den Namen der kompilierten Datei
__DATE__   für das aktuelle Datum
__TIME__   für die aktuelle Uhrzeit

Beachten Sie, daß die Konstanten mit **zwei** Unterstrichen beginnen und enden! Sie werden zur Übersetzungszeit ausgewertet und eingesetzt. Ein Beispiel sehen Sie im folgenden Programm.

```
/* bspl0051.c */
#include <stdio.h>

main() {
   printf("\nProgramm beginnt in Zeile %i",__LINE__);
   printf("\nOriginalprogrammname: %s",__FILE__);
   printf("\nUebersetzt am %s",__DATE__);
   printf(" um %s Uhr",__TIME__);
}
```

Es erzeugt beispielsweise folgende Ausgabe:

```
Programm beginnt in Zeile 5
Originalprogrammname: bspl0051.c
Uebersetzt am Jul 28 1999 um 17:06:04 Uhr
```

Beachten Sie, daß __LINE__ eine Ziffernfolge liefert und daher als numerische Konstante interpretiert wird. Der Platzhalter beim *printf* lautet deshalb *%i*.

9.3 Bedingtes Kompilieren

Die Direktive *#define* ist noch vielseitiger. Die von ihr festgelegten Namen können von anderen Direktiven ausgewertet werden, um dem Compiler von Fall zu Fall anderen Code zum Übersetzen anzubieten. Betrachten Sie einmal das folgende Programm.

```
/* bspl0052.c */
#include <stdio.h>
```

```
#define DEMO 1                                              /*(1)*/
#define BETA 0                                              /*(2)*/


main() {
    #if  DEMO && BETA                                       /*(3)*/
       printf("Demofassung der Betaversion\n");
    #elif DEMO && !BETA                                     /*(4)*/
       printf("Demofassung\n");
    #elif !DEMO && BETA
       printf("Betaversion\n");
    #else                                                   /*(5)*/
       printf("Release\n");
    #endif                                                  /*(6)*/
}
```

Die Anzeige des Programms lautet:

```
Demofassung
```

(1) Durch diese Direktive wird vom Präprozessor überall im Programm *DEMO* durch den Wert 1 ersetzt. Bei logischen Ausdrücken wird dieser Wert als *wahr* interpretiert.

(2) Für *BETA* wird überall 0 eingesetzt, was dem logischen *falsch* entspricht.

(3) Die Direktive *#if* wird vom Präprozessor ausgewertet, wobei der ihr folgende Ausdruck logisch interpretiert wird. Aufgrund der beiden *#define*-Anweisungen steht hier also *1 && 0*. Dies ergibt *falsch* (siehe Kapitel 4.4.1). Daraufhin wird die nächste Anweisung nicht verarbeitet, das bedeutet, sie wird dem Compiler nicht übergeben! Statt dessen wird bei der nächsten Direktive der Entscheidungsstruktur weitergemacht.

(4) Das *#elif* kann man mit dem *elseif* aus Kapitel 4.3 vergleichen. Dieser Test wird nur ausgeführt, wenn der vorherige negativ verlaufen ist. In unserem Beispiel steht hier *1 && !0*. Dies ergibt *wahr*. Die folgenden Anweisungen bis zur nächsten Direktive werden daraufhin an den Compiler weitergeleitet.

(5) Innerhalb einer solchen Struktur **kann** auch für den Präprozessor eine *#else*-Direktive benutzt werden.

(6) Einem *#if* muß auf jeden Fall ein *#endif* folgen. Alle folgenden Anweisungen werden wieder dem Compiler durchgereicht.

Für das obige Beispiel sehen die letzten Zeilen der Präprozessorausgabe so aus:

```
...

main() {



           printf("Demofassung\n");




}
```

Wie Sie sehen, wurden alle anderen Zeilen aus dem Programm entfernt. Sie werden also nicht übersetzt!
Das gleiche Ergebnis erhalten Sie mit der folgenden Version.

```
/* bspl0053.c */
#include <stdio.h>

#define DEMO                                    /*(1)*/

main() {
  #ifdef DEMO                                   /*(2)*/
    #ifdef BETA                                 /*(3)*/
      printf("Demofassung der Betaversion\n");
    #else
      printf("Demofassung\n");
    #endif
  #elif defined BETA
    printf("Betaversion\n");
  #else
    printf("Release\n");
  #endif
}
```

(1) Hier wird für *DEMO* keine Konstante festgelegt, sondern nur der Name. Dieser Name heißt auch Makroname.

(2) Die bloße Existenz eines Makronamens kann mit *#ifdef* (oder mit *#if defined*) getestet werden. Aufgrund der *#define*-Anweisung liefert der Test hier *wahr*.

(3) Dieser verschachtelte Test wird nur ausgeführt, weil der vorherige *wahr* ergeben hat. Er liefert *falsch*, weil der Makroname *BETA* nicht existiert.

Hinweis:
An Stelle der *#define*-Direktive im Programm kann ein Makro auch durch den Compilerschalter *-D*, gefolgt vom Makro, festgelegt werden. Dadurch kann man unterschiedlich übersetzen, ohne jedesmal das Programm bearbeiten zu müssen.

Es gibt auch einen vordefinierten Makronamen, der benutzt werden kann, um festzustellen, ob ein Compiler nach dem ANSI-Standard arbeitet. Das nächste Beispiel demonstriert seine Verwendung.

```
/* bspl0054.c */
#include <stdio.h>

main() {
   printf("%s","Dieses Programm wurde");
#ifdef __STDC__
   printf(" %s","nach dem ANSI-Standard");
#else
   printf(" %s","nicht nach dem ANSI-Standard");
#endif
   printf(" %s","kompiliert.");
}
```

Sie können den ANSI-Standard erzwingen, wenn Sie entsprechende Compileroptionen beim Übersetzen angeben, beispielsweise

für MS-VC   */Za*

und für *cc* und *gcc*   *-ansi*

9.4 Makros

Mit Hilfe von *#define* können nicht nur Konstanten und Namen definiert, sondern auch komplexe Ausdrücke anhand eines Mustervergleichs in andere umgewandelt werden. Diese Fähigkeit kann an Stelle von Funktionsdefinitionen treten. Das folgende Programm arbeitet wie *bspl0032.c* aus Kapitel 6.3, definiert aber für die Berechnung der größeren bzw. kleineren Zahl keine Funktion, sondern ein Makro mittels *#define*.

```
/* bspl0055.c   32.c */
#include <stdio.h>

#define max(a,b)  (((a) > (b)) ? (a) : (b))           /*(1)*/
#define min(a,b)  (((a) < (b)) ? (a) : (b))

main() {
    int zahl1,zahl2;
    printf("\nBitte geben Sie eine Zahl ein: ");
    scanf("%i",&zahl1);
    printf("Bitte geben Sie eine Zahl ein: ");
    scanf("%i",&zahl2);
    printf("\nDie Zahl %i ist die groessere!",
        max(zahl1,zahl2));                             /*(2)*/
    printf("\nDie Zahl %i ist die kleinere!",
        min(zahl1,zahl2));
}
```

(1) Diese Direktive weist den Präprozessor an, im Programm nach Ausdrücken der Form *max(a,b)* zu suchen und sie durch den Ausdruck *(((a) > (b)) ? (a) : (b))* zu ersetzen. Die Buchstaben a und b, es dürfen auch andere sein, arbeiten wie Parameter.

(2) Hier wird ein solcher Ausdruck gefunden. Das Muster *max*, gefolgt von zwei geklammerten Parametern, stimmt. Die beiden Parameter werden als *zahl1* und *zahl2* identifiziert und für die Platzhalter *a* und *b* eingesetzt.

Das Ergebnis sieht dann folgendermaßen aus:

```
...

main() {
   int zahl1,zahl2;
   printf("\nBitte geben Sie eine Zahl ein: ");
   scanf("%i",&zahl1);
   printf("Bitte geben Sie eine Zahl ein: ");
   scanf("%i",&zahl2);
   printf("\nDie Zahl %i ist die groessere!",
       (((zahl1) > (zahl2)) ? (zahl1) : (zahl2)));
   printf("\nDie Zahl %i ist die kleinere!",
       (((zahl1) < (zahl2)) ? (zahl1) : (zahl2)));
}
```

Vorsicht:
Die Leerstellen dienen, solange sie nicht geklammert sind, zur
Trennung des Makros von der Makrodefinition. Deshalb sind die
folgenden beiden Direktiven äquivalent.

  #define max(a,b) (((a) > (b)) ? (a) : (b))
  #define max(a, b) (((a) > (b)) ? (a) : (b))

Dies gilt jedoch nicht für

  #define max (a,b) (((a) > (b)) ? (a) : (b))

Hier wird *max* durch *(a,b) (((a) > (b)) ? (a) : (b))* ersetzt!

Auch komplexere Funktionen können als Makro geschrieben werden,
wie beispielsweise *linie* aus Kapitel 6.2. Dies sieht dann so aus:

```
/* bspl0056.c */
#include <stdio.h>

#define linie(a,b) {int i; \
        for(i=1; i<=b; i++)printf("%c",a);}

main() {
   int zeichen,wieoft;
   printf("\nIch schreibe jetzt 10 Fragezeichen.\n");
   linie('?',10);
   printf("\nWelches Zeichen  : ");
```

```
  zeichen=getchar();
  printf("Wie oft schreiben: ");
  scanf("%i",&wieoft);
  printf("\n");
  linie(zeichen,wieoft);
}
```

Das Beispiel demonstriert aber auch einen Nachteil der Makros: sie produzieren denselben Code mehrfach. Jedesmal wenn ein Makro aufgerufen wird, schreibt der Präprozessor die gleichen Anweisungen ins Programm. Dies können Sie an seiner Ausgabe überprüfen:

```
  . . .

main() {
  int zeichen,wieoft;
  printf("\nIch schreibe jetzt 10 Fragezeichen.\n");
  {int i; for(i=1; i<=10; i++)printf("%c",'?');};
  printf("\nWelches Zeichen  : ");
  zeichen=(--((&_iob[0]))->_cnt >= 0 ?
          0xff & *((&_iob[0]))->_ptr++ :
          _filbuf((&_iob[0])));
  printf("Wie oft schreiben: ");
  scanf("%i",&wieoft);
  printf("\n");
  {int i; for(i=1; i<=wieoft; i++)printf("%c",zeichen);};
}
```

In beiden Markierungen finden Sie den gleichen Code wieder. Bei Funktionsdefinitionen hingegen existiert der Code nur einmal und wird mehrmals verwendet.

Wie Sie übrigens an der obigen Präprozessorausgabe erkennen können, ist auch *getchar* ein Makro! Seine Erläuterung würde an dieser Stelle jedoch zu weit führen, da Sie die spezielle Bedeutung der Operatoren *, & und -> noch nicht kennen.

Makro umgehen

Oft existieren unter dem gleichen Namen sowohl eine Funktionsdefinition als auch ein Makro. Normalerweise wird immer zuerst das Makro verwendet, da der Präprozessor ja als erstes arbeitet und somit alle Aufrufe durch die Makrodefinition ersetzt. Weil aber dadurch jedesmal der gleiche Code erneut eingebaut wird, ist es wünschenswert, daß man als Programmierer selbst bestimmen kann, ob die Funktion oder das Makro benutzt wird. Die zwei möglichen Methoden demonstriert das nächste Programm.

```
/* bspl0057.c */
#include <stdio.h>

linie(int zeichen, int laenge) {
  int i;
  for(i=1; i<=laenge; i++)
    printf("%c",zeichen);
}

#define linie(a,b) {int i; \
    for(i=1; i<=b; i++)printf("%c",a);}          /*(1)*/


main() {
  int zeichen,wieoft;
  printf("\nIch schreibe jetzt 10 Fragezeichen.\n");
  linie('?',10);                                 /*(2)*/
  printf("\nWelches Zeichen   : ");
  zeichen=getchar();
  printf("Wie oft schreiben: ");
  scanf("%i",&wieoft);
  printf("\n");
  (linie)(zeichen,wieoft);                       /*(3)*/
#undef linie                                     /*(4)*/
  printf("\n");
  linie(zeichen,wieoft);                         /*(5)*/
}
```

(1) Die Makrodefinition folgt hier erst nach der Funktionsdefinition, damit der Präprozessor nicht schon die Funktion ersetzt und damit Compilerfehler verursacht. Normalerweise steht das Makro jedoch in einer Headerdatei und die Funktion in einer Bibliothek.

(2) Dieser Aufruf wird vom Präprozessor anhand der Makrodefinition expandiert.

(3) Hier wird der Präprozessor behindert, denn er findet nicht *linie(...*, sondern *(linie)(...*, woraufhin keine Ersetzung vorgenommen wird. Für einen Funktionsaufruf stören die zusätzlich Klammern jedoch

nicht. Hier wird also kein zusätzlicher Code eingebaut, sondern die bestehende Funktion aufgerufen.

(4) Statt den Funktionsaufruf zu erzwingen, kann auch das Makro abgeschaltet werden. Dies ermöglicht die Direktive *#undef*. Der Makroname ist danach nicht mehr bekannt.

(5) Deshalb steht hier auch nur noch die Funktion zur Verfügung.

Makrooperatoren

Innerhalb der *#define*-Direktiven stehen zwei spezielle Operatoren zur Verfügung, # und ##.

Der Operator # wird benötigt, wenn der Inhalt einer Makrovariablen bei der Expansion in Anführungszeichen gesetzt werden soll. Werden diese nämlich bereits bei der Definition angegeben, dann werden sie als Konstante behandelt.

```
/* bspl0058.c */
#include <stdio.h>

#define zeige(a) printf("\nInhalt von %s: %i",#a,a)      /*(1)*/

main() {
  int x=47,y=11;
  zeige(x);
  zeige(y);
}
```

(1) Das Makro soll den Parameter *a* einmal als Literal und einmal als Variable behandeln. Damit er als Konstante in den Code gesetzt wird, muß man ihm das Zeichen **#** voranstellen.

Dadurch wird der folgende Code vom Präprozessor generiert:

```
  ...

main() {
        int x=47,y=11;
        printf("\nInhalt von %s: %i","x",x);
        printf("\nInhalt von %s: %i","y",y);
}
```

Der Operator ## ermöglicht es, Makroparameter zu verketten. Dadurch können neue Variablennamen generiert werden, wie Sie am folgenden Beispiel sehen.

```
/* bspl0059.c */
#include <stdio.h>

#define makejahr(a,b) a##b                                    /*(1)*/
#define init(a,b) a##b=a*100+b

main() {
  int jahrhundertjahr;
  int jahrhundert = 19;
  int jahr = 99;
  init(jahrhundert,jahr);
  printf("Das Jahr lautet %i",makejahr(jahrhundert,jahr));
}
```

(1) Soll aus den beiden Namen *a* und *b* ein neuer Name gebildet werden, so erreicht man das durch *a##b*. Ohne den Operator *##* würde *ab* als einfacher Text verstanden.

Den generierten Code zeigt die folgende Abbildung.

```
...

main() {
        int jahrhundertjahr;
        int jahrhundert = 19;
        int jahr = 99;
        jahrhundertjahr=jahrhundert*100+jahr;
        printf("Das Jahr lautet %i",jahrhundertjahr);
}
```

Im Normalfall werden diese beiden Operatoren selten eingesetzt, der erste vielleicht manchmal, der zweite fast nie.
Wenn Sie noch mehr Beispiele zum Präprozessor sehen möchten, dann empfehle ich Ihnen, sich die Headerdateien eingehend anzuschauen.

9.5 Zusammenfassung

▧ Der Präprozessor ist ein sehr leistungsfähiger Editor, der anhand sogenannter Direktiven als erstes den Quellcode verändert und ihn dann an den Compiler weiterreicht.

▧ Die Präprozessorausgabe kann mittels Compileroptionen eingesehen oder gespeichert werden. Dann wird jedoch nicht übersetzt.

▧ Per *#include* werden Dateiinhalte in das Programm eingefügt.

▧ Mittels *#define* werden Makros festgelegt. Sie dienen der Definition von Konstanten, von komplexen Ausdrücken als Funktionsersatz und können zum bedingten Kompilieren benutzt werden.

▧ Der Operator # setzt den Makroparameter in Anführungszeichen.

▧ Durch den Operator ## werden Parameter verkettet.

▧ Die bedingte Übersetzung wird durch *#if, #ifdef, #ifndef, #elif, #else* und *#endif* gesteuert. Dadurch wird Code aus dem Programm entfernt, bevor er kompiliert wird.

9.6 Übungen

Aufgabe 40

Welche Aufgabe hat das folgende Programm?

```
/* Aufg40.c */
#include <stdio.h>

#define SPACE ' '       /* Leerstelle */
#define NL '\n'         /* neue Zeile */
#define BINULL '\0'     /* binäre Null */
#define MAX_LANG 80     /* Länge der Zeichenkette 'text' */

char text[MAX_LANG];

void eingeben() {
 .printf("\nText eingeben\n>");
   gets(text);
}

void tauschen() {
   int x=0;
```

```
   while(text[x] != BINULL) {
     if(text[x] == SPACE)
       text[x] = NL;
     x++;
   }
 }

void ausgeben() {
  printf("%s",text);
}

main() {
  eingeben();
  tauschen();
  ausgeben();
}
```

Aufgabe 41

Schreiben Sie ein Programm, das in einer DEMO-Version ein Feld für 5 und in der Vollversion eines für 1024 Zeichen eines Kundennamens anlegt.

Aufgabe 42

Schreiben Sie ein Makro zur Quadratberechnung.

10 Pointer

In Ihren bisherigen Programmen hatten Sie die Variablen, denen Sie einen Wert zuweisen oder die Sie mit einem anderen Wert vergleichen wollten, immer über ihren Namen angesprochen. Wenn Sie über diesen Vorgang allerdings etwas nachdenken, werden Sie feststellen, daß Sie ja eigentlich nicht dem Namen etwas zuweisen, sondern einem Speicherplatz, der sich hinter diesem Namen verbirgt. Die verfügbaren Plätze im Arbeitsspeicher werden aber durch ihre Nummer, ihre Speicheradresse, eindeutig gekennzeichnet. Mit Hilfe der *Pointer* (der deutsche Ausdruck dafür ist Zeiger) können Sie in C direkt auf diese Maschinenadressen zugreifen.

10.1 Adressen

Das folgende kleine Programm soll demonstrieren, wie man diese Speicheradressen ermittelt.

```
/* bspl0060.c */
#include <stdio.h>

main() {
  int a=16, b=22;                              /*(1)*/
  double c=10.0, d=234.52;
  printf("\nAdresse von a = %u ",&a);          /*(2)*/
  printf("Wert von a      = %i ",a);
  printf("\nAdresse von b = %u ",&b);
  printf("Wert von b      = %i ",b);
  printf("\nAdresse von c = %u ",&c);
  printf("Wert von c      = %f ",c);
  printf("\nAdresse von d = %u ",&d);
  printf("Wert von d      = %f ",d);
}
```

Wenn Sie das Programm starten, liefert es folgende Ausgabe:

```
Adresse von a = 6553076   Wert von a    = 16
Adresse von b = 6553072   Wert von b    = 22
Adresse von c = 6553064   Wert von c    = 10.000000
Adresse von d = 6553056   Wert von d    = 234.520000
```

Dieses Programm zeigt Ihnen die Adressen und Werte der Variablen *a*, *b*, *c* und *d*, wie sie im Speicher Ihres Rechners abgelegt sind. Die Adreß-angaben können bei Ihnen natürlich ganz anders lauten. Die absoluten Werte sind für das Beispiel allerdings auch nur nebensächlich.
Sehen Sie sich jetzt das Programm etwas genauer an.

(1) In dieser und der folgenden Zeile haben Sie die Variablen ganz normal initialisiert.

(2) Diese Zeile macht Sie gleich mit zwei neuen Dingen bekannt. Als erstes mit dem sogenannten Adreßoperator &. Vor einer Variablen sorgt dieses Zeichen dafür, daß nicht ihr Wert, sondern ihre Adresse zurückgeliefert wird. Der Adreßoperator ist Ihnen übrigens nicht neu. Sie haben ihn bei der Funktion *scanf* bereits häufig verwendet. Als zweites finden Sie in dieser Zeile den Platzhalter %u. Er dient zur Ausgabe von vorzeichenlosen Integerzahlen (*unsigned int*). Dieser Platzhalter ist hier nötig, da der gesamte Wertebereich der Ganzzahl ausgeschöpft werden soll und eine negative Adresse nicht sinnvoll ist.

Nun zur Ausgabe des Programms:
In der letzten Zeile wird angegeben, daß die Variable *d* auf der Speicher-adresse 6 553 056 liegt und die Variable *c* auf der Adresse 6 553 064. Die Differenz von 8 Bytes beruht auf der Tatsache, daß *d* vom Typ *double* ist und zur Speicherung eben diese 8 Bytes benötigt. Auch bei den anderen Variablen kann man erkennen, wieviel Speicherplatz sie aufgrund ihres Datentyps benötigen.
Wie Sie festgestellt haben, verfügen Variablen über einen Namen, einen Wert und eine Adresse. Die Adresse einer Variablen erhalten Sie durch den Adreßoperator &. Im nächsten Abschnitt lernen Sie kennen, was man mit diesen Adressen anfangen kann.

10.2 Pointervariablen

Eine Pointervariable ist eine Variable, deren Wert eine Adresse ist. Eine Adresse benötigt im Normalfall je nach Rechner zwei bis vier Bytes. Wenn eine Variable als Pointervariable deklariert werden soll, muß sie auch als solche kenntlich gemacht werden. Das geschieht durch ein Sternchen (*) vor dem Variablennamen. Das nächste Programm veranschaulicht diese Schreibweise.

```
/* bspl0061.c */
#include <stdio.h>

main() {
    int zahl;
    int *ptr;                                     /*(1)*/
    zahl = 88;
    ptr = &zahl;                                  /*(2)*/
    printf("\nDer Wert von 'zahl' ist %i",zahl);
    printf("\nDie Adresse von 'zahl' ist %u",ptr); /*(3)*/
    printf("\nDie Groesse von 'ptr' ist %u",
            sizeof(ptr));                         /*(4)*/
}
```

Hier die Ausgabe dieses Programms:

```
Der Wert von 'zahl' ist 88
Die Adresse von 'zahl' ist 6553072
Die Groesse von 'ptr' ist 4
```

(1) Mit dem Ausdruck *int *ptr* wird eine Variable namens *ptr* deklariert. Da sie die Adresse einer Ganzzahl aufnehmen soll, wird sie durch *int** zu einem Pointer gemacht. *Achtung: der Typ der Variablen ist int *, nicht int, und ihr Name lautet ptr, nicht *ptr!*

(2) Der Variablen *ptr* wird jetzt die Adresse der Variablen *zahl* zugewiesen.

(3) Der Wert der Pointervariablen *ptr* wird ausgegeben. Es ist die Adresse der Variablen *zahl*.

(4) Auch die Größe von Pointervariablen läßt sich mit *sizeof* ermitteln. Hier beträgt sie 4 Bytes, weil das Programm auf einem 32-Bit-System läuft.

Eine Pointervariable ist also im Grunde nichts Besonderes. Auch sie enthält, wie die anderen Variablen, einen Wert. Die einzige Besonderheit ist, daß dieser Wert eine Adresse im Speicher Ihres Computers darstellt.

Wenn Sie sich fragen sollten, warum man dann überhaupt Pointervariablen verwendet, wenn sie auch nichts anderes machen, als Werte zu speichern, dann finden Sie die Antwort auf den nächsten Seiten. Zunächst soll auf ein Verständnisproblem hingewiesen werden: Der Stern *(*)*, der im obigen Programm zur Deklaration einer Pointervariablen dient, hat in Programmanweisungen die Funktion eines Operators. Als arithmetischer Operator (für die Multiplikation) ist er Ihnen bereits bekannt. Im Zusammenhang mit Pointern bewirkt dieser *Sternoperator* jedoch etwas anderes. Dies zeigt Programm *bspl0062.c*. Fügen Sie nur die letzte Zeile in das vorhergehende Programm ein, und starten Sie es erneut.

```
/* bspl0062.c */
#include <stdio.h>

main() {
    int zahl;
    int *ptr;
    zahl = 88;
    ptr = &zahl;
    printf("\nDer Wert von 'zahl' ist %i",zahl);
    printf("\nDie Adresse von 'zahl' ist %u",ptr);
    printf("\nDie Groesse von 'ptr' ist %u",
            sizeof(ptr));
    printf("\n'ptr' zeigt auf den Wert %i",*ptr);      /*(1)*/
}
```

Jetzt wird eine zusätzliche Zeile gedruckt:

```
Der Wert von 'zahl' ist 88
Die Adresse von 'zahl' ist 6553072
Die Groesse von 'ptr' ist 4
'ptr' zeigt auf den Wert 88
```

(1) Im Ausdruck **ptr* finden Sie den oben erwähnten Sternoperator (engl. *indirection operator*). Dieses Sternchen vor der Pointervariablen bedeutet, daß nicht der Inhalt von *ptr* genommen werden soll,

sondern der Inhalt der Speicherstelle, auf den die Adresse zeigt. In unserem Beispiel hat *ptr* den Inhalt 6 553 072, nämlich die Adresse der Variablen *zahl*. *ptr* heißt also: Gehe zur Speicherstelle 6 553 072 und nimm den Wert, den du dort findest. Mit dem *indirection operator* haben Sie sich *indirekt* auf einen Wert bezogen.

Falls dieser Sachverhalt noch nicht ganz klar geworden ist, kann Ihnen vielleicht dieses kleine Diagramm weiterhelfen.

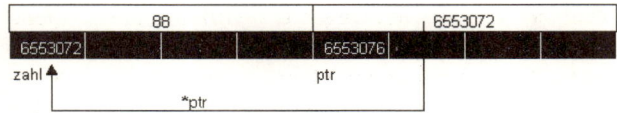

Die Adressen sind, wie gesagt, willkürlich. Sie können auf Ihrem Rechner völlig andere Werte erhalten. Die Zuweisung *zahl=88* legt den Wert *88* ab Speicherstelle *6 553 072* ab, und die Zuweisung *ptr=&zahl* holt sich die Adresse von *zahl* und legt diesen Wert ab Speicherstelle *6 553 076* ab. Benutzen Sie nun den Sternoperator, beispielsweise:

```
printf("%i",*ptr);
```

Der Rechner sieht nun nach, welcher Wert unter dem Namen *ptr* gespeichert ist (*6 553 072*) und holt sich dann den Wert, der unter dieser Adresse zu finden ist (*88*).
Man kann also sagen, daß *zahl* und *ptr* gleich sind, da sich beide auf denselben Wert beziehen (*88*). Die beiden folgenden Zuweisungen bewirken also genau das gleiche.

```
zahl = 99;
*ptr = 99;
```

In beiden Fällen wird der Variablen *zahl* der Wert *99* zugewiesen.
Bitte versuchen Sie nun, die folgenden Aufgaben zu lösen, bevor Sie die weiteren Programme im Computer testen.

Aufgabe 43

Welcher Wert wird für *summe2* ausgegeben?

```
/* Aufg43.c */
#include <stdio.h>

main() {
  double summe1,summe2;
  double *p;
  summe1 = 187.5;
  p = &summe1;
  summe2 = *p;
  printf("Die Variable 'summe2' hat den Wert %lf",
         summe2);
}
```

Aufgabe 44

Welchen Wert hat die Variable *x* am Ende des Programms?

```
/* Aufg44.c */
#include <stdio.h>

main() {
  int x;
  int *zeiger;
  x = 9;
  zeiger = &x;
  *zeiger = 10;
  printf("Die Variable 'x' hat den Wert %i",x);
}
```

Es mag Sie verwirrt haben, daß der Stern (*) im Zusammenhang mit Pointern auf zwei verschiedene Arten Verwendung findet. Als erstes dient er dazu, eine Variable vom Typ Pointer zu deklarieren, zum Beispiel *int *ptr*. Hier wird der Stern benutzt, um dem Compiler mitzuteilen, daß *ptr* ein Pointer auf eine Variable vom Typ *int* ist. In einer Programmanweisung dient der Stern jedoch als Operator, um dem Rechner klarzumachen, daß hier nicht der Wert des Pointers direkt interessiert, sondern der Inhalt der Speicherzelle, auf die der Pointer zeigt.

10.3 Pointer als Funktionsparameter

In den letzten beiden Abschnitten haben Sie gelernt, wie Pointer deklariert werden und wie man mit ihnen arbeitet. Jetzt bleibt nur noch die kleine, aber entscheidende Frage: «Wozu brauche ich sie überhaupt?»

Versetzen Sie sich dazu beispielsweise in folgende Problemstellung: Sie möchten eine Funktion schreiben, die als Parameter zwei Werte bekommt und diese dann tauschen soll. Eigentlich keine schwere Aufgabe! Man müßte dafür sorgen, daß in der Funktion beide Werte getauscht würden und diese dann an die aufrufende Stelle zurückgegeben werden. Aber da liegt schon das Problem: Eine Funktion kann eben nur einen einzigen Wert zurückliefern. Mit Hilfe von Pointern ist es nun aber möglich, die beteiligten Variablen direkt zu ändern.

Bevor Sie sich das Programm ansehen, noch einige Bemerkungen dazu, wie ein Wertetausch prinzipiell durchgeführt werden kann: Variable x soll vor dem Tausch den Wert 17 und Variable y den Wert 31 haben. Nach dem Tausch soll x den Wert 31 und y den Wert 17 enthalten. Um diesen Tausch durchzuführen, wird eine Hilfsvariable benötigt. Welchen Zweck diese Hilfsvariable hat, wird im folgenden erklärt. Wenn Sie versuchen würden, den Tausch durch die Anweisung

x = y;
y = x;

zu bewerkstelligen, dann hätten Sie die Variable x mit dem Wert von y überschrieben.

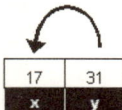

Die zweite Zuweisung $y = x$ könnte auch nichts mehr retten. Der Wert von x wäre zerstört. Dieses Verfahren kann also niemals das gewünschte Ergebnis liefern.

Als Lösung bietet sich an, eine dritte Variable zu benutzen, die einen der beiden Werte zwischenspeichert. Im Beispiel wird sie *hilf* genannt.

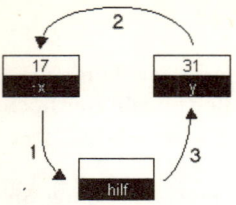

Mit

1. *hilf = x;*

wird eine der Variablen gesichert. Jetzt kann der Tausch mit

2. *x = y;*
3. *y = hilf;*

vollendet werden. Die Variable *hilf* hat nun ihre Dienste getan. Der Tausch ist komplett.
Diese gerade erläuterte Vorgehensweise benutzt auch die Funktion *tausche* im folgenden Programm.

```
/* bspl0063.c */
#include <stdio.h>

void tausche(int *eins, int *zwei) {          /*(1)*/
    int hilf;                                 /*(2)*/
    hilf = *eins;                             /*(3)*/
    *eins = *zwei;                            /*(4)*/
    *zwei = hilf;                             /*(5)*/
}

main() {
    int x=17,y=31;                            /*(6)*/
    printf("\n x = %i    y = %i",x,y);
    tausche(&x,&y);                           /*(7)*/
    printf("\n x = %i    y = %i",x,y);
}
```

Die Programmausgabe zeigt, daß der Tausch stattgefunden hat.

```
x = 17   y = 31
x = 31   y = 17
```

Als erstes zur Funktion *main*:
(6) Den Variablen *x* und *y* werden bei ihrer Definition gleich Werte zugewiesen.
(7) Die Funktion *tausche* wird aufgerufen. Als Parameter werden ihr nicht die Werte von *x* und *y* übergeben, sondern deren Adressen *&x* und *&y*.

Nun zur Funktion *tausche:*
(1) Die Funktion liefert keinen Wert (*void*) zurück. Als Parameter werden ihr zwei Pointer auf *int*-Werte übergeben (*int *eins, int *zwei*). In unserem Fall sind das später die Adressen der Variablen *x* und *y* des Hauptprogramms.
(2) Die lokale Variable *hilf* wird deklariert; sie dient zur Sicherung einer der zu tauschenden Werte.
(3) Der Inhalt des Speicherplatzes, auf den der Pointer *eins* weist, wird *hilf* zugewiesen. Auf diese Weise haben Sie die Variable *x* im Hauptprogramm direkt angesprochen.
(4) Der Wert an der Adresse, auf die *zwei* zeigt (also der Inhalt von *y*), wird zum Inhalt der Adresse, auf die *eins* zeigt (also von *x*).
(5) Zum Schluß erhält indirekt der Inhalt an der Adresse, auf die *zwei* zeigt, noch den Wert von *hilf*, und der Tausch ist beendet.

Sollten Sie Schwierigkeiten haben, diesen Vorgang nachzuvollziehen, dann ersetzen Sie in Gedanken **eins* durch *x* und **zwei* durch *y*.
Zusammenfassend läßt sich sagen: Bei einer normalen Parameterübergabe, wie beispielsweise bei

```
int xyz(int a, double b)
```

erhält die aufgerufene Funktion nur die Kopien der Werte, mit denen sie arbeiten soll. Alles, was sie mit diesen Werten macht, hat keinen Einfluß auf die Originale. Diese Form der Parameterübergabe wird auch als *call by value* bezeichnet. Erhält die Funktion dagegen Pointer auf Variablen als Parameter, wie zum Beispiel bei

```
int abc(double *x)
```

dann können diese Variablen direkt geändert werden, denn durch die Adresse hat die Funktion Zugriff auf das Original. Diese Form nennt sich *call by reference*.

10.4 Pointer-Arithmetik

Wozu werden nun eigentlich Pointervariablen benötigt? Die Antwort lautet: «Weil man mit ihnen rechnen kann!»

```
/* bspl0064.c */
#include <stdio.h>

main() {
  int x=2001;
  int *ptr;
  ptr = &x;
  printf("\nWert von ptr = %u",ptr);
  ptr++;
  printf("\nWert von ptr = %u",ptr);
  ptr++;
  printf("\nWert von ptr = %u",ptr);
}
```

Das Ergebnis sieht so aus:

```
Wert von ptr = 6553072
Wert von ptr = 6553076
Wert von ptr = 6553080
```

Obwohl der Inkrementoperator ++ verwendet wird, der normalerweise immer nur um 1 hochzählt, hat sich der Wert von *ptr* um jeweils 4 erhöht!

Jedesmal wenn ein Pointer erhöht wird, soll er auf den Anfang des nächsten Elements dieses Typs zeigen. Da in diesem Beispiel ein Pointer auf eine *int*-Variable hochgezählt wurde und *int* auf diesem Rechner vier Bytes belegt, muß der Pointer auch um 4 erhöht werden. Das hat nur funktioniert, weil eine Pointervariable deklariert wurde. C kann dann die jeweils richtige Anzahl von Bytes hinzuzählen. Jetzt wird auch klar, warum der Datentyp bei der Deklaration eines Pointers angegeben

werden muß, obwohl er selbst auf einem Computer immer die gleiche
Größe hat. Auch für Zeiger vom Typ *double* oder *char* werden ja bei 32-
Bit-Systemen jeweils vier Bytes Speicherplatz benötigt. Um jedoch richtig rechnen zu können, braucht das Programm Angaben darüber, auf
welchen Datentyp der Pointer zeigt.

Pointer können nicht nur erhöht, sondern auch verringert werden. Als
gültige Rechenzeichen für die Pointerarithmetik können +, −, ++ und
−− verwendet werden.

Aufgabe 45

Welche Werte wird *bspl0064.c* liefern, wenn *x* eine Variable vom Typ
double ist und *ptr* ein Pointer auf *double*?

Durch die Fähigkeit, mit Pointern zu rechnen, eröffnet C dem Programmierer an vielen Stellen Möglichkeiten, die in dieser Form von anderen höheren Programmiersprachen nicht geboten werden können.

10.5 Pointer und Felder

An dieser Stelle werden Felder und Pointer gemeinsam behandelt, weil
sie sehr eng miteinander verwandt sind. In C ist der Name eines Feldes
nämlich ein Pointer auf das erste Element dieses Arrays. Betrachten Sie
folgendes Feld:

```
char text[200];
```

Die nächsten beiden Zeilen sind identisch:

```
text
&text[0]
```

Daher müssen Sie zum Beispiel bei *scanf* auch keinen Adreßoperator
benutzen, um eine Zeichenkette einzugeben:

```
scanf("%s",text);
```

Das folgende Programm stellt Ihnen zwei Funktionen zur Ausgabe von

Zeichenketten vor. Beide bewirken das gleiche, nur auf unterschiedlichen Wegen.

```
/* bspl0065.c */
#include <stdio.h>

void schreibe1(char *text) {                              /*(1)*/
   int x=0;
   while(text[x])
      putchar(text[x++]);
}

void schreibe2(char *text) {                              /*(2)*/
   while(*text)                                           /*(3)*/
      putchar(*text++);                                   /*(4)*/
}

main() {
   char text[80];
   printf("\nBitte einen Satz eingeben\n>");
   gets(text);
   schreibe1(text);
   printf("\n");
   schreibe2(text);
}
```

Die beiden Funktionen *schreibe1* und *schreibe2* werden in der gleichen Weise aufgerufen. Sie erhalten als Parameter einen Pointer auf eine Variable vom Typ *char*. Beachten Sie, daß bei *schreibe1* und *schreibe2* der Adreßoperator & nicht benötigt wird, da der Name eines Feldes bereits ein Pointer auf das erste Element dieses Feldes ist.

(1) Die Arbeitsweise der Funktion *schreibe1* dürfte Ihnen verständlich sein. Die Bibliotheksfunktion *putchar* dient der Ausgabe einzelner Zeichen auf dem Bildschirm. Die Anweisung *putchar('A')* würde demnach den Buchstaben *A* ausdrucken. Machen Sie sich an dieser Stelle nochmals klar, daß der Zugriff auf ein Feld wahlweise durch einen Pointer oder über einen Index erfolgen kann. In *schreibe1* sehen Sie, daß ein Zeiger auf den Anfang des Feldes übergeben wird und in der Funktion dann durch Indizierung die einzelnen Elemente angesprochen werden.

(2) Die Funktion *schreibe2* faßt all das zusammen, was Sie in diesem

Abschnitt gelernt haben. Die hier vorgestellte Schreibweise ist typisch für C-Programme. Sie sollten sie sich daher besonders gründlich ansehen. Auch diese Funktion erhält als Parameter einen Zeiger auf den Beginn der Zeichenkette.

(3) Der Ausdruck *while(*text)* läßt sich folgendermaßen erklären: Hinter *while* muß ja ein logischer Ausdruck folgen, der entscheidet, ob die Schleife weiterlaufen soll oder nicht. Bisher haben Sie Ausdrücke wie *while(summe < 1000.0)* oder *while(zahl != 0)* kennengelernt. Was in Klammern steht, wird vom Programm ausgewertet. Als Ergebnis ergibt sich entweder *wahr* oder *falsch*. Da C den Wahrheitswert *falsch* durch 0 und *wahr* durch einen Wert ungleich null darstellt, ergibt diese Bewertung schließlich eine Zahl. Sie können daher statt eines logischen Ausdrucks, den der Rechner auswertet, auch gleich eine Zahl in die Klammern setzen. Die Anweisung *while(1)* wäre somit gültig. Diese Bedingung bewirkt eine Endlosschleife, die nur durch ein *break* beendet werden kann. Umgangssprachlich formuliert bedeutet *while(*text):* «Solange der Pointer auf eine Speicherstelle zeigt, die nicht den binären Wert *null* (\0) enthält, kannst du weitermachen.»

Zeichen (*text)	E	I	N		S	A	T	Z	\0
Wert (ASCII-Code)	69	73	78	32	83	65	84	90	0

Erst bei der binären Null stimmt diese Bedingung nicht mehr, und die Schleife bricht ab.

(4) Die Anweisung *putchar(*text++)* besagt: Drucke den Inhalt der Stelle, auf die *text* zeigt. Das ++ hinter **text* sorgt dafür, daß dieser Pointer *nach* jeder Ausgabe entsprechend dem Datentyp erhöht wird und somit auf das nächste Zeichen zeigt. Diese Anweisung hätte auch in zwei Einzelbefehle aufgeteilt werden können:

```
putchar(*text);
text++;
```

10.6 Zusammenfassung

▣ Variablen haben einen Wert, einen Namen und einen Speicherplatz.

▣ Der Speicherplatz wird durch den Adreßoperator & geliefert.

▣ In Deklarationen wird durch einen Stern (*) vor dem Variablennamen eine Pointervariable deklariert. In einer Programmanweisung dient das Sternchen (*) als Operator.

▣ Dieser Operator bewirkt, daß der Wert der Variablen benutzt wird, auf den die so gekennzeichnete Pointervariable zeigt.

▣ Eine der wichtigsten Aufgaben der Pointer ist es, durch *call by reference* den Zugriff auf die Originale für die aufrufende Funktion bereitzustellen.

▣ Pointer können erhöht und reduziert werden. Nach jeder Erhöhung zeigt der Pointer auf das nächste Element seines Datentyps, nach jeder Reduzierung auf das vorhergehende Element.

▣ In C ist der Name eines Feldes ein Pointer auf das erste Element dieses Feldes.

10.7 Übungen

Aufgabe 46

Schreiben Sie eine Funktion, die zwei Zeichenketten vertauscht.

Aufgabe 47

Schreiben Sie eine Funktion, die in einer Zeichenkette ein Zeichen sucht und es jeweils durch ein anderes ersetzt. Benutzen Sie die folgende Deklaration zur Lösung der Aufgabe:

```
void ersetze_zeichen(char *s, char alt, char neu)
```

Die beiden folgenden Programme enthalten Fehler, die beim Arbeiten mit Pointern häufig auftreten.

Aufgabe 48

Welchen Fehler enthält das Programm?

```
/* Aufg48.c */
#include <stdio.h>

main() {  /* Dieses Programm enthält einen Fehler ! */
  int zahl,*ptr;
  zahl = 4711;
  *ptr = zahl;
}
```

Aufgabe 49

Welchen Fehler enthält das Programm?

```
/* Aufg49.c */
#include <stdio.h>

main() {  /* Dieses Programm ist falsch ! */
  int zahl,*ptr;
  zahl = 4711;
  ptr = zahl;
  printf("\n%i",*ptr);
}
```

11 Kommandozeilenparameter

Wenn Sie unter MS-DOS oder Unix bzw. Linux ein Programm aufrufen, geschieht das normalerweise in der Kommandozeile. Befinden Sie sich auf Laufwerk C, dann sieht bei MS-DOS die Meldung des Betriebssystems so oder ähnlich aus:

```
C>
```

Hier können die Befehle eingegeben werden. Um beispielsweise den C-Compiler zu starten, geben Sie *cl* (MS-VC) oder *cc* (Unix) ein, und das Programm wird in den Speicher geladen und ausgeführt. Nun besteht aber die Möglichkeit, hinter dem Namen des Programms weitere Angaben zu machen:

```
C>cl prg10_1.c
```

Mit diesem Befehl haben Sie nicht nur den Compiler gestartet, sondern auch gleichzeitig dafür gesorgt, daß das Programm *prg10_1.c* vom Compiler geladen und übersetzt wird.

Die Angabe hinter dem eigentlichen Programmnamen ist ein sogenannter Kommandozeilenparameter. Übertragen auf die Programmiersprache C heißt das, daß dieser Parameter der Funktion *main* übergeben wird. Wie dies funktioniert, zeigt das folgende Beispiel.

```
/* bspl0066.c */
#include <stdio.h>
#include <stdlib.h>

main(int argc, char *argv[]) {                              /*(1)*/
  int i;
  if(argc < 2) {   /* Fehlen Parameter? */                  /*(2)*/
    printf("\nKommandozeilen-Parameter fehlen!");
```

```
    exit(1);                                        /*(3)*/
  }
  for(i=0; i<argc; i++)
    printf("\nParameter %i: %s",i,argv[i]);
}
```

Von Laufwerk C starten Sie das Programm folgendermaßen:

```
C>bspl0066 Das ist ein Test
```

Als Ausgabe liefert das Programm diese Zeilen:

```
Parameter 0 = C:\BSPL0066.EXE
Parameter 1 = Das
Parameter 2 = ist
Parameter 3 = ein
Parameter 4 = Test
```

Die Angaben in der Kommandozeile sind an das Programm übergeben worden und konnten hier auch verarbeitet werden.

(1) Die Funktion *main* erhält vom Betriebssystem immer zwei Parameter. Die Variable *argc* enthält die Anzahl der übergebenen Parameter und *argv[]* die Parameter selbst. Die Namen der Variablen sind natürlich frei wählbar, es hat sich jedoch eingebürgert, die hier verwendeten Bezeichnungen zu benutzen. Sie leiten sich von den englischen Begriffen **arg**ument **c**ount und **arg**ument **v**alues ab. Bei *argc* ist eine Besonderheit zu beachten. Hat diese Variable zum Beispiel den Wert 1, so bedeutet das, daß kein Kommandozeilenparameter angegeben wurde. Das Betriebssystem übergibt als ersten Parameter nämlich grundsätzlich den Namen des Programms selbst. Also erst wenn *argc* größer ist als 1, wurde wirklich ein Parameter angegeben. Die Deklaration *char *argv[]* bedeutet: Zeiger auf Zeiger auf Zeichen. (Sie hätten auch *char **argv* schreiben können.) Mit anderen Worten: *argv* ist ein Zeiger, der auf ein Feld zeigt, das wiederum Zeiger enthält. Diese Pointer zeigen schließlich auf die einzelnen Kommandozeilenparameter. Die leeren eckigen Klammern weisen darauf hin, daß es sich um ein Feld unbestimmter Größe handelt. Die einzelnen Argumente können

durch Indizierung von *argv* angesprochen werden. *argv[1]* zeigt also auf das erste Argument *Das, argv[2]* auf *ist* usw. Die folgende Skizze verdeutlicht nochmals diesen Zusammenhang.

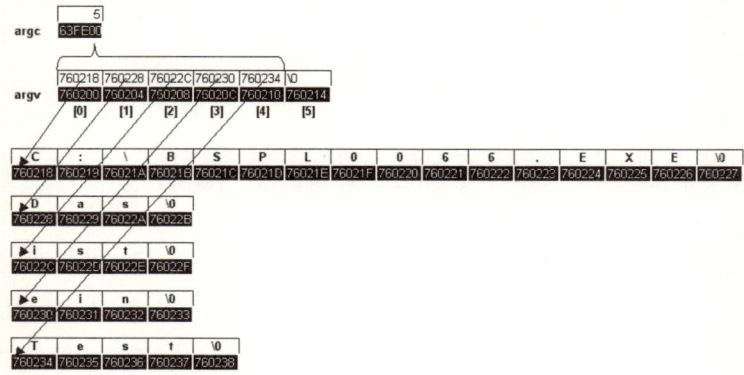

Um auf die einzelnen Zeichen der Parameter zugreifen zu können, verwenden Sie zum Beispiel diese Schreibweise: *argv[4][0]*. Damit wird das erste Zeichen von *argv[4]* angesprochen. In unserem Beispiel ist das der Buchstabe *T* des Parameters *Test*.

(2) Programme, die mit Kommandozeilenparametern arbeiten, sollten immer zu Beginn prüfen, ob diese auch korrekt angegeben wurden. Dazu kann der Parameter *argc* verwendet werden. Denken Sie daran, daß er immer größer oder gleich 1 ist, denn *argv[0]* ist immer der Programmname.

(3) Die Funktion *exit* aus *stdlib.h* bricht das Programm ab. Ihr Parameter wird an die aufrufende Stelle, das Betriebssystem, übergeben und signalisiert den Grund des Abbruchs. Obwohl *main* auch mit *return* beendet werden kann, sollten Sie immer *exit* vorziehen.

Numerische Parameter

Die Kommandozeilenparameter werden immer als Zeichenketten an das Programm übergeben. Sollen sie als Zahlen interpretiert werden, dann müssen sie vom Programm gegebenenfalls getestet und in numerische Typen umgewandelt werden. Das folgende Programm demonstriert dies. Es arbeitet als kleines Rechenprogramm für Grundrechen-

arten und kann zwei Fließkommazahlen addieren (+), subtrahieren (-),
multiplizieren (x) und dividieren (/).

```
/* bspl0067.c */
#include <stdio.h>
#include <stdlib.h>

main(int argc, char *argv[]) {
  double x, y, z;
  if(argc < 4) {   /* Fehlen Parameter? */
    printf("\nAufruf: %s zahl1 op zahl2",
      argv[0]);                                      /*(1)*/
    exit(1);
  }
  x=atof(argv[1]);                                   /*(2)*/
  y=atof(argv[3]);
  switch(argv[2][0]) {                               /*(3)*/
    case '+':
      z=x+y;
      break;
    case '-':
      z=x-y;
      break;
    case 'x':
      z=x*y;
      break;
    case '/':
      z=x/y;
      break;
    default:
      printf("\nFalsches Operationszeichen!");
      exit(2);
  }
  printf("%s %s %s = %f",argv[1], argv[2], argv[3],z);
}
```

Ein korrekter Aufruf, wie beispielsweise

```
bspl0067 4711 / 45
```

liefert als Ausgabe

```
4711 / 45 = 104.688889
```

(1) Falls ein Aufruf mit zu wenigen Parametern erfolgt, gibt das Programm aus, wie es richtig gestartet werden muß. Durch Verwendung von *argv[0]* wird auch dann noch die richtige Information ausgegeben, wenn die Programmdatei umbenannt wird.

(2) Die Umwandlung in einen *double*-Typ besorgt die Funktion *atof.* Sie benötigt, wie auch *atoi* und *atol*, die Headerdatei *stdlib.h.*

(3) Der 3. Parameter wird als Rechenzeichen interpretiert. Obwohl es nur ein Zeichen ist, muß über den Index 0 darauf zugegriffen werden, denn es wird ja als Zeichenkette mit einer angehängten binären Null übergeben.

12 Dateien benutzen

Viele der Programme, die Sie bisher geschrieben haben, erlaubten es, Daten einzugeben, zu bearbeiten und wieder auszugeben. Nach dem Programmende waren diese Zahlen und Texte dann allerdings wieder verloren. Was also noch fehlt, ist die Möglichkeit, die Daten auf Diskette oder Platte dauerhaft zu sichern.

Die C-Bibliothek bietet dafür eine sehr große Zahl von Funktionen an. Einige dieser Funktionen werden Sie in diesem Kapitel kennenlernen, so daß Sie anschließend in der Lage sind, Programme zu entwickeln, die Daten aus Dateien lesen bzw. in sie schreiben können.

12.1 Dateien öffnen und schließen

Der erste Schritt beim Arbeiten mit einer Datei besteht darin, diese Datei zu öffnen. Dadurch wird das Betriebssystem unter anderem veranlaßt, Speicher bereitzustellen, in den Informationen zu dieser geöffneten Datei abgelegt werden.

Diese Aufgabe erledigen Sie mit der Bibliotheksfunktion *fopen*. Nach dem Öffnen kann mit dem Inhalt der Datei gearbeitet werden. Ist dies beendet, wird die Datei mit der Funktion *fclose* wieder geschlossen. Sehen Sie sich dazu das folgende, einfache Beispiel an.

```
/* bspl0068.c */
#include <stdio.h>

main() {
  FILE *datei_ptr;                          /*(1)*/
  datei_ptr = fopen("abc.xyz","w");         /*(2)*/
  if(datei_ptr != NULL) {                   /*(3)*/
    fclose(datei_ptr);                      /*(4)*/
  }
}
```

> *Hinweis:*
> Existiert im aktuellen Unterverzeichnis bereits eine Datei namens *abc.xyz*, so sollten Sie den Dateinamen in (2) ändern. Andernfalls wird diese Datei nämlich überschrieben!

Das Programm leistet nicht viel. Es öffnet eine Datei und schließt sie sofort wieder. Sollte die Datei noch nicht existieren, wird sie neu angelegt; ist sie bereits vorhanden, wird der alte Inhalt zerstört. Um diese Aufgaben zu erledigen, werden folgende Schritte ausgeführt:

(1) In dieser Programmzeile wird ein Zeiger namens *datei_ptr* deklariert. Dieser Pointer zeigt nicht, wie in den Beispielen der letzten Kapitel, auf einen Typ *int* oder *double*, sondern auf den Typ *FILE*. Er ist vordefiniert und in der Include-Datei *stdio.h* deklariert. Daten dieses Typs speichern Informationen zu einer geöffneten Datei. Beachten Sie bitte, daß *FILE* groß geschrieben wird.

(2) Mit *fopen* wird versucht, die Datei *abc.xyz* zu öffnen. Wenn das gelingt, liefert die Funktion einen Pointer auf die geöffnete Datei zurück. Zur weiteren Verwendung wird dieser Zeiger in *datei_ptr* gespeichert. Schlägt das Öffnen aus irgendwelchen Gründen fehl, liefert die Funktion *NULL*. Dieser Zeiger ist ebenfalls in *stdio.h* definiert.

(3) Nach dem Öffnen wird geprüft, ob dieser Vorgang korrekt ausgeführt werden konnte; ob also nicht *NULL* zurückgeliefert wurde.

(4) Hier wird dann die Datei durch *fclose* wieder ordnungsgemäß geschlossen. Diese Funktion schließt die Datei, auf die über den Parameter verwiesen wird.

Die Funktionsbibliothek deklariert *fopen* folgendermaßen:

```
FILE *fopen(char *dateiname,char *typ);
```

Diese Beschreibung wird folgendermaßen interpretiert:
- Die Funktion heißt *fopen*.
- Vor dem Namen steht ihr Rückgabetyp, hier *FILE* *. Sie liefert also einen Pointer auf den (in *stdio.h* definierten) Datentyp *FILE*.
- Als ersten Parameter erhält Sie einen Zeiger auf den Dateinamen (*char* *).

▨ Als zweiten Parameter erhält sie einen Zeiger auf den Bearbeitungs-modus (*char* *). Er legt fest, wie auf die Datei zugegriffen werden kann.

Gültige Bearbeitungsmodi sind:

▨ **r** öffnet Datei zum Lesen (*read*). Wenn die Datei nicht existiert, schlägt das Öffnen fehl.

▨ **w** öffnet Datei zum Schreiben (*write*). Wenn die Datei existiert, wird sie überschrieben, andernfalls neu angelegt.

▨ **a** öffnet Datei zum Schreiben am Ende der Datei (*append*). Sie wird neu angelegt, falls sie noch nicht existiert.

Diese Grundtypen können durch weitere Zusätze variiert werden. Davon wird in den Beispielen vorläufig jedoch kein Gebrauch gemacht. Das nächste Programm erweitert *bspl0068.c* um einige Funktionen.

```c
/* bspl0069.c */
#include <stdio.h>

main() {
  FILE *datei_ptr;
  char datei[67];
  printf("\nName der zu oeffnenden Datei> ");
  gets(datei);
  datei_ptr = fopen(datei,"r");
  if(datei_ptr != NULL) {
    printf("\nDatei %s wurde geoeffnet !\n",
           datei);
    fclose(datei_ptr);
  }
  else {
    printf("\n%s laesst sich nicht oeffnen !\n",
           datei);
  }
}
```

Sie können dieses Programm unbesorgt mit den verschiedensten Dateinamen ausprobieren. Da die Dateien nur zum Lesen (*r*) geöffnet werden, bleibt ihr Inhalt unverändert.

12.2 Dateiexistenz prüfen

Manchmal ist es für ein Programm nur wichtig, ob eine bestimmte Datei bereits existiert. Ihr Inhalt spielt dabei dann vielleicht nur eine untergeordnete Rolle. Da es für diese Aufgabe in der Standardbibliothek keine Funktion gibt, muß man sich mit einem Trick behelfen, den auch das folgende Programm benutzt.

```
/* bspl0070.c */
#include <stdio.h>

main() {
  FILE *datei_ptr;
  char *datei = "abc.xyz";

  datei_ptr = fopen(datei,"r");

  if(datei_ptr != NULL) {
    printf("\nDatei %s wurde geoeffnet !\n",
        datei);
    fclose(datei_ptr);
  }
  else {
    printf("\nDatei %s existiert nicht!\n",datei);
  }
}
```

Die markierte Zeile zeigt, wie er funktioniert. Man versucht einfach, die entsprechende Datei zu öffnen. Gelingt dies, ist sie vorhanden, anderenfalls fehlt sie. Bei diesem Versuch ist allerdings wichtig, daß nichts verändert wird. Die Datei darf weder angelegt, noch verändert oder gar überschrieben werden. Deshalb wird der Modus r gewählt. Dies gewährleistet auch, daß der Test auch dann funktioniert, wenn die Datei schreibgeschützt ist.

Falls derartige Tests in einem Programm häufiger vorkommen, dann sollte man dafür eine eigene Funktion erstellen, wie dies im nächsten Beispiel demonstriert wird. Hier wird der Rückgabewert der Funktion *file_exists* so gewählt, daß er als wahr (-1) bzw. falsch (0) interpretiert werden kann.

```
/* bspl0071.c */
#include <stdio.h>
int file_exists(char *);
main() {
  if (file_exists("abc.xyz"))
    printf("\nDatei ist vorhanden.\n");
  else
    printf("\nDatei fehlt.\n");
}

int file_exists(char *dateiname){
  FILE *datei_ptr;
  int result;
  datei_ptr = fopen(dateiname,"r");
  if(datei_ptr != NULL) {
    result = -1;
    fclose(datei_ptr);
  }
  else {
    result = 0;
  }
  return result;
}
```

12.3 Lesen einer Datei

Das nächste Programm zeigt Ihnen, wie Daten aus einer Datei gelesen und auf dem Bildschirm angezeigt werden können.

```
/* bspl0072.c */
#include <stdio.h>
#include <stdlib.h>

main() {
  FILE *stream;
  char dateiname[67];
  int ch;
  printf("\nWelche Datei wollen Sie lesen? >");
  gets(dateiname);

  if((stream = fopen(dateiname,"r"))
     == NULL) {                             /*(1)*/
```

```
    printf("\nFehler beim Oeffnen!");
    exit(1);                                          /*(2)*/
  }

  ch=fgetc(stream);                                   /*(3)*/
  while(!feof(stream)) {                              /*(4)*/
    putchar(ch);
    ch=fgetc(stream);
  }

  fclose(stream);
}
```

(1) Die Anweisung in dieser Zeile zeigt Ihnen eine für C typische Schreibweise. Die Schachtelung der Befehle mag auf den ersten Blick unübersichtlich erscheinen. Sie können diesen Ausdruck jedoch genauso analysieren, wie es der Rechner macht. Er geht bei der Bewertung eines solchen Ausdrucks von den inneren Klammern zu den äußeren vor. Er öffnet als erstes die Datei, weist den Rückgabewert von *fopen* der Variablen *stream* zu und vergleicht zum Schluß den Wert von *stream* mit *NULL*, um festzustellen, ob das Öffnen erfolgreich war oder nicht. Wenn Sie diesen Ausdruck in zwei Zeilen formulieren wollen, kann er so aussehen:

```
...
stream = fopen(dateiname,"r");
if(stream == NULL) ...
```

(2) Die Funktion *exit* dient dazu, ein Programm an dieser Stelle komplett zu beenden. Sie leert vorher alle Puffer und schließt alle geöffneten Dateien. Der Wert in den Klammern wird an das Betriebssystem übergeben. Er kann beispielsweise unter MS-DOS als *ERRORLEVEL* abgefragt werden. Der Exitcode 0 bedeutet, daß ein Programm fehlerfrei beendet wurde. Alle anderen Werte werden normalerweise als Fehler interpretiert.

(3) Die Funktion *fgetc* liest ein einzelnes Zeichen aus der Datei und gibt es als *int*-Wert zurück. In unserem Beispiel wird dieser Wert der Variablen *ch* zugewiesen und später mit *putchar* angezeigt.

(4) Mit *feof* wird getestet, ob das Ende der Datei erreicht worden ist. Wenn das der Fall ist, liefert *feof* einen Wert ungleich 0, und solange das Dateiende noch nicht erreicht ist, den Wert 0. (Wie Sie wissen, dient das Ausrufungszeichen zum Negieren des ihm folgenden Wertes.)

12.4 Schreiben in eine Datei

Im nächsten Schritt werden Sie ein Programm schreiben, mit dem Texte erfaßt und gespeichert werden können. Das Schreiben in die Datei wird von der Funktion *fprintf* besorgt. Das Programm arbeitet so lange, bis Sie eine Leerzeile eingeben.

```c
/* bspl0073.c */
#include <stdio.h>
#include <stdlib.h>
#include <string.h>

main() {
  FILE *stream;
  char zeile[81],dateiname[67];
  int zeilen=0;

  printf("\n\t\tTextzeilen erfassen\n");
  printf("\nSpeichern unter >");
  gets(dateiname);

  if((stream = fopen(dateiname,"w")) == NULL) {
    printf("\nFehler beim Oeffnen!");
    exit(1);
  }

  printf("\nLeerzeile beendet das Programm.");
  printf("\n-----------------------------\n");

  gets(zeile);                                      /*(1)*/
  while(strlen(zeile) > 0) {
    fprintf(stream,"%s\n",zeile);                   /*(2)*/
    zeilen++;
    gets(zeile);
  }
  fclose(stream);

  printf("\n%i Zeilen wurden geschrieben.\n",
      zeilen);
}
```

Lassen Sie sich den gespeicherten Text nach dem Programmlauf zum Beispiel mit dem Systemkommando *more* zur Kontrolle anzeigen.

(1) Diese und die folgenden markierten Zeilen beinhalten den Kern des Programms. Hier werden die einzelnen Textzeilen eingegeben und gespeichert.

(2) Die Funktion *fprintf* arbeitet wie *printf*, nur daß Sie zusätzlich noch durch den Dateipointer die Datei angeben, in die geschrieben werden soll. Hinter dem Platzhalter *%s* finden Sie noch die Escapesequenz *n*. Warum ist sie hier nötig? Sehen Sie sich dazu nochmals an, was die Funktion *gets* macht. Sie liest eine Zeichenkette von der Tastatur und speichert sie in einem *char*-Feld. Diese Zeichenkette wird mit einer binären Null abgeschlossen.

0	1	2	3	4	5	6	7	8	9
1			Z	e	i	l	e	\0	

Würde man bei *fprintf* nur den Platzhalter *%s* als Formatangabe nehmen, würde die Textzeile (siehe Beispiel) bis zur Position 7 (e) gespeichert. Die nächste Zeile würde direkt dahinter ab Position 8 abgelegt, so daß bei einem späteren Einlesen nicht mehr zu erkennen wäre, wo eine Zeile aufhört und die nächste anfängt. Durch *n* werden die einzelnen Zeilen getrennt und können dann von Funktionen wie *fgets*, die Sie im nächsten Kapitel kennenlernen, wieder korrekt eingelesen werden.

12.5 Eine Datei wird gedruckt

Sie sind bereits in der Lage, Dateien einzulesen und auch zu speichern. Es fehlt eigentlich nur noch eine Anweisung, mit der Dateien auch auf einem Drucker ausgegeben werden können.

Das Programm *bspl0074.c* soll Ihnen als nützliches Dienstprogramm für die tägliche Arbeit mit dem Computer dienen. Es ist dazu gedacht, insbesondere Programmtexte formatiert auszugeben. Jede Seite erhält als Überschrift den Dateinamen und die aktuelle Seitennummer. Ferner kann angegeben werden, ob der Ausdruck in Schmalschrift erfolgen und wie breit der linke Rand werden soll. Bitte beachten Sie, daß dieses Programm nur die Dateiverarbeitung und nicht die übliche Druckersteuerung demonstrieren soll. Jedes Betriebssystem verfügt über eine eigene Druckersteuerung, die es meistens auch mehreren Anwendern gleichzeitig erlaubt, den Drucker zu nutzen. Das folgende Beispielprogramm blockiert den Drucker jedoch exklusiv.

```c
/**************************************************
*                b s p 1 0 0 7 4 . c             *
*------------------------------------------------*
* Aufgabe : Formatierter Druck von Textdateien   *
*------------------------------------------------*
* Autor   : Erlenkötter                          *
* Stand   : 28.05.99                             *
*------------------------------------------------*
* Compiler: <hier Compiler-Optionen eintragen>   *
**************************************************/

/*----- include files ----------------------*/
#include <stdio.h>
#include <string.h>
#include <stdlib.h>


/*----- define -----------------------------*/
#define SEITENLAENGE 65
/* PCL-Steuerzeichen für Schmalschrift */
#define SCHMAL "1B2873313648"
/* Steuerzeichen für Seitenvorschub */
#define NEUE_SEITE "0c"
/* PCL-Steuerzeichen für normale Schrift */
#define NORMAL "1B2873313248"
/* maximale Zeilenlänge */
#define MAX_EINGABE 200


FILE *text;   /* Druckausgabe */

/**************************************************
* Funktion   : l e f t _ m a r g i n             *
*------------------------------------------------*
* Aufgabe    : Leerzeichen für Zeilenanfang      *
* Parameter  : Anzahl der Leerstellen            *
* Return-Wert: keiner                            *
**************************************************/
void left_margin(int rand) {
  while(rand-- > 0)
    fprintf(text,"%c",32);   /* 32 = ASCII-Code
                                für Leerzeichen */
}


/**************************************************
* Funktion   : k o p f z e i l e                 *
*------------------------------------------------*
```

```
*   Aufgabe     : Kopfzeilenausgabe einer Liste     *
*   Parameter   : Name der zu druckenden Datei       *
*               : Abstand vom linken Rand            *
*   Return-Wert : keiner                             *
**************************************************/
void kopfzeile(char *dateiname,int linker_rand) {
  static int seite=1;
  fprintf(text,"\n");          /* 1 Leerzeile vor
                                   Druckbeginn */
  left_margin(linker_rand);
  fprintf(text,
      "<<< Seite %3i >>   von %s\n\n",
      seite++,dateiname);
}


/**************************************************
*   Funktion    : s t e u e r z e i c h e n       *
*-------------------------------------------------*
*   Aufgabe     : Steuerzeichen an Drucker senden *
*   Parameter   : Escapesequenz                   *
*   Return-Wert: keiner                           *
**************************************************/
void steuerzeichen(char *seq) {
  char wert;
  while(*seq) {                  /* Lies die gesamte
                                    Steuersequenz */
    sscanf(seq,"%2x",&wert);/* Hole jeweils 2
                               Zeichen */
    fprintf(text,"%c",wert);
    seq+=2;
  }
}


/*----- Hauptprogramm -----------------------*/
main() {
  FILE *stream;
  char dateiname[67]; /* zu druckende Datei  */
  int zeile=0;        /* aktuelle Druckzeile */
  int linker_rand=10; /* linke Randgröße     */
  char schmal='J';    /* Schmalschrift J/N ? */
  char eingabe[MAX_EINGABE];  /* Dialogzeile */
  printf("\n\t\t<<< Formatierter Druck >>");
  printf("\n\n<RETURN> beendet das Programm.\n");

  /*----- Dateinamen einlesen und öffnen */
```

```
  printf("\nWelche Datei drucken?\n>");
  gets(dateiname);
  if(strlen(dateiname) == 0)
    exit(0);
  while((stream = fopen(dateiname,"r")) == NULL) {
    printf("'%s' nicht gefunden!\a\n",dateiname);
    printf("\nWelche Datei drucken?\n>");
    gets(dateiname);
    if(strlen(dateiname) == 0)
      exit(0);
  }

  /*----- Druckparameter einlesen */
  printf("\n<RETURN> uebernimmt die Vorgaben.\n");
  printf("\nLinker Rand (%i): >",linker_rand);
  gets(eingabe);
  if(strlen(eingabe) != 0)
    linker_rand = atoi(eingabe);
  printf("\nSchmalschrift J/N (%c): >",schmal);
  gets(eingabe);
  if(strlen(eingabe) != 0) {
    if(eingabe[0] == 'N' || eingabe[0] == 'n')
      schmal = 'N';
  }

  /*----- Druckausgabe öffnen */

  text = fopen("\\\\pcname\\druckername","a");
  if (text == NULL){
  printf("Fehler beim Oeffnen des Druckers");
    exit(1);
  }

  /*----- Schriftart einstellen */
  if(schmal == 'J')
    steuerzeichen(SCHMAL);
  else
    steuerzeichen(NORMAL);

  /*----- Liste drucken */
  kopfzeile(dateiname,linker_rand);
  while(fgets(eingabe,MAX_EINGABE,stream)!=NULL) {
    left_margin(linker_rand);
    fprintf(text,"%s",eingabe);
    if(++zeile > SEITENLAENGE-10) {
```

```
        steuerzeichen(NEUE_SEITE);
        kopfzeile(dateiname,linker_rand);
        zeile=0;
      }
   }
   steuerzeichen(NEUE_SEITE);

   /*----- Datei schliessen */
   fclose(stream);

   printf("\nDruck beendet!\a\n");
 }
```

Dieses Programm stellt Ihnen neben drei neuen Funktionen auch eine Möglichkeit vor, Programme zu dokumentieren.

Bei größeren Projekten findet man sich nach einiger Zeit in seinem eigenen Quellcode nicht mehr zurecht, wenn die einzelnen Teile nicht entsprechend kommentiert sind. Sie müssen sich bei Ihren eigenen Programmen nicht an dieses Vorbild halten. Eine ähnliche Form ist jedoch zu empfehlen. Selbst wenn das Schreiben der Kommentare am Anfang etwas lästig erscheint, werden Sie nach einiger Zeit nicht mehr darauf verzichten wollen. Um die Beispielprogramme möglichst klein zu halten, wurde bisher auf diese ausführlichen Kommentare verzichtet.

Die Bedienung des Programms ist einfach. Nach seinem Start wird der Benutzer nach dem Namen der zu druckenden Datei gefragt. Die Eingabeaufforderung wird so lange wiederholt, bis eine existierende Datei angegeben wird. Drücken Sie an dieser Stelle nur die ⏎-Taste, so wird das Programm beendet. Bei den nächsten beiden Eingaben kann der Benutzer die Vorgaben des Programms dadurch übernehmen, indem er ⏎ drückt. Soll der Wert für den linken freien Rand geändert werden bzw. der Druck nicht in Schmalschrift erfolgen, können an dieser Stelle die benötigten Eingaben gemacht werden.

Im Programm wird die Bibliotheksfunktion *fprintf* benutzt, um Daten zum Drucker zu senden. Bisher hatten Sie diese Funktion verwendet, um Daten in eine Datei zu schreiben. Um zu erklären, warum mit *fprintf* auch gedruckt werden kann, muß man etwas weiter ausholen.

Viele Funktionen, die Sie in diesem Kapitel kennengelernt haben, sind sogenannte *stream*-Routinen. Ein Stream (= Strom) ist im Grunde nichts anderes als eine Folge von Zeichen. Woher diese Folge von Zeichen kommt bzw. wohin sie fließt, wird durch die jeweils geöffneten Dateien bestimmt. Die *stream*-Routinen sind allerdings nicht auf Dateien beschränkt, sondern können auch Geräte ansprechen. Ein solches Gerät kann der Bildschirm, der Drucker oder die Tastatur sein. Bei jedem Programmstart öffnet das Betriebssystem automatisch Streams, die Sie unter den folgenden Namen ansprechen können:

stdin   -> Standardinput
stdout   -> Standardoutput
stderr   -> Standarderror

Bei allen Funktionen, die einen *stream*-Pointer erwarten, können Sie diese vordefinierten Zeiger verwenden, ohne mit *fopen* zu arbeiten. Für Eingaben über die Tastatur können Sie *stdin* verwenden und zur Ausgabe auf dem Bildschirm *stdout*. So gibt beispielsweise *fprintf(stdout,"Die Meldung geht auf 'stdout'")* den Text auf dem Bildschirm aus. Zusätzlich können aber auch die Schnittstellen, beispielsweise der erste Drucker, von den verschiedenen Betriebssystemen ebenfalls als Dateien angesprochen werden:

LPT1:   -> Drucker-Freigabe unter Windows
/dev/lp1   -> Drucker unter Unix/Linux

Diese müssen von Programmen jedoch wie gewöhnliche Dateien zuerst geöffnet werden. Deshalb benutzt das Programm die Anweisung *text = fopen("\\\\pcname\\druckername","a")*.
Die Bibliotheksfunktion *fgets* liest eine festgelegte Anzahl von Zeichen ein und speichert sie in einen String. In *bspl0074.c* finden Sie dazu die Anweisung *fgets(eingabe,MAX_EINGABE,stream)*. Diese Funktion liest aus der durch *stream* gekennzeichneten Datei so lange Zeichen ein, bis entweder das Ende der Datei erreicht ist, das Zeichen \n kommt oder *MAX_EINGABE*-1 Zeichen gelesen wurden. Diese Zeichen, inklusive \n, werden in *eingabe* gespeichert, und an diesen String wird eine binäre Null angehängt.
In der Funktion *steuerzeichen* wird *sscanf* vorgestellt. *sscanf* verhält sich wie *scanf*, liest also Daten ein. Diese Daten werden aber nicht von der Tastatur, sondern aus einer Zeichenkette geholt. Der Formatstring *%2x* nimmt jeweils zwei Zeichen, die er als Hexadezimalwerte interpretiert. Im Programm wird die Hexadezimalzahl der Variablen *wert* zugewiesen

und anschließend an den Drucker geschickt. Die durch *#define* definierten Steuerzeichen müssen Sie eventuell an Ihren Drucker anpassen. Achten Sie darauf, diese Steuerzeichen in hexadezimaler Schreibweise mit jeweils zwei Stellen einzugeben.

Die letzte für Sie neue Anweisung befindet sich ebenfalls in der Funktion *steuerzeichen*. Es ist die Zuweisung *seq+=2*. Dieser Ausdruck ist eine verkürzte Schreibweise für *seq=seq+2*. Für die anderen Grundrechenarten gibt es ebenfalls solche Operatoren. Sie heißen -=, *= und /=.

Ansonsten enthält das Programm nur Funktionen und Anweisungen, die Sie bereits kennen. Es kann Ihnen als Ausgangspunkt für die Entwicklung eines komfortablen Druckprogramms dienen.

12.6 Dateioperationen

Programme bearbeiten nicht immer nur den Inhalt der Dateien. Oft haben sie auch die Aufgabe, mit der Datei als Ganzes Operationen auszuführen. Dazu gehören das Löschen und das Umbenennen.

12.6.1 Dateien löschen

Die Anweisung, mit der Dateien wieder gelöscht werden können, lautet *remove(pfadname)*. Diese Funktion liefert den Wert −1, wenn nicht gelöscht werden konnte, ansonsten den Wert 0.

```
/* bspl0075.c */
#include <stdio.h>

main() {
  if(remove("\\text\\cplus\\test")==-1)              /*(1)*/
    perror("Fehler beim Loeschen");                  /*(2)*/
  else
    printf("Datei geloescht!");
}
```

(1) Beachten Sie, daß der Backslash (\) bei der Angabe des kompletten Pfadnamens doppelt eingegeben werden muß, da er sonst als Steuerzeichen interpretiert würde.

(2) Die Funktion *perror* dient zur Ausgabe einer Fehlermeldung auf *stderr*. Der Text in Klammern wird um die interne Fehlermeldung er-

gänzt. So lautet die Anzeige beispielsweise für den Fall, daß die Pfadangabe nicht stimmt:

```
Fehler beim Loeschen: No such file or directory
```

12.6.2 Dateien umbenennen

Zum Umbenennen von Verzeichnissen und Dateien und zum Verschieben von Dateien wird die Funktion *rename(Pfadangabe)* benutzt.

```
/* bsp10076.c */
#include <stdio.h>

main() {
    if(rename("\\test.txt","\\test.c")!=0)             /*(1)*/
        perror("Fehler beim Umbenennen");
    else
        printf("Datei umbenannt!");
}
```

(1) Liefert die Funktion als Ergebnis einen Wert ungleich 0, dann ist ein Fehler aufgetreten. Als Parameter werden in der Klammer zuerst der alte, danach der neue Name angegeben. Weichen die Verzeichnisnamen in den beiden Pfadangaben voneinander ab, dann wird die Datei verschoben. Verzeichnisse können nur umbenannt, nicht verschoben werden!

12.7 Ein einfaches Anzeigeprogramm

In diesem Abschnitt lernen Sie ein Programm kennen, das eine Datei auf dem Bildschirm anzeigen kann. Gedacht ist es als Ersatz für die Systembefehle *more* und *type*. Wenn Sie sich mit diesem Befehl den Inhalt einer Textdatei anzeigen lassen, ist es bei der Geschwindigkeit der heutigen Rechner kaum möglich, die Ausgabe an einer bestimmten Stelle anzuhalten, ganz zu schweigen vom Mitlesen.
Das Programm *bsp10077.c* geht nun den umgekehrten Weg. Statt nur auf Tastendruck anzuhalten, wird die Ausgabe nur dann fortgesetzt, wenn eine Taste gedrückt wird. Außerdem bietet es die Option, an den Anfang der Datei zurückzuspringen.

```
/* bspl0077.c */
#include <stdio.h>
#include <stdlib.h>

#define MAX_STRING 81

main(int argc, char *argv[]) {
  FILE *stream;
  char puffer[MAX_STRING];
  int ch;
  /* Ist kein Kommandozeilenparameter vorhanden? */
  if(argc < 2) {
    printf("\nAufruf: bspl0077 <dateiname>\n");
    exit(1);
  }
  /* Ist die Datei nicht vorhanden ? */
  if((stream = fopen(argv[1],"r")) == NULL) {
    printf("\n'%s': Oeffnungsfehler!\n",argv[1]);
    exit(1);
  }
  while(fgets(puffer,MAX_STRING,stream)!=NULL) {
    printf("%s",puffer);
    ch=fgetc(stdin); /* Warte auf Tastendruck */          /*(1)*/
    switch(ch) {
      /* zurück zum Anfang */
      case 'a':
      case 'A':
        fseek(stream,0L,SEEK_SET);                        /*(2)*/
        break;
      /* Abbruch */
      case 27:
        goto ende;                                        /*(3)*/
    }
    fseek(stdin,0L,SEEK_END);
  }
  ende:                                                   /*(4)*/
  fclose(stream);
}
```

Nach dem Starten des Programms wird Ihnen die gewünschte Datei zeilenweise angezeigt. Durch Drücken einer beliebigen Taste erscheint die nächste Zeile. Die Taste *A* bewirkt einen Rücksprung an den Anfang der Datei. Mit [Esc] wird das Programm abgebrochen.

(1) Die Befehlstasten *A* und ⌜Esc⌝ werden hier mittels *fgetc* eingegeben. Dies ist eine ANSI-Funktion, die jedoch den Nachteil besitzt, daß sie mit ⌜↵⌝ abgeschlossen werden muß. Die Compiler bieten jedoch auch nichtstandardisierte Funktionen an, so zum Beispiel MS-VC die Funktion *_getch*, die die Headerdatei *conio.h* benötigt. Derartige Funktionen warten nur auf einen einzigen Tastendruck. Der Unterstrich als erstes Zeichen markiert *_getch* übrigens als herstellerspezifische Funktion.

(2) Mit Hilfe der Bibliotheksfunktion *fseek* können Sie sich in einer Datei an eine beliebige Stelle bewegen. Die allgemeine Form der Funktion lautet *fseek(datei-pointer,offset,ursprung)*. Mit *offset* geben Sie an, um wieviel Bytes der Dateipointer sich von *ursprung* entfernen soll. Der Wert von *offset* ist vom Typ *long int*. Daher wird in unserem Beispiel die Ziffer 0 mit dem Buchstaben *L* als *long* gekennzeichnet. Für *ursprung* stehen drei Alternativen zur Auswahl:

SEEK_SET	Anfang der Datei
SEEK_CUR	Aktuelle Position
SEEK_END	Ende der Datei

Diese Namen sind in *stdio.h* definiert. Beachten Sie bitte, daß diese Funktion bei Textdateien nur eingeschränkt zu verwenden ist. Uneingeschränkt kann sie jedoch bei Binärdateien, die Sie im nächsten Abschnitt kennenlernen, eingesetzt werden.

(3) Bisher wurde Ihnen der Befehl *goto* noch vorenthalten. Er steht Ihnen jedoch auch in C zur Verfügung. Das Hauptproblem bei der Verwendung von *goto* liegt darin, daß Programme unübersichtlich werden, wenn dieser Befehl zu häufig eingesetzt wird. Er ist im Grunde auch nicht nötig, da C alle nötigen Kontrollstrukturen zur Verfügung stellt, um Programme vollständig ohne *goto* zu schreiben. Es gibt aber einige wenige Fälle, wo dieser Befehl ein Programm einfacher und vielleicht sogar übersichtlicher macht. Stellen Sie sich vor, Sie haben ein Programm geschrieben, das sehr viele Schleifen ineinander verschachtelt hat. Wenn nun aus der innersten Schleife heraus die gesamte Struktur verlassen werden soll, ist es sehr mühsam, das mit normalen Anweisungen zu erreichen. In einem solchen Fall kann *goto* einiges an Programmierarbeit ersparen. Seine Verwendung unterliegt allerdings einer Einschränkung: Das Sprungziel, also das genannte Label, muß sich innerhalb

der gleichen Funktion befinden. Direkte Sprünge von einer Funktion in eine andere sind mit *goto* nicht möglich.

(4) Das Ziel eines Sprungs wird durch ein sogenanntes Label markiert. Dieses Label besteht aus einem gültigen Namen, wobei die Regeln für Variablennamen zu beachten sind, gefolgt von einem Doppelpunkt. Ausgeführt wird der Sprung mit *goto <label>*.

12.8 Binärdateien

Alle Dateioperationen, die Sie bisher durchgeführt haben, bezogen sich auf Textdateien. Es gibt aber auch eine zweite Art von Dateien, die Binärdateien. Vereinfacht gesagt, kann man alle Dateien, die keine Texte sind, als Binärdateien bezeichnen. Sie als C-Programmierer interessiert an dieser Stelle jedoch nur der folgende Aspekt.

Wie Sie wissen, benutzt *fopen* die Buchstaben *r, w* und *a* zum Öffnen einer Datei. Dadurch, daß Sie zusätzlich den Buchstaben *b* anhängen, wird eine Datei im Binärmodus geöffnet. Was hat sich dadurch denn geändert?

Im Textmodus wird das Zeichen für eine neue Zeile (\n) beim Speichern in zwei Zeichen übersetzt: *carriage return* (ASCII-Code 13) und *line feed* (ASCII-Code 10). Beim Einlesen wird aus diesen beiden Zeichen dann wieder \n. Diese Umwandlung darf bei Binärdateien natürlich nicht geschehen. Dafür der Zusatz *b*.

Das folgende Programm kann beliebige Dateien kopieren. Ein- und Ausgabedatei werden daher im Binärmodus geöffnet. Das Programm selbst ist mit Absicht extrem kurz gehalten. Normalerweise müßten einige Kontrollen und Fehlermeldungen eingebaut werden. Es soll an dieser Stelle jedoch nur demonstriert werden, was mit C möglich ist!

```c
/* bspl0078.c */
#include <stdio.h>
#include <stdlib.h>

main(int argc, char *argv[]) { /* Kopiere eine Datei */
  FILE *ein,*aus;
  int ch;
  if(argc != 3) /* Falsche Anzahl Parameter */
    exit(1);
  if((ein=fopen(argv[1],"rb"))==NULL)
```

```
     exit(2);
   if((aus=fopen(argv[2],"wb"))==NULL)
     exit(3);
   ch=fgetc(ein);
   while(!feof(ein)) {
     fputc(ch,aus);                                    /*(1)*/
     ch=fgetc(ein);
   }
   fclose(ein);
   fclose(aus);
}
```

Das Programm kann wie der DOS-Befehl *copy* benutzt werden. Sie geben also als erstes den Namen der zu kopierenden Datei an und dann den Namen der Datei, in die kopiert werden soll.

(1) Als letztes Beispiel für die Vielzahl der Ein- und Ausgabefunktionen wird hier die Funktion *fputc* benutzt. Mit dieser Anweisung wird ein einzelnes Zeichen in eine Datei geschrieben.

12.9 Dateiausgaben umlenken

Wie Sie bereits kennengelernt haben, gibt es zwei Standardausgabeströme, nämlich *stdout* und *stderr*. Normalerweise geben beide die Daten auf dem Bildschirm aus. Wie kann man nun die beiden Ströme so trennen, daß sie auf separate Einheiten gelenkt werden, beispielsweise *stdout* weiterhin auf den Bildschirm und *stderr* in eine Protokolldatei? Die Lösung zeigt das nächste Beispiel.

```
/* bspl0079.c */
#include <stdio.h>
#include <stdlib.h>
#include <string.h>

main(int argc, char *argv[]) {
  FILE *aus;

  if(argc == 2) {
    if (strcmp(argv[1],"-log")!=0 { /* Falscher
                                      Parameter */
      printf("\nAufruf: bspl0079 [-log]");
```

```
      exit(1);
    }
    else
        aus = freopen("bspl0079.log","a",stderr);        /*(1)*/
    }
    fprintf(stdout,"\nDies geht nach 'stdout'");
    fprintf(stderr,"\nDies geht nach 'stderr'");
}
```

(1) Die Funktion *freopen* verbindet einen gültigen Dateipointer mit einer neuen Datei. Die drei Parameter geben der Reihe nach die neue Datei, den neuen Bearbeitungsmodus und einen Dateipointer an, der zu einer geöffneten Datei gehören muß. Hier wird also der stets geöffnete Strom *stderr* umgelenkt auf die Datei *bspl0079.log* im Modus *append*. Die Rückgabe von *freopen* ist ebenfalls der Dateipointer und kann auch alternativ verwendet werden.

Der Programmaufruf ohne Parameter

```
bspl0079
```

liefert folgende Anzeige:

```
Dies geht nach 'stdout'
Dies geht nach 'stderr'
```

Mit einem x-beliebigen falschen Parameter, wie etwa

```
bspl0079 x
```

zeigt das Programm eine Aufrufhilfe an:

```
Aufruf: bspl0079 [-log]
```

Wird es mit dem korrekten Parameter benutzt, also

```
bspl0079 -log
```

dann erscheint auf dem Bildschirm nur

```
Dies geht nach 'stdout'
```

Mit einem Systembefehl wie beispielsweise

```
more bspl0079.log
```

kann man sich den Inhalt der Protokolldatei ansehen. Hier findet man dann die Programmausgabe, die ursprünglich für *stderr* programmiert war.

```
Dies geht nach 'stderr'
```

12.10 Zusammenfassung

In diesem Kapitel haben Sie u. a. zehn Funktionen kennengelernt, die der Bearbeitung von Dateien dienen. Sie stellen nur eine kleine Auswahl aus der Vielzahl der zur Verfügung stehenden Bibliotheksfunktionen dar.

- fopen   Datei öffnen
- fclose   Datei schließen
- feof   Prüfung auf Dateiende
- freopen   Ausgabe umlenken
- fseek   Dateipointer positionieren
- fgetc   Einzelnes Zeichen lesen
- fgets   Zeichenkette einlesen
- fputc   Einzelnes Zeichen schreiben
- fprintf   Daten formatiert schreiben
- remove   Datei löschen

12.11 Übungen

Aufgabe 50

Schreiben Sie ein Programm, das eine beliebige Anzahl von Zeichen von der Tastatur einliest und sie zur Kontrolle auf dem Bildschirm ausdruckt. Das Programm soll durch die Eingabe des Buchstabens *x* beendet werden. Benutzen Sie zum Einlesen der Zeichen die Funktion *fgetc*!

Aufgabe 51

Entwickeln Sie ein Programm, das den Inhalt zweier Dateien vergleichen
kann. Das Programm soll folgendes leisten:

- Übernahme der Dateinamen über Kommandozeilenparameter.
- Mitzählen der gelesenen Zeichen.
- Stellt das Programm an einer Stelle einen Unterschied fest, soll es abbrechen und ausgeben, bei welchem Zeichen der Unterschied aufgetreten ist.

13 Fehler kontrollieren

Kein Programm ist von Anfang an fehlerfrei. Deshalb sind Test- und Kontrollmöglichkeiten bei der Programmentwicklung besonders wichtig. Um die Fehlerquellen, im DV-Slang *bugs* genannt, zu finden, stehen eine Vielzahl von Dienstprogrammen, sogenannte Debugger, zur Verfügung, die meistens mit dem Compiler installiert werden. Sie führen Programme kontrolliert Anweisung für Anweisung aus und liefern jederzeit Informationen über die Inhalte der Variablen, ihre Speicheradressen usw. Bei größeren Projekten sind diese Programme eine unverzichtbare Hilfe. Aber auch mit weniger Aufwand kann man an Testinformationen gelangen und die Programme sicherer machen. Dies soll Thema dieses Kapitels sein.

13.1 Testausgaben erzeugen

Das kleine Rechenprogramm aus Kapitel 11 eignet sich sehr gut, um daran einige Testhilfen zu demonstrieren. Die einfachste Form besteht darin, detaillierte Informationen über Variablen und die Rückgabewerte der Funktionen auszugeben. Diese Methode haben Sie prinzipiell schon kennengelernt. Sie soll in diesem Zusammenhang aber der Vollständigkeit halber nochmals aufgeführt werden.

```
/* bsp10080.c */
#include <stdio.h>
/* #include <stdlib.h> */                        /*(1)*/

main(int argc, char *argv[]) {
  double x, y, z;
  if(argc < 4) {
    printf("\nAufruf: %s zahl1 op zahl2",argv[0]);
    exit(1);
```

```
   }
   x=atof(argv[1]);
   y=atof(argv[3]);
#ifdef TEST                                                /*(2)*/
   fprintf(stderr,"\nx enthaelt %f\n",x);                  /*(3)*/
   fprintf(stderr,"\ny enthaelt %f\n",y);
#endif
   switch(argv[2][0]) {
      case '+':
         z=x+y;
         break;
      case '-':
         z=x-y;
         break;
      case '*':
         z=x*y;
         break;
      case '/':
         z=x/y;
         break;
      default:
         printf("\nFalsches Operationszeichen!");
         exit(2);
   }
   printf("%s %s %s = %f",argv[1], argv[2], argv[3],z);
}
```

(1) Zuerst soll ein Fehler produziert werden. Eine Möglichkeit dazu besteht darin, die Headerdatei *stdlib.h* aus dem Programm zu entfernen. Es liefert dann eigenartige Ergebnisse, denn *atof* funktioniert dann nicht mehr richtig. Probieren Sie es einmal aus.

(2) Über ein Makro werden dann alle Anweisungen, die nur den Testzwecken dienen, bedingt kompiliert. Hier werden sie nur mit übersetzt, wenn entweder *#define TEST* ins Programm eingefügt oder beim Compileraufruf *-DTEST* angegeben wird *(-D* ist die Compileroption und *TEST* der Makroname). Wenn Sie statt *TEST* als Makro *NDEBUG* wählen und statt *#ifdef #ifndef* benutzen, werden die Anweisungen immer mit anderen Testhilfen gemeinsam behandelt (siehe Kapitel 13.2).

(3) Die Ausgaben werden sinnvollerweise nach *stderr* geleitet, damit sie bei Bedarf von den normalen Meldungen getrennt werden können.

Wenn Sie das Programm nun mit *-DTEST* übersetzen und danach starten, dann sehen Sie sofort, daß das Problem bei *atof* liegt, denn die Ausgabe zeigt beispielsweise:

```
x enthaelt 4238504.000000

y enthaelt 4238504.000000
5 / 1 = 1.000000
```

13.2 Voraussetzungen prüfen

Ebenfalls mit Hilfe eines Makros arbeitet die folgende Technik. Sie eignet sich besonders dazu, wichtige Voraussetzungen, die erfüllt sein müssen, damit ein Programm vernünftig weiterarbeiten kann, in Form einer Bedingung zu testen. Ist diese wahr, wird weitergearbeitet, ist sie falsch, wird mit einer Fehlermeldung abgebrochen.

```c
/* bspl0081.c */
#include <stdio.h>
#include <stdlib.h>
#include <assert.h>                              /*(1)*/

main(int argc, char *argv[]) {
  double x, y, z;
  if(argc < 4) {
    printf("\nAufruf: %s zahl1 op zahl2",argv[0]);
    exit(1);
  }
  x=atof(argv[1]);
  y=atof(argv[3]);
  assert(y != 0);                                /*(2)*/
  switch(argv[2][0]) {
    case '+':
      z=x+y;
      break;
    case '-':
      z=x-y;
      break;
    case '*':
      z=x*y;
      break;
```

```
   case '/':
     z=x/y;
     break;
   default:
     printf("\nFalsches Operationszeichen!");
     exit(2);
  }
  printf("%s %s %s = %f",argv[1], argv[2], argv[3],z);
}
```

(1) Die Headerdatei *assert.h* ist unbedingt notwendig. Sie enthält die Makrodefinitionen.

(2) Durch das Makro *assert* können mögliche Fehlerquellen aufgedeckt werden. In den Klammern muß eine Bedingung stehen. Ist sie wahr, dann läuft das Programm normal weiter. Die Bedingung formuliert also die Annahme, die Sie als Programmierer für den weiteren Ablauf voraussetzen. Hier darf zum Beispiel *y* nicht gleich 0 sein, sonst kann nicht dividiert werden. Stimmt diese Annahme nicht, wird mit einer Meldung abgebrochen, die folgendermaßen aussieht:

```
Assertion failed: y != 0, file bspl0081.c, line 14

abnormal program termination
```

Dieses Programmverhalten kann unterdrückt werden, wenn beim Kompilieren das Makro *NDEBUG* definiert wird. Dann wird in jedem Fall weitergearbeitet, natürlich mit allen Konsequenzen. Wie die Anweisungen des vorherigen Kapitels werden sie also bedingt kompiliert, führen aber nur im Fehlerfall zu einer Ausgabe. Diese richtet sich übrigens an *stderr*.

13.3 Signale kontrollieren

Ein Programm arbeitet nicht vollständig isoliert, sondern erhält zur Laufzeit Signale von den verschiedensten Quellen. Sie werden beispielsweise vom Anwender durch Steuertasten, vom Betriebssystem, von anderen Prozessen oder sogar vom Programm selbst erzeugt. Zum unpassenden Zeitpunkt gesandt, behindern oder zerstören sie dann das Programm. Deshalb ist es wichtig, diese Signale zu kontrollieren.

Am Beispiel der Tastenkombination Strg + BREAK zeigt das folgende Programm, wie ein Signal ignoriert und wieder überwacht werden kann. Es enthält eine Endlosschleife, die erst nach 15 000 Durchläufen durch Strg + BREAK abgebrochen werden kann. Die Kombination Strg + C wirkt immer.

```
/* bspl0082.c */
#include <stdio.h>
#include <signal.h>                              /*(1)*/

main() {
    int i=1;
    signal(SIGBREAK,SIG_IGN);                    /*(2)*/
    printf("\nDas Programm startet nun...       ");
    while (i++) {
        printf("\b\b\b\b\b%5i",i);
        if (i==15000) {
            printf("\nCTRL-BREAK ist frei.      ");
            signal(SIGBREAK,SIG_DFL);            /*(3)*/
        }
    }
}
```

(1) Die Funktionsprototypen und Makrodefinitionen für die Signalbehandlung stehen in der Datei *signal.h*. Sie muß daher dem Programm hinzugefügt werden.

(2) Die Funktion *signal* steuert, wie das Programm auf bestimmte Signale reagieren soll. Ihr erster Parameter legt den Signaltyp und ihr zweiter die Reaktionsart fest. Hier wird für das BREAK-Signal festgelegt, daß es ab sofort ignoriert werden soll. Alle möglichen Parameterwerte sind in *signal.h* festgelegt. Das sind die Signaltypen

SIGINT	Strg + C
SIGILL	illegale Maschinenoperation
SIGFPE	Fließkommafehler
SIGSEGV	illegaler Speicherzugriff
SIGTERM	Programmende durch *kill*
SIGBREAK	Strg + BREAK
SIGABRT	Programmende durch *abort*

und die Reaktionen

SIG_IGN   Signal ignorieren
SIG_DFL   Standardbehandlung (default)

(3) Beim 15000. Durchlauf wird für $\boxed{\text{Strg}}$ + $\boxed{\text{BREAK}}$ (*SIGBREAK*) wieder die Standardbehandlung (*SIG_DFL*) eingeschaltet.

> *Hinweis:*
> Nicht alle Betriebssysteme verwenden auch alle diese Signaltypen. Überprüfen Sie also am besten vorher, ob ein Signal auf Ihrem Rechner überhaupt erzeugt wird.

Statt eine Signalbehandlung einfach aus- und einzuschalten, besteht noch eine dritte Möglichkeit: der Aufruf einer eigenen Funktion. Eine solche Funktion, auch Signalhandler genannt, wird sofort aufgerufen, sobald das entsprechende Signal auftritt. Dies kann einen Sprung der Verarbeitung mitten aus einer Bibliotheksfunktion heraus bedeuten. Deshalb sollte auch bis auf wenige Ausnahmen keine andere Funktion im Handler aufgerufen werden, denn wenn beispielsweise der Sprung zufällig aus *printf* heraus erfolgt, ohne sie zu beenden, und im Handler erneut *printf* aufgerufen würde, dann sind Probleme zu erwarten.
Die Arbeit mit einer Handlerfunktion zeigt das folgende Beispiel.

```
/* bspl0083.c */
#include <stdio.h>
#include <signal.h>

void break_handler(int);                          /*(1)*/

sig_atomic_t code=0;                               /*(2)*/

main() {
  int i=1;
  signal(SIGBREAK,break_handler);                 /*(3)*/
  printf("\nDas Programm startet nun...      ");
  while (i++) {
    if (code !=0) {                               /*(4)*/
      printf("\nNa, Na, Na. Was soll das?      ");
      code=0;                                     /*(5)*/
```

```
      }
    printf("\b\b\b\b\b%5i",i);
    if (i==15000) {
      printf("\nCTRL-BREAK ist frei.    ");
      signal(SIGBREAK,SIG_DFL);
    }
  }
}

void break_handler(int s) {                    /*(6)*/
  code = s;                                    /*(7)*/
  signal(SIGBREAK,break_handler);              /*(8)*/
}
```

(1) Hier ist der Prototyp des Handlers definiert. Er muß immer eine spezielle Signatur haben, das heißt, sein Rückgabetyp und seine Parameter sind festgelegt. Ein Handler hat keinen Rückgabewert (*void*) und übernimmt einen *int*-Parameter.

(2) Der Datentyp *sig_atomic_t* ist in *signal.h* definiert und garantiert, daß ein Handler problemlos einen Fehlercode speichern kann. Es ist meist ein Synonym (siehe Kapitel 14.4) für *int*. Die Variable *code* wird hier global definiert. Dadurch kann einerseits der Handler ihren Wert setzen und sofort beendet werden, andererseits kann ihr Wert jederzeit abgefragt werden.

(3) Durch den Aufruf von *signal* wird diesmal festgelegt, daß als Reaktion auf ⌨Strg⌨+⌨BREAK⌨ die Funktion *break_handler* aufgerufen werden soll. Beim Auftreten des Signals wird das Programm nun sofort seine Ausführung unterbrechen, die Funktion *break_handler* bearbeiten und danach an der Unterbrechungsstelle weitermachen.

(4) Durch Überprüfung der Variablen *code* kann festgestellt werden, ob das Signal aufgetreten ist. Wird die gleiche Funktion mehreren Signalen als Handler zugewiesen, dann muß hier natürlich ihr Inhalt genau bestimmt werden.

(5) Der Wert wird zurückgesetzt, damit nicht ständig auf ein früher einmal aufgetretenes Signal reagiert wird.

(6) Hier folgt die eigentliche Definition der Funktion *break_handler*.

(7) Die Aufgabe des Handlers besteht darin, den Signalcode zur Wiederverwendung zu sichern. Dazu initialisiert er die Variable *code* mit seinem Parameter, der den Signalcode enthält. Durch Ver-

gleich mit *SIGBREAK, SIGABRT* usw. kann das Programm dann später genau feststellen, welches Signal auftrat.

(8) Die Funktion *signal* gehört zu den wenigen Ausnahmen, die im Handler aufgerufen werden dürfen. Weil vor jedem Aufruf eines Handlers automatisch die entsprechende Signalbehandlung auf *SIG_DFL* zurückgestellt wird, sorgt der Aufruf hier dafür, daß *break_handler* aktiv bleibt.

Beachten Sie, daß die Meldung, die auf das Signal hin erfolgt, nicht vom Handler, sondern vom unterbrochenen Programm ausgegeben wird.

13.4 Sauberes Finale

Wenn in einem Programm Fehler auftreten, so ist es eine Sache, sie auch zu finden. Eine andere Sache ist es jedoch, das Programm dann so zu beenden, daß möglichst viel der geleisteten Arbeit gerettet und möglichst wenig beschädigt wird. Einige der dafür in C zur Verfügung stehenden Techniken zeigen die nächsten Beispiele.

Gerade bei der Dateiverarbeitung können recht viele Fehler in einem Programm auftreten, und bei verschachtelten Schleifen ist es vielleicht problematisch, dafür zu sorgen, daß der Arbeitsspeicher nach einem Fehler vom Programm korrekt verlassen wird. Zu einem möglichst sauberen Abgang gehört es unter anderem, Meldungen über die aufgetretenen Probleme zu erzeugen und aufzuräumen. Das heißt zum Beispiel auch, offene Dateien zu schließen. Dies und einige neue Funktionen stellt das folgende Programm vor. Es liest aus einer Datei Portionen aus jeweils 10 Zeichen und gibt diese dann einzeln nacheinander aus.

```
/* bspl0084.c */
#include <stdio.h>
#include <stdlib.h>
#include <string.h>
#include <errno.h>                                      /*(1)*/

#include <ctype.h>
int fehlertest(FILE *);

main(int argc, char * argv[]) {
  FILE * datei;
```

```
    int fehler,anzahl,i;
    char liste[10];
    if (argc < 2) {
      printf("\nAufruf: bspl0084 <datei>");
      exit(1);
    }
    if ((datei = fopen(argv[1],"r")) != NULL) {        /*(2)*/
      while ( !feof(datei) ) {                          /*(3)*/
        anzahl = fread(liste, sizeof(char),
                 10,datei);                              /*(4)*/
        if (fehlertest(datei))                           /*(5)*/
          goto fertig;                                   /*(6)*/
        for (i=0;i<anzahl;i++) {
          if (isprint(liste[i])
              ||isspace(liste[i]))                       /*(7)*/
            printf("%c",liste[i]);
          else {
            printf("\nSteuerzeichen aufgetreten");
            goto fertig;
          }
        }
      }
fertig:                                                  /*(8)*/
      fclose(datei);
    }
    else
      printf("\nDatei '%s' fehlt.",argv[1]);
}

int fehlertest(FILE *datei) {
    if (ferror(datei) !=0) {                             /*(9)*/
      perror("\nLesefehler");                            /*(10)*/
      fprintf(stderr,"\n%s",strerror(errno));            /*(11)*/
      clearerr(datei);                                   /*(12)*/
      return 1;
    }
    else
      return 0;
}
```

(1) Auch hier kommt eine neue Headerdatei ins Spiel. Das Makro *errno* für die Fehlernummer ist in *errno.h* definiert.

(2) Ein wichtiger Punkt ist es, immer Funktionsrückgaben zu prüfen.

Wenn *fopen* den *NULL*-Pointer liefert, ist das Öffnen der Datei fehlgeschlagen. Dieser Fehler kann nur so festgestellt werden.

(3) Das Dateiende kann nur von *feof* festgestellt werden. Diese Funktion liefert so lange 0, bis es erreicht wird.

(4) Hier lernen Sie noch einmal eine neue Funktion zur Dateiverarbeitung kennen. Durch *fread* wird ein Array gefüllt. Die Parameter geben der Reihe nach das Array, die Größe des zu lesenden Typs, die Anzahl der zu lesenden Elemente und den Zeiger auf die Dateiinformation an. Hier werden also 10 *char*-Werte aus *datei* in *liste* gelesen. Der Rückgabewert, der in *anzahl* gespeichert wird, gibt die Anzahl der tatsächlich gelesenen Elemente an, denn sobald das Dateiende erreicht wird, endet die Funktion. Auf entsprechende Weise können auch *int, double* und andere Typen gelesen werden.

(5) Für die Dateifehlerprüfung wurde eine eigene Funktion definiert. Liefert sie einen Wert ungleich 0 (= wahr), ...

(6) ... dann erfolgt ein Sprung auf das Label *fertig*. Dieses muß sich innerhalb der Funktion befinden.

(7) Für den Zeichentest stehen mehrere Funktionen zur Verfügung. Hier werden *isprint* und *isspace* eingesetzt, um zu prüfen, ob es sich um ein druckbares Zeichen (*isprint*) oder um ein Vorschubzeichen (*isspace*), wie Leerzeichen, Tabulator, Zeilenvorschub usw. handelt.

(8) Hier wird das Sprunglabel *fertig* korrekt innerhalb der Funktion definiert.

(9) Dateifehler außer Dateiende werden durch *ferror* ermittelt. Diese Funktion liefert 0, wenn kein Fehler auftrat, ansonsten einen Wert ungleich Null. Von *ferror* wird ein Zeiger auf eine gültige Dateiinformation vom Typ *FILE* benötigt.

(10) Für die Ausgabe der Fehlermeldung steht die Funktion *perror* zur Verfügung. Sie gibt auf *stderr* nicht nur den im Parameter angegebenen Text aus, sondern ergänzt ihn um eine fehlerspezifische Systemmeldung.

(11) Diese Anweisung ist eigentlich überflüssig. Sie liefert nämlich nur die fehlerspezifische Systemmeldung, die von der vorherigen Anweisung mit produziert wird. Vom Makro *errno* wird der Fehlercode abgefragt und von *strerror* die zugehörige Meldung erzeugt.

(12) Ein Fehlerstatus einer Datei bleibt so lange erhalten, bis er durch *clearerr* gelöscht wird. Daher wird durch ihren Aufruf hier dafür gesorgt, daß bei einem nächsten Test nicht der alte Fehler nochmals ausgewertet wird.

Ein anderes Problem besteht darin, daß ein Programm oft an verschiedenen Stellen im Code beendet wird. Das führt dann dazu, daß die Anweisungen zum Aufräumen mehrfach programmiert werden. Bei späteren Programmänderungen braucht nur eine Stelle vergessen zu werden, und die Software funktioniert nicht mehr einwandfrei.

Auch hierfür gibt es eine Lösung. Durch die Funktion *atexit* kann eine andere Funktion bestimmt werden, die dann automatisch immer aufgerufen wird, wenn das Programm mit *exit* endet. Diese Funktion ist dann die einzige Stelle im Code, die aktualisiert werden muß, wenn sich die Abschlußverarbeitung ändert. Das folgende Programm zeigt, wie dies funktioniert.

```c
/* bspl0085.c */
#include <stdio.h>
#include <assert.h>
#include <stdlib.h>

void cleanup1();                                        /*(1)*/
void cleanup2();

main(int argc, char * argv[]) {
  FILE * datei;
  if (argc < 2) {
    printf("\nAufruf: bspl0085 <datei>");
    exit(1);
  }
  assert(atexit(cleanup1)==0);                          /*(2)*/
  assert(atexit(cleanup2)==0);                          /*(3)*/
  if ((datei = fopen(argv[1],"r")) != NULL) {
    printf("\nDatei %s wird verarbeitet",argv[1]);
    fclose(datei);
  }
  else
    printf("\nDatei '%s' fehlt.",argv[1]);
}

void cleanup1() {
  printf("\nRest aufraeumen");
}
void cleanup2() {
  printf("\nOffene Dateien schliessen");
  fflush(NULL);                                         /*(4)*/
  _fcloseall();                                         /*(5)*/
}
```

(1) Die Prototypen von zwei sogenannten Exithandlern werden hier definiert. Exithandler haben eine etwas andere Signatur als Signalhandler, sie übernehmen nämlich keinen Parameter.

(2) Die erste Funktion *cleanup1* wird hier durch den Aufruf von *atexit* als Handler festgelegt. Hinter einem Funktionsnamen verbirgt sich in C ein Zeiger auf die Funkion. Wird von *atexit* der Wert 0 zurückgegeben, dann ist alles in Ordnung. Falls nicht, gibt *assert* eine entsprechende Meldung aus.

(3) Falls, wie hier, mehrere Funktionen von *atexit* zum Handler bestimmt werden, dann ersetzen sie sich nicht gegenseitig, wie dies bei den Signalhandlern der Fall ist. Sie bilden vielmehr eine *LIFO*-Kette (LIFO = Last In, First Out). Die zuletzt festgelegte Funktion wird zuerst und die zuerst definierte zuletzt aufgerufen.

(4) Auch hier soll wieder die Dateiverarbeitung als einfaches Beispiel für die Aufräumarbeiten beim Programmende dienen. Um sicher zu sein, daß alle Informationen auch tatsächlich auf die Datenträger geschrieben werden, wird die Funktion *fflush* aufgerufen. Mit *NULL* als Parameter werden die Zwischenpuffer aller geöffneten Dateien physisch geschrieben. Soll dies für nur eine Datei gelten, dann muß der Zeiger auf ihre *FILE*-Struktur im Parameter genannt werden.

(5) Noch offene Dateien schließt *_fcloseall* (keine ANSI).

Nicht nur *exit* beendet ein Programm. Eine weitere Möglichkeit bietet die Funktion *abort*. Dadurch geht die Kontrolle nicht an einen eventuell vorhandenen aufrufenden Prozeß zurück, sondern in jedem Fall an das Betriebssystem, wie *bspl0086.c* zeigt.

```
/* bspl0086.c */
#include <stdio.h>
#include <stdlib.h>

main(int argc, char * argv[]) {
  FILE * datei;
  if (argc < 2) {
    printf("\nAufruf: bspl0086 <datei>");
    exit(1);
  }
  if ((datei = fopen(argv[1],"r")) != NULL) {
    printf("\nDatei %s wird verarbeitet",argv[1]);
    fclose(datei);
```

```
   }
   else {
     printf("\nDatei '%s' fehlt.",argv[1]);
     abort();                                         /*(1)*/
   }
 }
```

(1) Wenn das Programm diese Stelle erreicht, wird es mit folgender
    Meldung abgebrochen:

```
Datei 'xxxx' fehlt.
abnormal program termination
```

Auch für *abort* kann, ähnlich wie für *exit*, ein Handler festgelegt werden. Dies erfolgt über die Signalbehandlung. Das nächste Programm
bspl0087.c ist *bspl0086.c*, ergänzt um den Aborthandler.

```
/* bspl0087.c */
#include <stdio.h>
#include <signal.h>
#include <stdlib.h>

void abort_handler(int s);                            /*(1)*/

main(int argc, char * argv[]) {
  FILE * datei;
  if (argc < 2) {
    printf("\nAufruf: bspl0087 <datei>");
    exit(1);
  }
  signal(SIGABRT,abort_handler);                      /*(2)*/
  if ((datei = fopen(argv[1],"r")) != NULL) {
    printf("\nDatei %s wird verarbeitet",argv[1]);
    fclose(datei);
  }
  else {
    printf("\nDatei '%s' fehlt.",argv[1]);
    abort();                                          /*(3)*/
  }
}

void abort_handler(int s) {                            /*(4)*/
  printf("\nAusnahmsweise - Hier bin ich");
}
```

(1) Der Aborthandler hat eine Signatur wie jeder Signalhandler.
(2) Er wird auch mittels *signal* aktiviert. Nachfolgende Aufrufe für *SIG-ABRT* ersetzen den Handler.
(3) Wenn jetzt dieser Aufruf von *abort* erfolgt, wird wieder eine Meldung ausgegeben und danach der Handler aufgerufen, bevor das Programm dann endet.
(4) Hier wird der Handler definiert. Für ihn gelten die Regeln der Signalverarbeitung. Nur zur Demonstration des erfolgreichen Aufrufs enthält sie hier ausnahmsweise eine *printf*-Anweisung.

```
Datei 'xxxx' fehlt.
abnormal program termination

Ausnahmsweise - Hier bin ich
```

Weite Sprünge
Direkte Sprünge sind in der modernen Programmierung verpönt und sollten nur dann benutzt werden, wenn alle anderen Methoden versagen. Mittels *goto* und definierten *Labels* können dann Sprünge innerhalb einer Funktion realisiert werden. Doch gerade bei Programmfehlern und Signalen sind Sprünge von einer Funktion heraus in eine andere hinein an der Tagesordnung.

Diese weiten Sprünge werden dadurch realisiert, daß sich das Programm während des Laufs an einer Stelle, zu der es später vielleicht zurückspringen möchte, seinen Verarbeitungszustand (Stack) merkt. Später kann dann dieser Zustand wiederhergestellt werden. Dabei erkennt das Programm aber, warum es restauriert wurde, und kann das eventuell aufgetretene Problem dann umgehen. Durch diese Technik sind nur Sprünge rückwärts zu bereits verarbeiteten Anweisungen möglich. Das Programm kehrt quasi in seine Vergangenheit zurück, um dann auf einem anderen Weg weiterzumachen.

Das folgende Programm erzeugt gewollt mit Hilfe der Funktion *raise* nach einem Zufallsprinzip Programmabbrüche und Fließkommafehler, wie Division durch null, Überläufe usw. Diese Fehler werden von einem Signalhandler bearbeitet. Statt jedoch an der Unterbrechungsstelle weiterzumachen, wird das Programm in einem zuvor bestimmten Status fortgesetzt.

```
/* bspl0088.c */
#include <stdio.h>
#include <signal.h>
#include <assert.h>
#include <setjmp.h>                              /*(1)*/
#include <stdlib.h>
#include <math.h>
#include <time.h>

jmp_buf sprung;                                  /*(2)*/
sig_atomic_t fehler = 0;

void std_handler(int s) {
  fehler = s;
  longjmp(sprung,1);                             /*(3)*/
}

void print_fehler(int f) {                       /*(4)*/
  char * text;
  switch (f) {
    case SIGFPE:
      text = "Floating point-Fehler";            /*(5)*/
      break;
    case SIGABRT:
      text = "Programmabbruch";
      break;
    default:
      text = "Unbekannter Fehler";
  }
  printf("\n%s",text);
}

main() {
  assert(signal(SIGABRT,std_handler)!=SIG_ERR);
  assert(signal(SIGFPE,std_handler)!=SIG_ERR);
  srand(time(NULL));                             /*(6)*/
  if(setjmp(sprung) == 0) {                      /*(7)*/
    if(rand()%2)                                 /*(8)*/
      raise(SIGFPE);                             /*(9)*/
    else if(rand()%3)
      raise(SIGABRT);
    printf("\nProgrammende");
  }
  else {
    printf("\nNa, Na, Na. Was soll das?");
```

```
    print_fehler(fehler);
  }
}
```

(1) Sobald weite Sprünge ausgeführt werden sollen, wird die Header-datei *setjmp.h* benötigt.

(2) Der Programmstatus, in den zurückgekehrt werden soll, muß gespeichert werden. Dazu dient der Datentyp *jmp_buf*.

(3) Im Handler wird der Rücksprung ausgeführt. Dazu dient die Funktion *longjmp*. Ihr erster Parameter erhält die Information über den Programmstatus, der wieder eingenommen werden soll. Der zweite ist eine *int*-Zahl, die ungleich 0 sein muß. Sie dient bei mehreren *longjmp*-Aufrufen zu deren Identifikation. Dadurch kann das Programm bei Bedarf feststellen, von wo bzw. durch welchen Aufruf der Rücksprung erfolgte.

(4) Die Fehleranalyse erfolgt meistens, wie hier, in einer speziellen Funktion. Von *print_fehler* wird hier die Variable untersucht, die vom Handler aktualisiert wird. Ihr Wert wird mit den möglichen Signalen verglichen, woraufhin der gewünschte Fehlertext gesetzt wird.

(5) Noch einmal zur Stringverarbeitung: Die Variable *text* ist ein Zeiger auf Daten vom Typ *char*. Hinter Zeichenkettenkonstanten verbirgt sich ebenfalls ein Zeiger auf das erste Zeichen des Strings (siehe Kapitel 10.5). Deshalb kann dem *char*-Pointer hier das Literal zugewiesen werden.

(6) Das Programm soll zur Demonstration verschiedene Fehler erzeugen. Statt dem Benutzer zu überlassen, welcher auftreten soll, werden diese nach einem Zufallsprinzip erzeugt. Außer Fehlern kann ein Computer nun einmal aber auch gar nichts zufällig erzeugen, und nicht einmal das ist genaugenommen ein Zufall. Deshalb liefern alle Zufallsgeneratoren eigentlich ab Programmstart immer die gleichen Zahlenfolgen. Damit diese wenigstens variieren und dadurch zufällig erscheinen, werden die Startwerte der Generatoren meistens mit einem nicht wiederkehrenden Wert initialisiert. Dies wird von *srand* übernommen. Der Wert, der aller Wahrscheinlichkeit nicht wieder auftritt, wird hier von der Funktion *time* geliefert. Durch den Parameter *NULL* liefert sie die aktuelle Computerzeit als *int*-Wert.

(7) Hier wird vom Programm sowohl der mögliche Rücksprung an die-

se Stelle vorbereitet als auch später tatsächlich durchgeführt. Das heißt nichts anderes, als daß die Funktion *setjmp* eventuell mehr als einmal aufgerufen wird. Beim ersten Mal liefert sie als Rückgabe den Wert 0. Dann ist die Speicherung des Programmstatus in *sprung* erfolgt. Folgeaufrufe können nur von *longjmp*-Aufrufen ausgelöst werden. Dann ist der Rückgabewert von *setjmp* mit dem zweiten Parameter des entsprechenden *longjmp*-Aufrufs identisch. Dadurch hat das Programm eine Möglichkeit, den *longjmp*-Aufruf zu identifizieren. Beim ersten Mal wird also der *if*-Block verarbeitet, bei Rücksprüngen der *else*-Block der Entscheidungsstruktur.

(8) Die eigentliche Zufallszahl wird von der Funktion *rand* erzeugt. Ihr Wert kann zwischen 0 und 32 767 liegen. Dies ist also der Zufallsgenerator. Damit, statistisch gesehen, jedes zweite Mal ein Fließkommafehler erzeugt wird, prüft das Programm, ob sich die Zufallszahl durch zwei teilen läßt.

(9) Mit *raise* lassen sich ganz bewußt Signale erzeugen. Dies kann ausgenutzt werden, um Programmeigenschaften zu testen oder um einem Programm Signale zu senden, die es möglicherweise anderweitig nicht erhalten kann.

13.5 Zusammenfassung

▨ Mit Hilfe von *assert* werden Bedingungen gewährleistet. Im Fehlerfall erzeugt dieses Makro beim normalen Übersetzen Meldungen, wird *NDEBUG* definiert, passiert nichts.

▨ Das Programmverhalten bei eintreffenden Signalen wird durch *signal* festgelegt. Dabei können Signale ignoriert, normal oder von einer Funktion verarbeitet werden.

▨ Signalhandler haben keinen Rückgabewert, übernehmen einen *int*-Parameter und sollen keine Bibliotheksfunktionen aufrufen.

▨ Signale können mittels *raise* erzeugt werden.

▨ Exithandler werden von *atexit* festgelegt. Sie bilden eine *LIFO*-Kette und übernehmen weder Parameter, noch geben sie einen Wert zurück.

▨ Weite Sprünge erfolgen in die Verarbeitungshistorie. Mit *setjmp* wird der Programmstatus gesichert und das Sprungziel festgelegt. Von *longjmp* wird der gesicherte Status wiederhergestellt.

13.6 Übungen

Aufgabe 52

Versehen Sie *bspl0078.c* aus Kapitel 12.8 mit einem Exithandler, der dafür sorgt, daß auf jeden Fall offene Dateien geschlossen werden. Wenn im Programm beispielsweise die Ausgabedatei nicht geöffnet werden kann, ist die Eingabedatei bereits geöffnet.

Aufgabe 53

Ändern Sie *bspl0077.c* derart, daß die Tastenkombinationen $\boxed{\text{Strg}}$+$\boxed{\text{C}}$ und $\boxed{\text{Strg}}$+$\boxed{\text{BREAK}}$ nur noch funktionieren, wenn das Programm auf die Eingabe wartet (beim *fgetc*).

14 Komplexe Datentypen

Über die normalen Datentypen hinaus gibt es in C weitere, komplexere Typen, die sich aus den einfacheren zusammensetzen. Außerdem besteht die Möglichkeit, eigene Synonyme für häufig verwendete Typen festzulegen. Dieses Kapitel erläutert, wie mit den mehr oder weniger häufig verwendeten Strukturen, Unions und Enumerationen gearbeitet wird und wie Sie mit *typedef* eigene Typen bezeichnen.

14.1 Der Aufzählungstyp

Programme sollen sowohl im Computer effizient arbeiten als auch für die Programmierer leicht verständlich sein. Das sind jedoch zunächst einmal gegensätzliche Forderungen, denn während Rechner am besten mit Zahlen arbeiten (siehe zum Beispiel *switch* und *Pointer*), braucht der Mensch zum besseren Verständnis kontextbezogene Namen.

Ein Ausweg aus diesem Dilemma bietet die Präprozessordirektive *#define*. Mit ihrer Hilfe kann man numerischen Konstanten einen Namen geben, der im Programm dann für den Computer durch die Zahl ersetzt wird. Eine andere Lösung bieten die Aufzählungstypen. Das sind ebenfalls ganzzahlige Konstanten, die vom Compiler jedoch wie Variablentypen überprüft werden. Im nächsten Programm werden diese eingesetzt, um Wahrheitswerte wie Datentypen zu verwenden.

```
/* bsp10089.c */
#include <stdio.h>

int zeichentest(char);

main() {
  char zeichen;
  printf("\nBitte Zeichen eingeben: ");
```

```
    scanf("%c",&zeichen);
    printf("%c ist ",zeichen);
    if (!zeichentest(zeichen))                      /*(1)*/
        printf("nicht ");
    printf("numerisch.");
}


int zeichentest(char c) {
    enum bool {false, true};                        /*(2)*/
    enum bool ergebnis = false;                     /*(3)*/
    switch (c) {
        case '0': case '1': case '2': case '3':
        case '4': case '5': case '6': case '7':
        case '8': case '9': case '.': case '+':
        case '-':
            ergebnis = true;                        /*(4)*/
    }
    return ergebnis;
}
```

(1) Das Programm benutzt eine Funktion *zeichentest*, die einen Wert liefert, der logisch interpretiert werden soll. Dieser Test ergibt also *wahr*, wenn der Rückgabewert ungleich 0 ist.

(2) Wenn im Programm nur immer die Zahlen 0 und 1 benutzt werden, ist man nie ganz sicher, ob mit ihnen gerechnet wird oder ob sie logisch interpretiert werden. Verständlicher sind Programme, die logische Werte auch explizit darstellen. Dies bewirkt diese Anweisung. Durch das Schlüsselwort *enum* wird eine sogenannte Aufzählungsliste (engl. enumeration) definiert. Ihr Typenname (engl. tag) lautet *bool*. In geschweiften Klammern stehen die zugehörigen Werte, denen automatisch *int*-Werte, beginnend mit 0, zugewiesen werden. Hier steht *false* also für 0 und *true* für 1.

(3) Hier wird eine Variable definiert und initialisiert. Ihr Typ ist *enum bool*, ihr Name lautet *ergebnis*. Als Wert wird *false*, also 0 zugewiesen. Andere Werte als die der zugehörigen Aufzählungsliste dürfen in *enum*-Variablen nicht gespeichert werden. Umgekehrt können aber *enum*-Werte den *int*-Variablen zugewiesen werden.

(4) Nach erfolgreichem Test wird *true*, also 1 zugewiesen.

Aufzählungskonstanten sind immer nützlich, wenn Werte benannt werden können. Dabei ist es nicht notwendig, daß mit 0 begonnen wird. Ein Beispiel:

```
enum benotung {sehr_gut = 1, gut, befriedigend,
    ausreichend, mangelhaft, ungenuegend};
```

Sie können den automatischen Wert jederzeit überschreiben, wie hier bei *sehr_gut*. C numeriert dann damit einfach weiter. Es dürfen auch mehrere Namen mit dem gleichen Wert vorkommen, beispielsweise

```
enum bool {falsch, unwahr = 0, richtig, wahr = 1};
```

Hier wird bei *falsch* automatisch mit 0 begonnen, die 1 wird bei *unwahr* dann durch 0 überschrieben. Bei *richtig* wird wieder automatisch mit 1 weitergemacht und bei *wahr* die 2 durch 1 ersetzt. Auch Lücken sind erlaubt. Dies demonstriert das nächste Beispiel. Es enthält auch wieder eine Variablendefinition.

```
enum mwst {halber_satz = 7, voller_satz = 16};
enum mwst rechnung;
```

Das gleiche Ergebnis können Sie auch als eine einzige Anweisung schreiben.

```
enum mwst {halber_satz = 7, voller_satz = 16} rechnung;
```

In diesem Fall wird eine Variable *rechnung* gleich mit der Aufzählung erzeugt. Soll die Enumeration keinen Typennamen erhalten, kann er auch weggelassen werden.

```
enum {halber_satz = 7, voller_satz = 16} rechnung;
```

Bevor Sie mit den komplizierteren Strukturen weitermachen, sollten Sie zuerst diese Aufgabe lösen.

Aufgabe 54

Schreiben Sie ein Programm, das für die Codes der Zeichen RS (Rückschritt; Code 8), TAB (Tabulator; Code 9), LF (Line Feed; Code 10), VT (Vertikaler Tabulator; Code 11), FF (Form Feed; Code 12) und CR (Carriage Return; Code 13) eine Aufzählung definiert und die Zeichen (*char*) dann ausgibt.

14.2 Strukturen

Mit Hilfe von Strukturen können Sie aus einfachen Variablentypen (wie zum Beispiel *int, double* oder *char*) neue, benutzerdefinierte Typen schaffen. Diese selbstdefinierten Variablentypen bestehen aus einer Aneinanderreihung der vorhandenen Grundtypen. Die Länge einer solchen Struktur ist gleich der Gesamtlänge der einzelnen Bestandteile. Angewendet werden Strukturen häufig dann, wenn verschiedene Variablen logisch zusammengehören, wie zum Beispiel Name, Vorname, Straße etc. bei der Bearbeitung von Adressen. In anderen Programmiersprachen werden Strukturen häufig als *Records* bezeichnet. Die Verwendung einer Struktur ist nicht zwingend nötig, man kann sie auch durch die Benutzung von mehreren einzelnen Variablen ersetzen. Sie bieten bei der Programmierung jedoch einige Vorteile, da sie die Übersichtlichkeit erhöhen und die Bearbeitung vereinfachen.

14.2.1 Strukturen deklarieren

Zur Deklaration einer Struktur benutzt man das Schlüsselwort *struct*. Ihm kann wahlweise der Name dieser Struktur (engl. tag) folgen. In geschweiften Klammern werden dann die einzelnen Variablen aufgeführt, aus denen die Struktur bestehen soll.

Im folgenden Beispiel wird eine Struktur mit Namen *test* deklariert, die aus einer *int*-Variablen, einem String aus 13 Zeichen (= *char*-Array[13+1]) und einer *double*-Variablen zusammengesetzt ist. Die Größe des Typs *test* beträgt 2 Bytes (*int*) + 14 Bytes (*char*-Array) + 8 Bytes (*double*) = 24 Bytes.

```
struct test {
    int nr;
    char bezeichnung[14];
    double preis;
};
```

Die Speicheranordnung veranschaulicht das folgende Bild.

test		
nr	bezeichnung	preis

Bitte beachten Sie, daß die tatsächliche Gesamtlänge der Struktur größer sein kann als die Summe ihrer Bestandteile. Der Compiler sorgt nämlich dafür, daß alle Bestandteile der Struktur an den günstigsten Speicherstellen beginnen. Sie als Programmierer stört diese Eigenschaft normalerweise nicht. Sollten Sie die genaue Größe der Struktur dennoch benötigen, dann benutzen Sie den Operator *sizeof* (siehe Kapitel 8.1.1).

> *Hinweis:*
> Vergessen Sie nicht, die Deklaration mit einem Semikolon abzuschließen!

Innerhalb der Struktur wird jede Komponente prinzipiell wie eine normale Variable deklariert. Es dürfen jedoch keine Speicherklassen (*static, register* etc.) für die einzelnen Komponenten angegeben werden. Auch kann man eine Variable innerhalb der Struktur nicht initialisieren.

14.2.2 Strukturvariablen definieren

Die Strukturschablone selbst hat noch keinen Speicherplatz belegt, sie hat lediglich ein Muster festgelegt, mit dem die eigentlichen Variablen definiert werden. Die Definition erfolgt genau wie bei den Standardvariablentypen (*int kunr, double summe* etc.), indem man den Variablentyp (*struct test*) gefolgt von einem oder mehreren Variablennamen angibt, zum Beispiel:

```
struct test var1,var2,artikel;
```

Hierdurch werden drei Variablen *var1, var2* und *artikel* definiert, die alle vom Typ *struct test* sind. Neben dieser hier beschriebenen Methode gibt es noch eine weitere Form der Definition von Strukturvariablen.

```
struct test {
    int nr;
    char bezeichnung[14];
    double preis;
} var1, var2, artikel;
```

In diesem Fall erfolgt die Definition der Variablen zusammen mit der
Deklaration. Dazu müssen nur eine oder mehrere Variablen direkt hinter die Deklaration gesetzt werden.

Strukturfelder
Eine Struktur wird häufig nicht nur zur Aufnahme eines einzelnen Da-
tensatzes, sondern zur Speicherung vieler gleichartiger Sätze verwendet, beispielsweise mit

```
struct test waren[1000];
```

Diese Definition legt fest, daß der Compiler Platz für ein Array mit Namen *waren* und 1000 Elementen vom Typ *struct test* reserviert. Für dieses Beispiel würden ca. 24 KB Speicherplatz benötigt. Derart große Felder müssen entweder als globale oder *static*-Variablen definiert werden,
da es sonst zu einem Stapelüberlauf kommt (stack overflow, siehe Kapitel 8.3).

14.2.3 Auf Strukturen zugreifen

Um Strukturen sinnvoll nutzen zu können, muß man ihren Elementen
Werte zuweisen und auf diese Werte auch wieder zugreifen können. Zu
diesem Zweck kennt C den Strukturoperator (.), mit dem jeder Bestandteil einer Struktur direkt angesprochen werden kann. Wenn zum
Beispiel eine Variable *var1* vom Typ *struct test* definiert wurde,

```
struct test {
    int menge;
    float preis;
};

struct test var1;
```

dann kann auf die Komponente *preis* so zugegriffen werden:

```
var1.preis
```

Die Bezeichnung beginnt mit dem Namen der Variablen (*var1*), gefolgt von einem Punkt (.) und dem Namen des Strukturmitglieds (*preis*). Vor und hinter dem Punkt können Leerstellen eingefügt werden. Es hat sich jedoch eingebürgert, alle Bestandteile direkt aneinander zu schreiben.

Das Programm *bspl0090.c* demonstriert, wie den einzelnen Mitgliedern der Variable *kunde* Werte zugewiesen und wie diese Werte wieder ausgelesen werden können.

```c
/* bspl0090.c */
#include <stdio.h>
#include <string.h>

struct person {
  char name[31];
  char vname[21];
  char gebdat[9];    /* Format JJJJMMTT */
  char geschlecht;   /* W/M */
  unsigned long knr;
};

int main() {
  struct person kunde;

  strcpy(kunde.name,"Maier");
  strcpy(kunde.vname,"Marita");
  strcpy(kunde.gebdat,"19621109");
  kunde.geschlecht = 'W';
  kunde.knr = 4711;

  printf("\n%s",kunde.name);
  printf("\n%c",kunde.name[0]);
  printf("\n%s",kunde.vname);
  printf("\n%s",kunde.gebdat);
  printf("\n%c",kunde.geschlecht);
  printf("\n%li",kunde.knr);
}
```

Handelt es sich um ein Strukturarray:

```c
struct person kunde[2000];
```

so wird auf die einzelnen Elemente folgendermaßen zugegriffen:

Kundennummer des 3. Kunden: *kunde[2].knr*
2. Buchstabe des Vornamens des 9. Kunden: *kunde[8].vname[1]*

Variablen initialisieren
Neben der bisher beschriebenen Methode, einer Strukturvariablen
Werte zuzuweisen, indem man nacheinander jedes Element initialisiert, gibt es noch eine weitere, die im folgenden Programmausschnitt
dargestellt ist.

```
struct {
    char name[30];
    int alter;
} a, b;

strcpy(a.name,"Meier");
a.alter = 12;

b = a;
```

Zwei Dinge sind an diesem Programmsegment neu. Erstens hat die
Struktur keinen Namen. Hinter dem Schlüsselwort *struct* braucht keine
Bezeichnung zu folgen, wenn nur einzelne Variablen, wie hier *a* und *b*,
mit dieser Struktur verwendet werden sollen. Zweitens wird mit einer
einfachen Zuweisung (*b = a*) der Inhalt einer kompletten Struktur kopiert. Das ist besonders angenehm, da Sie auf diese Weise sogar Felder
(*name[30]*) ohne Zuhilfenahme der Funktion *strcpy* duplizieren können!
Es können einer Struktur auch bereits bei der Definition Werte zugewiesen werden. Dabei werden die Werte der einzelnen Komponenten
in der definierten Reihenfolge in geschweiften Klammern hinter der
Definition angegeben, etwa folgendermaßen:

```
struct personal {
    char name[35];
    float gehalt;
};

struct personal mitarbeiter = { "Huber", 4510.0 };
```

Werden weniger Daten in der Liste angegeben, als Komponenten in der
Struktur vorhanden sind, werden diese mit null bzw. Leerstring initialisiert.

Aufgabe 55

Welche Ausgabe liefert das folgende Programm?

```
/* Aufg55.c */
#include <stdio.h>
#include <string.h>
struct person {
  char name[30];
  long int knr;
};

main() {
  static struct person kunde[4] =

{"Schmitz", 20123,
             "Mueller", 82765,
             "Adams", 98761};

  printf("\n%s",kunde[0].name);
  printf("\n%c",kunde[2].name[0]);
  printf("\n%i",strlen(kunde[1].name));
  printf("\n%li",kunde[1].knr);
  printf("\n%li",kunde[3].knr);
}
```

14.2.4 Geschachtelte Strukturen

Bei der Deklaration von Strukturen kann innerhalb einer Struktur eine weitere Struktur eingebettet werden. Dabei kann es sich um eine bereits an anderer Stelle deklarierte Struktur handeln, oder man verwendet an der entsprechenden Stelle nochmals das Schlüsselwort *struct* und deklariert eine Struktur innerhalb der anderen.

Das Programm *bspl0091.c* zeigt ein Beispiel für eine verschachtelte Struktur.

```
/* bspl0091.c */
#include <stdio.h>
#include <string.h>

struct datum {
  int jahr;
  char monat[10];
```

```
    int tag;
};

struct wetter {
  float temp;
  struct datum zeitpunkt;                              /*(1)*/
};


struct wetter aktuell[365];                            /*(2)*/

int main() {
  aktuell[0].temp = 22.0;                              /*(3)*/
  aktuell[0].zeitpunkt.jahr = 1999;
  strcpy(aktuell[0].zeitpunkt.monat,"Januar");
  aktuell[0].zeitpunkt.tag = 1;


  printf("\n%.f",aktuell[0].temp);                     /*(4)*/
  printf("° am %i",aktuell[0].zeitpunkt.tag);
  printf(". %s",aktuell[0].zeitpunkt.monat);
  printf(" %i",aktuell[0].zeitpunkt.jahr);
}
```

Das Programm zeigt auf dem Bildschirm den folgenden Text.

```
22° am 1. Januar 1999
```

(1) Die Variable *zeitpunkt* vom Strukturtyp *datum* ist Bestandteil der Struktur *wetter*. Die Struktur *datum* ist vorher deklariert worden.

(2) Weil das Feld *aktuell* groß ist, wird es hier als globales Array definiert.

(3) Der Wert 22.0 wird der Komponente *temp* des ersten Elementes (*aktuell[0]*) zugewiesen.

(4) Um auf die einzelnen Teile der verschachtelten Struktur zugreifen zu können, wird jede Komponente, durch einen Punkt getrennt, aufgezählt. Auf diese Weise wird der komplette Weg, vom Variablennamen bis zur letzten Komponente, beschrieben. Dieses Vorgehen ähnelt der Art und Weise, in der man unter MS-DOS oder Unix/Linux auf Unterverzeichnisse zugreift.

14.2.5 Strukturen als Parameter

Wie einfache Variablen kann man auch Strukturmitglieder oder ganze Strukturen an eine Funktion übergeben. Diese Eigenschaft ist erst durch die ANSI-Norm allgemein üblich geworden. Bei älteren Compilern kann es sein, daß Sie keine Strukturen als Argumente an Funktionen übergeben können. Zur Erläuterung dieser Technik soll die folgende Struktur *datum* verwendet werden. Mit der Deklaration wird gleichzeitig die Variable *test* definiert:

```
struct datum {
    int jahr;
    char monat[10];
    int tag;
} test;
```

Übergabe «by value»
Eine Funktion *drucken* soll nun den Monatsnamen der Strukturvariablen *test* ausgeben, also *test.monat*. Da es sich bei der Strukturkomponente *monat* um eine Zeichenkette handelt, sieht der Prototyp der Funktion *drucken* folgendermaßen aus:

```
void drucken(char *);
```

Beim Aufruf der Funktion wird die entsprechende Strukturvariable übergeben:

```
drucken(test.monat);
```

Die Funktion selbst behandelt den übergebenen Wert wie jede andere Zeichenkette auch.

```
void drucken( char *m ) {
    printf("%s", m);
}
```

Wird hingegen nicht nur eine einzelne Komponente, sondern die gesamte Struktur an die Funktion übergeben, steht im Prototyp als Variablentyp *struct datum*:

```
void drucken(struct datum);
```

Die Funktion wird mit dem Namen der Strukturvariablen (*test*) aufgerufen:

```
drucken(test);
```

In der Funktion kann dann auf jedes Mitglied der Struktur separat zugegriffen werden:

```
void drucken(struct datum xyz) {
    printf("%i", xyz.jahr);
    printf("%s", xyz.monat);
    printf("%i", xyz.tag);
}
```

Die beschriebene Methode der Variablenübergabe ist Ihnen von den einfachen Variablentypen her geläufig. Wie Sie wissen, handelt es sich bei dieser Form um die Übergabe *by value* (siehe Kapitel 10.3). Das heißt, alles, was die Funktion mit dem Variablenwert macht, hat keinen Einfluß auf den ursprünglichen Variableninhalt, da ja nur eine Kopie des Wertes übergeben wurde.

Übergabe «by reference»

Soll die Variable direkt geändert werden, müssen Sie der Funktion einen Zeiger (Pointer) auf die Struktur übergeben. Da die Übergabe von Zeigern auf Strukturen relativ häufig verwendet wird (ein Zeiger verursacht bei der Übergabe viel weniger Aufwand als eine ganze Struktur), stellt C sogar einen speziellen Operator dafür zur Verfügung: den Strukturoperator (->). Ein Beispiel für seine Anwendung zeigt das Programm *bspl0092.c*. Dieses Programm tauscht mit der Funktion *tauschen* die Werte zweier Strukturen gegeneinander aus.

```
/* bspl0092.c */
#include <stdio.h>

struct koor {
    double xk;
    double yk;
};

void tauschen(struct koor *);                          /*(1)*/
```

```
struct koor position = {12.34, 43.21};              /*(2)*/

main() {
  printf("\nVorher %f %f", position.xk, position.yk);
  tauschen(&position);                              /*(3)*/
  printf("\nNachher %f %f", position.xk, position.yk);
}

void tauschen(struct koor * werte) {                /*(4)*/
  double hilf;
  hilf = werte->xk;                                 /*(5)*/
  werte->xk = werte->yk;
  werte->yk = hilf;
}
```

Wenn ein Programm indirekt mittels Pointer über die Adresse auf den
Wert einer Variablen zugreifen will, benutzt es den Sternoperator (*indirection operator*). Wenn *eins* ein Pointer auf eine normale Variable ist, so
liefert **eins* also den Wert dieser Variablen. Für einen Zeiger *werte* auf
eine Struktur liefert **werte* indirekt die Strukturdaten. Der Zugriff auf
eine Komponente erfolgt mit

```
(*werte).xk
```

Die Klammern um **werte* sind notwendig, da der Punktoperator eine
höhere Priorität als der Sternoperator hat. Da diese Schreibweise jedoch
recht umständlich ist, ermöglicht der Strukturoperator eine vereinfachte Schreibweise:

```
werte->xk
```

Beide Schreibweisen sind gleichwertig. Nun zur Beschreibung des Programms im einzelnen:
(1) Der Funktionsprototyp muß nach der Struktur deklariert werden,
    sonst ist *struct koor* nicht bekannt.
(2) Die Variable *position* vom Typ *struct koor* wird definiert und gleichzeitig mit Werten initialisiert.
(3) Die Funktion *tauschen* wird mit der Adresse der Strukturvariablen
    position aufgerufen.
(4) Von der Funktion wird diese Adresse unter dem Namen *werte* ent-

gegengenommen. Dies ist ein Pointer auf eine Struktur vom Typ *koor*.

(5) Die Variable *hilf* speichert den Wert, der unter der Adresse *werte* im Strukturelement *xk* abgelegt ist. Wie bereits beschrieben, kann man hier statt *werte ->xk* auch *(*werte).xk* schreiben. Die restlichen beiden Zeilen der Funktion vollenden dann den Ringtausch.

Die in diesem Kapitel beschriebenen Eigenschaften der Programmiersprache C werden Ihnen im Kapitel über C++ wieder begegnen. Denn eine der wesentlichsten Konzepte von C++ basiert auf Strukturen, die, um zusätzliche Eigenschaften erweitert, die sogenannten Klassen bilden.

14.3 Speicherplatz mehrfach nutzen

Unions (auch als Verbunde oder Varianten bezeichnet) ähneln in vieler Hinsicht den Strukturen, nur daß die Komponenten einer Union sozusagen «übereinander» liegen. Das bedeutet nichts anderes, als daß der Speicherplatz für jede Komponente der Union an der gleichen Stelle anfängt und daß jeweils nur eine der Komponenten in einer Union gespeichert sein kann, da jede Komponente die vorhergehende überschreibt.

Zur Deklaration einer Union wird das Schlüsselwort *union* benutzt. Ihm kann wahlweise ein Name folgen. In geschweiften Klammern werden dann die einzelnen Variablen aufgeführt, aus denen die Union besteht, beispielsweise

```
union doppelt {
    double zahl;
    char zeichen[8];
};
```

Diese Deklaration legt ein Muster für Variablen fest, deren Größe 8 Bytes beträgt. Die Größe einer Union ist gleich der Anzahl Bytes der längsten Komponente. Da in unserem Beispiel beide Variablen 8 Bytes lang sind, ist auch die Gesamtlänge der Union 8 Bytes. Im Speicher kann man sich dies etwa so vorstellen, wie in der folgenden Grafik dargestellt.

zahl
zeichen

Gründe für das Benutzen von Unions fallen nicht so stark ins Auge wie bei Strukturen. Im wesentlichen sind es zwei Anwendungsfälle, in denen man sie einsetzt:

■ Man möchte auf einen Speicherbereich auf unterschiedliche Weise zugreifen. Dies könnte bei der obigen Union *doppelt* der Fall sein. Hier kann man mit Hilfe der Komponente *zeichen* auf die einzelnen Bytes der Komponente *zahl* zugreifen. Diese Anwendung kann zum Beispiel bei Typumwandlungen eingesetzt werden.

■ Man benutzt in einer Struktur einen Bereich für verschiedene Aufgaben. Sollen beispielsweise in einer Struktur Mitarbeiterdaten gespeichert werden, so kann es sein, daß für den einen Angaben zum Stundenlohn in der Struktur vorhanden sein sollen, während der andere Speicherplatz für ein Monatsgehalt und der dritte noch zusätzlich Angaben über Provisionen benötigt. Damit man nun nicht alle Varianten in die Struktur einbauen muß, wobei jeweils zwei unbenutzt blieben, definiert man einen Speicherbereich, in dem die jeweils benötigten Informationen abgelegt werden, als Union.

Ein Beispiel für die Anwendung von Unions und Strukturen zeigt das nächste Beispiel.

```
/* bspl0093.c */
#include <stdio.h>
#include <string.h>

union ort {                                    /*(1)*/
  int raum;
  char filiale[21];
};

struct personal {
  char name[16];
  char typ;
  union ort buero;                             /*(2)*/
};

main() {
```

```
   struct personal abt0815[3] = {"Kasper",'I',4012,
            "Melchers",'A',0,                               /*(3)*/
            "Baltes",'I',1024};
   int i;
   strcpy(abt0815[1].buero.filiale,"Berlin");              /*(4)*/
   for (i=0;i<3;i++){
     printf("\n%s",abt0815[i].name);
     printf("\t%c",abt0815[i].typ);
     if (abt0815[i].typ == 'I')
        printf("\t%i",abt0815[i].buero.raum);               /*(5)*/
     else
        printf("\t%s",abt0815[i].buero.filiale);
   }
 }
```

Nach dem Start des Programms sehen Sie auf dem Monitor

```
Kasper   I      4012
Melchers        A       Berlin
Baltes   I      1024
```

(1) Die hier definierte Union benutzt den Speicherplatz einmal für eine *int*-Variable (2 oder 4 Bytes) und ein anderes Mal als Zeichenkette (hier 21 Bytes). Die Größe der Union beträgt daher 21 Bytes.

(2) Innerhalb der Struktur *personal* wird ein Element als Union definiert. Es heißt *buero* und hat den Typ *union ort*.

(3) Bei dieser Form der Initialisierung wird der Wert immer dem ersten Element der Union zugewiesen. Deshalb können hier nur ganze Zahlen stehen.

(4) Darum wird die Initialisierung der Union mit einer Zeichenkette hier separat vorgenommen. Das Element wird wie bei Strukturen mittels Punktoperator angesprochen.

(5) Auch bei lesendem Zugriff dient der Punktoperator dazu, den Wert richtig zu interpretieren.

14.4 Neue Typen definieren

Das Schlüsselwort *typedef* definiert neue Namen für bestehende Datentypen. Es erlaubt eine kürzere Schreibweise bei aufwendigen Deklarationen und kann den Datentypen auf Wunsch aussagekräftigere Namen geben. Die Syntax für die Definition eines neuen Datentypnamens sieht wie folgt aus:

```
typedef unsigned short KURZ;
```

In diesem Beispiel wird der Name *KURZ* für den Standardtyp *unsigned short* festgelegt. Ist der Typ *KURZ* einmal definiert, kann er zur Definition von Variablen eingesetzt werden, wie im folgenden Programm dargestellt wird:

```
/* bspl0094.c */
#include <stdio.h>

typedef unsigned short KURZ;

main() {
  KURZ var1 = 135;
  printf("%u", var1);
}
```

Bei der Signalverarbeitung haben Sie den Typ *sig_atomic_t* kennengelernt. Das ist kein neuer Typ, sondern ein mittels *typedef* erzeugtes Synonym. MS-VC definiert ihn als

```
typedef int sig_atomic_t;
```

Die folgende Typdefinition ist der Headerdatei *stdio.h* des MS-VC entnommen. Sie deklariert gleichzeitig die Struktur des Variablentyps FILE.

```
struct _iobuf {
        char *_ptr;
        int   _cnt;
        char *_base;
        int   _flag;
        int   _file;
        int   _charbuf;
        int   _bufsiz;
        char *_tmpfname;
        };
typedef struct _iobuf FILE;
```

Zur Verwendung des Typs *FILE* schlagen Sie bitte in Kapitel 12 nach.

Hinweis:
Durch *typedef* werden keine neuen, sondern nur Synonyme für die bestehenden Typen definiert.

14.5 Zusammenfassung

▣ Aufzählungstypen werden durch *enum* deklariert. Dahinter verbergen sich durchnumerierte ganzzahlige Konstanten.

▣ Strukturen vereinfachen das Programmieren dadurch, daß sie zusammengehörende Daten unter einem Variablennamen zusammenfassen.

▣ Strukturmitglieder können nicht die Speicherklassen *register, static* oder *void* haben.

▣ Durch Zuweisung einer Struktur zu einer anderen können Arrays verdoppelt werden, was sonst nur mit der Funktion *strcpy* möglich ist.

▣ Strukturen können verschachtelt werden. Das heißt, in einer Struktur können wiederum andere Strukturen oder Unions erscheinen.

▣ Die Gesamtlänge einer Union ist gleich der Länge des größten Mitglieds dieser Union.

▣ Unions werden häufig eingesetzt, wenn innerhalb einer Struktur ein bestimmter Speicherbereich unterschiedliche Daten aufnehmen soll; diese Technik spart wertvollen Speicherplatz.

14.6 Übung

Aufgabe 56

Schreiben Sie ein Programm, das die Bücher einer Buchhandlung verwalten kann. Dazu benötigen Sie eine Struktur, die Inventarnummer, Titel, Preis, Mwst und Stückzahl für bis zu 100 Bücher speichern kann. Das Programm liest als erstes die Mehrwertsteuer ein und dann in einer Schleife die restlichen Daten aller Bücher.

15 Programmiertechniken

Dieses Kapitel führt Sie in die Grundlagen einiger Programmierkonzepte ein, die heute von der meisten Software eingesetzt werden. Dabei muß zu einem großen Teil zwangsläufig der ANSI-Standard verlassen werden, da diese Techniken plattformabhängig sind und daher nicht genormt werden können. Die folgenden Beispielprogramme laufen im MS-DOS-Fenster unter Windows 98 und wurden mit MS-VC 5.0 übersetzt. Für andere Compiler und Betriebssysteme müssen sie angepaßt werden. Das heißt, daß in der Regel andere, oft ähnlich lautende Bibliotheksfunktionen und Compileroptionen benutzt werden müssen.

15.1 Kompilieren und Linken

Wie Sie bereits in der Einführung zu diesem Buch erfahren haben, erfolgt die Erstellung eines ausführbaren Programms in zwei Schritten, dem Kompilieren und dem Linken. Der eigentliche Compiler erzeugt eine Objektdatei mit den Funktionsaufrufen. Der Linker liest diese Objektdatei und bindet alle benötigten Funktionen aus den Bibliotheken dazu. Dieser Vorgang wird auch *Auflösen externer Referenzen* genannt. Aus welchen Libraries er die Funktionen nehmen soll, erfährt der Linker dadurch, daß der Compiler den Namen der Bibliothek in das Objektfile geschrieben hat. Soll er dennoch andere Bibliotheken zuerst nach den erforderlichen Funktionen durchsuchen, so kann man ihm dies beim Aufruf durch entsprechende Optionsschalter mitteilen.

Das Binden von Funktionsaufrufen mit Funktionen der Bibliothek ist jedoch nur eine der beiden Aufgaben des Linkers. Seine zweite Aufgabe besteht darin, bei Bedarf ein Programm aus mehreren einzelnen Objektdateien zusammenzusetzen. Von dieser Möglichkeit wurde bisher bei den Beispielen kein Gebrauch gemacht, da sie zu klein waren, als daß sich der Aufwand gelohnt hätte. Bei größeren Projekten ist es jedoch allein aus Zeitgründen von Vorteil, wenn man nur jeweils einen kleinen Teil des Programms neu kompilieren muß.

An dieser Stelle sei darauf hingewiesen, daß man Funktionen nicht nur in separaten Objektdateien ablegen kann. Es ist auch möglich, bestehende Bibliotheken zu verändern bzw. eigene Bibliotheken aufzubauen. Das Hilfsprogramm, mit dem man die Libraries verwalten kann, ist ein sogenannter Library-Manager. Bei Microsoft heißt er beispielsweise LIB.

Die beiden folgenden Beispiele gehören zusammen und zeigen, wie Programme aufgebaut werden, wenn sie aus mehreren Einzelteilen bestehen.

```
/* bspl0095.c */
#include <stdio.h>

void anzeigen();

int wert;

int main() {
  wert=4711;
  anzeigen();
}
```

```
/* bspl0096.c */
#include <stdio.h>

extern int wert;

void anzeigen() {
  printf("%i",wert);
}
```

Als erstes fällt auf, daß *bspl0096.c* über keine *main*-Funktion verfügt. Das ist allerdings verständlich, wenn Sie sich daran erinnern, daß in einem ausführbaren Programm *main* nur einmal vorkommen darf. Die zweite Besonderheit in diesem Programm ist die Verwendung des Schlüsselwortes *extern* bei der Deklaration der Variablen *wert* (siehe auch Kapitel 8.3). In einem Programm kann eine globale Variable nur einmal deklariert werden. Da der Compiler jedoch in jedem Programm, in dem die Variable verwendet wird, diese auch kennen muß, teilt man ihm mit dem Schlüsselwort *extern* mit, daß die Deklaration in einem anderen Modul stattgefunden hat.

Zur Erzeugung eines lauffähigen Programms geht man nun folgendermaßen vor:

1. Separates Kompilieren jedes einzelnen Moduls.
2. Linken aller zugehörigen Objektdateien mit der Bibliothek zu einer ausführbaren Ausgabedatei.

Die gängigen Compiler können diese beiden Schritte meistens gleich nacheinander ausführen, wenn sie entsprechend aufgerufen werden, beispielsweise für

MS-VC:

```
cl  /Za  bsp10095.c  bsp10096.c
```

Unix/Linux:

```
cc  -ansi  -o bsp10095  bsp10095.c  bsp10096.c
```

Beim MS-VC bestimmt der erste Quelldateiname den Namen der ausführbaren Datei. Hier wurde durch die Schalter */Za* bzw. *-ansi* übrigens beide Male der Compiler auf den ANSI-Standard beschränkt.

15.2 Variable Parameterlisten

Bisher haben Sie Funktionen definiert, die eine genau festgelegte Anzahl an Parametern benutzt haben. Es war Pflicht, bei ihrem Aufruf genau so viel Werte anzugeben, wie in der Definition verlangt wurden. Aus der Bibliothek haben Sie aber auch Funktionen kennengelernt, die eine variable Anzahl an Argumenten verarbeiten können, beispielsweise *printf*. Der ANSI-Standard legt drei Makros fest, mit denen derartige Funktionen erstellt werden können.

Das folgende Programm definiert eine Funktion, die zwei Pflichtparameter und zusätzliche, optionale Argumente übernimmt. Sie addiert alle Werte auf und gibt ihre Summe zurück.

```
/* bspl0097.c */
#include <stdio.h>
#include <stdarg.h>                                /*(1)*/


int add(int a, int b, ...);                        /*(2)*/


int main() {
  printf("\n%i",add(5,3,0));                        /*(3)*/
  printf("\n%i",add(35,13,67,0));
  printf("\n%i",add(52,31,134,603,0));
}


/* Funktion zum Addieren aller Parameter  *
 * Als letzter Wert wird immer 0 erwartet */
int add(int a, int b, ...) {
  va_list params;                                   /*(4)*/
  int param;
  int summe;
  summe = a+b;
  param = b;
  va_start(params,b);                               /*(5)*/
  while(param !=0) {
    param=va_arg(params,int);                       /*(6)*/
    summe+=param;
  }
  va_end(params);                                   /*(7)*/
  return summe;
}
```

(1) Die Makros für die variablen Argumentlisten sind in der Datei *std-arg.h* definiert.

(2) An Stelle der optionalen Parameter schreibt man im Prototyp und in der Definition die drei Fortsetzungspunkte (...). Sie dürfen nur als letztes in der Liste auftauchen.

(3) Man muß sich selbst überlegen, wie die Anzahl der tatsächlich eingesetzten Parameter ermittelt werden kann. Hier wird einfach nach Konvention als letzter Parameter immer eine 0 übergeben. Bei Funktionen wie *printf* kann man zum Beispiel auch die Platzhalter durchzählen und damit die Anzahl zu erwartender optionaler Argumente ermitteln.

(4) Die Funktion *add* benötigt eine Variable vom Typ *va_list*. Diese nimmt später einen Zeiger auf den ersten optionalen Parameter auf.

(5) Das Makro *va_start* initialisiert *params* mit der Adresse des ersten optionalen Arguments. Dazu muß als zweiter Parameter der letzte Pflichtparameter angegeben werden.

(6) Danach kann mit Hilfe des Makros *va_arg* über seinen ersten Parameter *params* sukzessive jedes Wahlargument übernommen werden. Der zweite Parameter von *va_arg* ist der erwartete Datentyp, der natürlich passen muß. Gegebenenfalls müssen über eine *if*-Struktur mehrere Aufrufe mit verschiedenen Typen benutzt werden.

(7) Zum Schluß wird die Variable *params* durch *va_end* wieder zurückgesetzt.

Achtung:
Variable Argumentlisten sind fehlerträchtig. Sobald die Konvention zur Ermittlung des letzten Parameters nicht eingehalten wird, treten zur Laufzeit undefinierte Situationen auf. Probieren Sie einmal den fehlerhaften Aufruf *printf("%i %i %i");*, bei dem die drei einzufügenden Werte fehlen!

15.3 Rekursiv programmieren

Bisher haben Funktionen ihre Aufgabe in einem Durchgang komplett erledigt. Dazu wurden gegebenenfalls auch fremde Funktionen aufgerufen. Eine Funktion kann ihre Aufgabe aber manchmal auch dadurch erledigen, daß sie sich selbst mehrmals aufruft und jedesmal nur eine Teilaufgabe löst. Das führt zu rekursiven Aufrufen.

Im folgenden Programm sehen Sie am Beispiel der Fakultätsberechnung, wie diese rekursiven Aufrufe funktionieren.

Zur Erinnerung:
Die Fakultät einer ganzen Zahl *n* ist das Produkt aller ganzen Zahlen von 1 bis *n* und wird *n!* geschrieben. 5! ist also gleich 1*2*3*4*5. 0! ist als 1 definiert.

```
/* bspl0098.c */
#include <stdio.h>
long int fakultaet(int);
```

```
int main() {
    printf("\n%i! ergibt %li",0,fakultaet(0));
    printf("\n%i! ergibt %li",5,fakultaet(5));
    printf("\n%i! ergibt %li",16,fakultaet(16));
    printf("\n%i! ergibt %li",22,fakultaet(22));
    printf("\n%i! ergibt %li",-17,fakultaet(-17));
}

long int fakultaet (int n) {
    if (n == 0)
        return 1; /* lt. Def. */                    /*(1)*/
    else if (n > 0 && n < 17)
        return (n * fakultaet(n-1));                 /*(2)*/
    else
        return 0; /* Fehlerwert */                   /*(3)*/
}
```

Besonders wichtig bei rekursiv arbeitenden Funktionen ist, daß es zu keinem Stapelüberlauf (engl. stack overflow) kommt. Dieser tritt dann auf, wenn die Funktion sich zu oft aufruft. Die Funktionen müssen daher selbst die Schachtelungstiefe der Rekursion überwachen.

Im Beispiel passiert im einzelnen folgendes:

(1) Ist n gleich 0 (0!) wird der mathematisch festgelegte Wert 1 zurückgegeben.

(2) Für den Bereich von 1 bis 16 – höhere Fakultätsergebnisse können vom Typ *long int* nicht dargestellt werden – ruft die Funktion sich selbst innerhalb der *return*-Anweisung wieder auf. Dabei wird der Parameter jedesmal um 1 reduziert. Irgendwann wird dann *fakultaet(0)* aufgerufen, was sofort ohne Rekursion 1 liefert. Dadurch werden die Selbstaufrufe gestoppt und ein Stapelüberlauf verhindert.

(3) Der Rückgabewert 0 soll einen Fehler kennzeichnen und wird in allen anderen Fällen an die aufrufende Stelle geliefert.

15.4 Dynamische Speicherverwaltung

Es gibt viele Fälle, in denen ein Programm große Felder (Arrays) benötigt. Sei es, daß ein Programm möglichst viele Adreßinformationen einer Kundendatei im Hauptspeicher halten soll oder ein Texteditor so viele Textzeilen wie möglich bearbeiten kann, ohne auf den Datenträger erneut zugreifen zu müssen. Für all diese Aufgabenstellungen wäre es sehr ungünstig, mit einem Feld zu arbeiten, dessen Größe bereits bei der Programmerstellung festgelegt wird. Die Methode hat nämlich den Nachteil, daß man nie weiß, auf welchem System das Programm laufen soll bzw. wieviel Speicher wirklich zur Verfügung steht. Wählt man das Feld zu groß, kann das Programm vielleicht nicht starten. Wählt man es zu klein, bleibt Platz ungenutzt oder die Daten können nicht alle gespeichert werden. Das gleiche Problem tritt auf, wenn in einem Programm zu unterschiedlichen Zeiten unterschiedliche Felder benötigt werden, die zwar einzeln in den Speicher passen würden, zusammen jedoch zu groß sind. Für diese Problemstellung bietet C mehrere Funktionen, die den notwendigen Speicherplatz zur Laufzeit verwalten. Dazu zählen:

malloc	reserviert Speicher einer bestimmten Größe
calloc	reserviert Speicher für Felder und initialisiert diesen Bereich
realloc	erweitert einen reservierten Speicherbereich
free	gibt den Speicherbereich wieder frei

Die Funktionen *malloc, calloc* und *realloc* versuchen, den angeforderten Speicher bereitzustellen, und liefern einen Pointer auf diesen Bereich zurück. Konnte die Speicheranforderung nicht erfüllt werden, wird ein *NULL*-Pointer zurückgeliefert. Die Funktion *free* erhält als Argument einen so definierten Pointer und gibt den zugehörigen Speicherbereich wieder frei.

Das folgende Programm demonstriert die Reservierung von Speicher durch die Funktion *malloc* und die Freigabe dieses Speichers durch *free*.

```
/* bspl0099.c */
#include <stdlib.h>
#include <stdio.h>

#define MAX_ZAHL 100

int main() {
    double *memptr,*hilf;
    int i;
    memptr = (double *) malloc(MAX_ZAHL *
            sizeof(double));                        /*(1)*/
```

```
hilf = memptr;
if(memptr == NULL) {
  printf("\nNicht genuegend Speicher!");
  exit(1);
}
printf("\nSpeicher fuer %i double-Werte ok!\n",
    MAX_ZAHL);
for(i=0; i<MAX_ZAHL; i++)
  *hilf++=4711.0+i;                          /*(2)*/
for(i=0; i<MAX_ZAHL; i++)
  printf("\t%.0f ",memptr[i]);               /*(3)*/
free(memptr);                                /*(4)*/
printf("\nSpeicherplatz wieder freigegeben!");
}
```

(1) In dieser Zeile erfolgt die eigentliche Speicherreservierung. Die Funktion *malloc* erhält als Parameter die gewünschte Anzahl von Bytes, die reserviert werden soll. Die Verwendung von *sizeof* bei der Ermittlung der Anzahl Bytes ist sehr zu empfehlen, da so sichergestellt ist, daß kein maschinenabhängiger Code erzeugt wird. Wie Sie sich vielleicht erinnern, ist beispielsweise *int* auf verschiedenen Maschinen unterschiedlich groß. Das Besondere an *malloc* ist, daß diese Funktion einen Pointer vom Typ *void* zurückliefert. Bei älteren Compilern wird ein Pointer vom Typ *char* geliefert, was jedoch für die folgenden Erklärungen keine Auswirkung hat. Das heißt nichts anderes, als daß der Pointertyp noch nicht festgelegt ist. Mit Hilfe eines Casts (im Beispiel *double**) kann der Pointer dann in den benötigten Typ umgewandelt werden. Nach erfolgreicher Reservierung zeigt der Pointer *memptr* auf den Anfang des reservierten Speicherbereichs.

(2) Diese Schleife weist dem reservierten Speicherbereich die hundert Werte zu. Dabei wird ausgenutzt, daß man mit Pointern, hier mit *hilf*, rechnen kann. Obwohl er immer nur um eins erhöht wird, zeigt der Pointer nach jeder Addition acht Speicherstellen weiter, da er als *double*-Pointer deklariert wurde und *double* eben 8 Bytes belegt. Wäre eine *int*-Variable verwendet worden, wären bei jeder Addition zwei oder vier hinzugekommen. Die Definition der Hilfsvariablen *hilf* ist nötig, weil Sie den ursprünglichen Pointer nicht verändern dürfen, da er sonst an die völlig falsche Stelle zeigt. Das hätte zum Beispiel bei der Ausgabe der Daten und bei der Spei-

cherfreigabe unerwünschte Folgen. Die Schreibweise *hilf++ bedeutet, daß der Speicherstelle, auf die der Pointer *hilf* zeigt, ein Wert zugewiesen werden soll. Anschließend wird der Pointer erhöht, damit er auf den nächsten Platz zeigt. Da es sich um einen Pointer auf eine *double*-Variable handelt, wird der Zeiger um acht erhöht und zeigt somit auf den nächsten freien Platz.

(3) In dieser Zeile werden die einzelnen Werte des reservierten Speicherbereichs wieder ausgelesen. Dieses Beispiel verdeutlicht nochmals (siehe auch Kapitel 10.5), daß man auf ein Feld wahlweise mit einem Pointer oder mit einem Index zugreifen kann.

(4) Die Funktion *free* gibt Speicherbereich wieder frei, der zuvor mit *malloc, calloc* oder *realloc* reserviert wurde. Verwenden Sie *free* mit Vorsicht! Wenn Sie diese Funktion mit einem falschen Pointer aufrufen, kann das Fehler in der Speicherverwaltung hervorrufen.

Als Alternative zur Funktion *malloc* kann die Funktion *calloc* verwendet werden. Sie wird etwas anders aufgerufen, hat ansonsten jedoch die gleiche Wirkung. So hätte der Speicher auch folgendermaßen angefordert werden können:

```
memptr = (double *) calloc(100,sizeof(double));
```

Beim Aufruf erhält *calloc* als ersten Parameter die Anzahl der Elemente und als zweiten die Größe eines jeden Elements mitgegeben. Bei erfolgreicher Ausführung wird ein Pointer auf das erste Element des Arrays zurückgegeben, dessen Feldelemente bereits alle mit 0 initialisiert sind. Wird während der Programmausführung festgestellt, daß das verwendete Feld nicht groß genug ist, kann es mit der Funktion *realloc* vergrößert werden. Mit *realloc* kann der Speicherplatz natürlich auch verkleinert werden. Allerdings gehen dabei die Daten verloren, die im oberen, nun nicht mehr zur Verfügung stehenden Bereich liegen.

Das folgende Programm demonstriert den Einsatz der Funktionen *calloc* und *realloc*.

```
/* bspl0100.c */
#include <stdlib.h>
#include <stdio.h>

void main() {
```

```
double *memptr;
memptr = (double *) calloc(100 , sizeof(double));
if(memptr == NULL) {
  printf("\nNicht genuegend Speicher!");
  exit(1);
}
printf("\nSpeicher fuer 100 double-Variablen ok!");
memptr =(double *) realloc(memptr ,125);               /*(1)*/
if(memptr == NULL) {
  printf("\nNicht genuegend Speicher!");
  exit(1);
}
printf("\nSpeicher auf 125 Variable vergroessert!");
free(memptr);
printf("\nSpeicherplatz wieder freigegeben!");
}
```

(1) Bei *realloc* ist folgendes zu beachten: Die Funktion versucht, bei Vergrößerungen des Feldes den zusätzlichen Speicherbereich direkt hinter dem bestehenden Bereich zu reservieren. Gelingt dies nicht, sucht *realloc* an irgendeiner Stelle im Speicher einen Bereich, der groß genug ist. Wird etwas Passendes gefunden, wird dieser Bereich reserviert, und die Daten aus dem ursprünglichen Bereich werden hineinkopiert. Der ursprüngliche Bereich wird anschließend freigegeben. Als Rückgabewert wird in diesem Fall der neue Pointer geliefert. War keine Verschiebung nötig, kommt der alte Pointer zurück.

Was geschieht, wenn nicht genügend Platz vorhanden ist? In diesem Fall wird ein *NULL*-Pointer zurückgeliefert, und das heißt nichts anderes, als daß die Werte des alten Arrays verloren sind! Verwenden Sie diese Funktion also mit Vorsicht.

15.5 Programme und Prozesse

Häufig ergibt sich in einem Programm die Notwendigkeit, ein weiteres Programm zu starten oder Befehle des Betriebssystems aufzurufen. So bieten beispielsweise alle professionellen Entwicklungsumgebungen Kommandos, um andere Entwicklungstools aufzurufen.

15.5.1 Programme starten

Betriebssystembefehle aufrufen
Um Befehle des Betriebssystems aufrufen zu können, benutzt C die
Funktion *system*. Diese Funktion kann nicht nur auf DOS-Rechnern,
sondern auch unter Unix benutzt werden. Mit *system* kann man jeden
Befehl an das Betriebssystem weiterleiten, den man auch auf der Kom-
mandozeilenebene eingeben kann. Die Verwendung der Funktion wird
im Programm *bspl0101.c* an einem Beispiel verdeutlicht.

```
/* bspl0101.c */
#include <stdlib.h>
#include <stdio.h>
#include <errno.h>

int main() {
  int resultat;
  resultat = system("dir \\ > dirlist.txt");          /*(1)*/
  if (resultat <= 0) {
    switch (errno) {                                   /*(2)*/
      case E2BIG:
        printf("\nArgumentliste zu lang!");
        break;
      case ENOENT:
        printf("\nKommandoprozessor nicht gefunden!");
        break;
      case ENOEXEC:
        printf("\nKommandoprozessor ungueltig!");
        break;
      case ENOMEM:
        printf("\nNicht genuegend Speicher!");
    }
    exit(1);
  }
}
```

(1) Der auszuführende Befehl wird als Zeichenkette angegeben. Wenn
    der Befehl erfolgreich abgesetzt wurde, liefert *system* die Rückgabe
    des Kommandoprozessors ebenfalls als Rückgabewert. Ein Rückga-
    bewert von −1 zeigt immer einen Fehler an. Sollte der Kommando-
    prozessor nicht gefunden werden, wird 0 zurückgegeben und ein
    Fehlerwert über *errno* gemeldet. In unserem Beispiel wird das In-

haltsverzeichnis des Stammverzeichnisses abgerufen und in eine Datei namens *dirlist.txt* umgelenkt. Bitte beachten Sie, daß der Backslash (\\) doppelt eingegeben werden muß (\\\\), da er sonst als Beginn einer Escapesequenz interpretiert würde!

(2) Bei dem Ausdruck *errno* in der *switch*-Anweisung handelt es sich anscheinend um eine Variable, die nicht deklariert wurde. Die Deklaration erfolgt jedoch in der Header-Datei *stdlib.h*. Tritt bei Ausführung der Funktion *system* ein Fehler auf, so wird diese Variable auf einen numerischen Fehlerwert (7, 19, 22 etc.) gesetzt. Jeder dieser numerischen Werte der Variablen *errno* steht für einen bestimmten Fehlerfall. Das kann zum Beispiel nicht genügend Speicherplatz oder eine fehlerhafte Argumentliste sein. Damit man nun bei der Fehlerbehandlung nicht diese nichtssagenden Zahlen verwenden muß, sind in der Header-Datei *errno.h* Konstanten für diese Zahlenwerte definiert. Die Konstanten (*E2BIG, ENOMEM* etc.) wurden mit Hilfe des Präprozessorbefehls *#define* festgelegt. Ihre Verwendung hat nicht nur den Vorteil, daß sie sich leichter merken lassen als bloße Zahlen. Die Zahlenwerte können so vielmehr auch von Compiler zu Compiler unterschiedlich sein; da jedoch symbolische Konstanten im Programm benutzt werden, kann es mit jedem Compiler korrekt laufen.

Statt der hier vorgestellten Methode, die Fehlermeldungen auszugeben, kann u. a. auch die Funktion *perror* eingesetzt werden. Wird sie benutzt, werden allerdings nur die englischen Fehlermeldungen angezeigt.

Andere Programme starten

Um Programme starten zu können, gibt es auf MS-DOS- und Windows-Rechnern zwei weitere Befehlsgruppen neben der Funktion *system*. Es sind dies die *spawn*...- und *exec*... -Funktionsfamilien. Sie ermöglichen eine größere Kontrolle über die Art und Weise der Programmausführung und sind in *process.h* deklariert. Die Funktionen *spawn*... und *exec*... unterscheiden sich nur dadurch, daß bei *spawn* das aufrufende Programm im Speicher bleibt und nach Ende des aufgerufenen Programms wieder die Kontrolle übernimmt, während bei *exec* das neue Programm das aufrufende überlagert und nach Beendigung auf Betriebssystemebene zurückkehrt. Da die *spawn*-Funktion durch einen Parameter dazu gebracht werden kann, sich wie *exec* zu verhalten, wird an dieser Stelle nur *spawn* besprochen.

Bei fehlerfreier Ausführung liefert *spawn*... den Rückgabewert des aufgerufenen Programms. Konnte der *Child*-Prozeß aus irgendeinem
Grund nicht gestartet werden, gibt *spawn* −1 zurück.

Die folgende Liste enthält alle Varianten der *spawn*-Funktion. Diese
Funktionen beginnen mit einem Unterstrich (_), um anzuzeigen, daß
sie keine ANSI-Funktionen sind. Die ersten vier Formen verwenden Sie,
wenn die Anzahl der Kommandozeilenparameter im voraus bekannt
ist:

```
int _spawnl(int mode, char *path, char *arg0, ..., NULL);
int _spawnlp(int mode, char *path, char *arg0, ..., NULL);
int _spawnle(int mode, char *path, char *arg0, ..., NULL,
    char *envp[]);
int _spawnlpe(int mode, char *path, char *arg0, ..., NULL,
    char *envp[]);
```

Die folgenden Funktionen benutzen Sie, wenn Sie die Anzahl der Kom-
mandozeilen-Parameter im voraus nicht kennen:

```
int _spawnv(int mode, char *path, char *argv[]);
int _spawnvp(int mode, char *path, char *argv[]);
int _spawnve(int mode, char *path, char *argv[],
    char *envp[]);
int _spawnvpe(int mode, char *path, char *argv[],
    char *envp[]);
```

Die Buchstaben am Ende des Namens *spawn* unterscheiden die Varianten:

Zeichen	Bedeutung
p	sucht laut der **P**ATH-Angabe nach dem Child-Prozeß
l	spawn übergibt eine feste **L**iste mit Argumenten
v	spawn übergibt eine **v**ariable Liste mit Argumenten
e	spawn übergibt einen Zeiger auf *envp*. Hierdurch kann das **E**nvironment des Child-Prozesses geändert werden.

Für *mode* kann entweder die Konstante *_P_OVERLAY* oder *_P_WAIT* angegeben werden. *_P_WAIT* sorgt dafür, daß das aufrufende Programm

im Speicher bleibt, während *_P_OVERLAY* das aufrufende Programm zerstört und somit die gleiche Wirkung wie *exec* hat. Bitte beachten Sie, daß die Konstanten mit einem Unterstrich (_) beginnen!

Das Programm *bspl0102.c* verdeutlicht die prinzipielle Arbeitsweise der Funktionsgruppe *spawn*.

```
/* bspl0102.c */
#include <stdlib.h>
#include <stdio.h>
#include <process.h>

int main() {
  int res;
  res = _spawnl(_P_WAIT,"\\windows\\command\\edit.com",
      "\\windows\\command\\edit.com",
      "dirlist.txt", NULL );                          /*(1)*/
  if(res == -1)
    printf( "Prozess konnte nicht gestartet werden!" );
  else
    printf( "\nspawnl beendet!" );
  exit(res);
}
```

(1) Beim Aufruf von *_spawnl* wird der Modus *_P_WAIT* übergeben. Das heißt, daß dieses Programm (*bspl0102.c*) im Speicher verbleibt, während das Child-Programm (*edit.com*) geladen und gestartet wird. Der Editor wiederum erhält *dirlist.txt* als Parameter und lädt seinerseits diese Datei zum Bearbeiten. Im dritten Parameter wird der zweite wiederholt, da unter MS-DOS das erste Argument für *main* (*argv[0]*) standardmäßig der Name des Programms ist (siehe auch Kapitel 11). Abgeschlossen wird die Liste der variablen Parameter mit *NULL* (siehe Kapitel 15.2). Die Parameter von *_spawnl* bedeuten also der Reihe nach: Verhalten des Programms selbst, Pfadangabe des zu startenden Programms, Argumentliste für *main*, beginnend mit dem Programmnamen selbst, und Stopparameter *NULL* für die variable Liste.

Das folgende Programm *bspl0103.c* demonstriert die Übergabe einer eigenen Programmumgebung (Environment) für den Child-Prozeß.

```
/* bspl0103.c */
#include <stdlib.h>
#include <stdio.h>
#include <process.h>

char *environment[]= {                                    /*(1)*/
  "TEMP=D:",
  "PATH=C:\\WINDOWS;C:\\APPS\\UTIL",
  "CHILD=WAHR",
  NULL
};

int main() {
  int res;
  printf("\nZum Beenden 'EXIT' eingeben!");
  res = _spawnle(_P_WAIT,"\\command.com","\\command.com",
       NULL, environment );                               /*(2)*/
  if(res == -1)
    printf( "Prozess konnte nicht gestartet werden!" );
  else
    printf( "\nspawnle beendet!" );
  exit(res);
}
```

(1) Beachten Sie, daß auch bei der Environmentangabe der Backslash (\) doppelt (\\) eingegeben werden muß. Das Ende der Liste wird durch *NULL* (ohne Anführungszeichen) markiert.

(2) Die Arbeitsweise von *_spawnle* entspricht der von *_spawnl*, mit der Ausnahme, daß hinter der Argumentliste von *_spawnl* noch ein Zeiger auf ein neues Environment für den Child-Prozeß folgt.

15.5.2 Prozeßkommunikation

Im vorherigen Kapitel haben Sie kennengelernt, wie man ein anderes Programm bzw. einen anderen Prozeß starten kann, ohne das eigene beenden zu müssen. Der dort angewandte Modus *_P_WAIT* hat jedoch das rufende Programm angehalten, bis das aufgerufene beendet war. Das wird auch als synchrones *spawn* bezeichnet.

Bei einem asynchronen *spawn* von 32-Bit-Anwendungen läuft das rufende Programm sofort nach dem Start des neuen Prozesses weiter. Dies zeigt *bspl0104.c*. Es wird mit dem Namen einer Quelldatei aufgerufen und startet dann zwei Prozesse: die Erstellung der Präprozessorausgabe und die Kompilierung. Wenn letzterer dann abgeschlosssen ist, wird das übersetzte Programm aufgerufen.

```
/* bspl0104.c */
#include <process.h>
#include <stdio.h>
#include <string.h>
#include <stdlib.h>
struct aufgaben {                                              /*(1)*/
  int id;
  char name[10];
  char file[40];
} prog[3] = {
  {0,"Prep","\\programme\\devstudio\\vc\\bin\\cl.exe"},
{0,"Compile","\\programme\\devstudio\\vc\\bin\\cl.exe"},
  {0,"Run",""}};

int main( int argc, char *argv[] ) {

  int procstat;                                                /*(2)*/
  char source[15];

  if( argc < 2 ) {
    printf("\nAufruf: bspl0104 <c-datei ohne ext>");
    exit(1);
  }
  strcpy(source,argv[1]);                                      /*(3)*/
  strcat(source,".c");
  strcpy(prog[2].file,argv[1]);                                /*(4)*/
  strcat(prog[2].file,".exe");
  prog[0].id = _spawnl( _P_NOWAIT, prog[0].file,               /*(5)*/
        prog[0].file,"/Za","/P",source, NULL );
  printf("\nPraeprozessor gestartet.\n");
  prog[1].id = _spawnl( _P_NOWAIT, prog[1].file,
        prog[1].file,"/Za",source, NULL );
  printf("\nCompiler gestartet.\n");
  _cwait( &procstat, prog[1].id, _WAIT_CHILD );                /*(6)*/
  prog[2].id = _spawnl( _P_NOWAIT, prog[2].file,
        prog[2].file, NULL );
  printf( "\n%s gestartet.\n",prog[2].file);
}
```

(1) Die Struktur, die hier definiert und auch gleich initialisiert wird, ist nicht unbedingt erforderlich. Durch das Speichern der langen Li-

terale werden jedoch andere Programmanweisungen verkürzt. Außerdem erleichtert eine solche Struktur die Verwaltung der gestarteten Prozesse. Unter *id* wird hier die Prozeßnummer verstanden, die erst beim Start vergeben wird. In *name* wird ein Kurzname gespeichert, den das Programm zwar nicht benutzt, der aber auch zur Identifikation eines Prozesses herangezogen werden könnte. Der Pfadname für das Programm wird in *file* gespeichert.

(2) Wichtig ist jedoch die Variable *procstat*. Sie wird benutzt, um den Beendigungsstatus eines Prozesses zu speichern.

(3) Da der Programmparameter als Dateiname ohne Erweiterung angegeben wird, wird er hier nach *source* kopiert und um *.c* erweitert.

(4) In die Komponente *file* des 3. Elementes der Struktur wird der Dateiname mit angehängtem *.exe* gespeichert.

(5) Hier wird ein asynchrones *spawn* ausgeführt. Dies bewirkt der Modus *_P_NOWAIT*. Bei dieser Aufrufart liefert *_spawnl* die Prozeßnummer, die in der Komponente *id* der Struktur für spätere Verwendungen gespeichert wird. Die restlichen Parameter haben die gleiche Bedeutung wie beim normalen *spawn*. Das Programm läuft nach dieser Anweisung weiter, gibt mit *printf* Meldungen aus und startet den nächsten asynchronen *spawn*.

(6) Die Funktion *_cwait* prüft, ob ein Prozeß beendet ist. Gegebenenfalls wird darauf gewartet. Der erste Parameter ist die Adresse der Variablen, in die der Prozeßstatus gespeichert wird, oder *NULL* und der zweite seine Nummer. Mit *_WAIT_CHILD* wird *_cwait* veranlaßt, nur so lange zu warten, bis der Prozeß beendet ist. Wird *_WAIT_GRANDCHILD* angegeben, dann wird so lange gewartet, bis auch die eventuell von ihm gestarteten Kindprozesse beendet sind. Hier wird also gewartet, bis der Compiler fertig ist, um dann das übersetzte Programm mit dem nächsten *_spawnl* zu starten. Dies setzt natürlich voraus, daß das Übersetzen erfolgreich verlaufen ist.

15.5.3 Multithreading

Die Programme, die Sie in den vorherigen Kapiteln kennengelernt haben, sind alle so aufgebaut, daß der Computer dafür immer nur einen Befehl zu einem Zeitpunkt ausführen muß. Die Programmanweisungen reihen sich dabei zeitlich hintereinander. Sie bilden quasi den roten Faden (engl. thread), dem man folgen muß, um die Programmaufgabe nachzuvollziehen. Die heutigen Betriebssysteme können fast alle mehrere Programme zur selben Zeit ausführen. Beispielsweise können Sie mit der Textverarbeitung weiter schreiben, während ein anderer Text gerade gedruckt wird. Für dieses Verfahren benutzt man die englischen Ausdrücke Multiprocessing oder auch Multitasking. Jedes Programm stellt dabei einen eigenen Prozeß dar, der vom Betriebssystem einen separaten Bereich im Arbeitsspeicher zugewiesen bekommt. Die verschiedenen Prozesse werden in der Regel vom Betriebssystem gestartet und angehalten.

Wenn ein Programm nun mehrere Threads benutzt, dann gibt es mehrere zeitlich parallele Anweisungsfolgen für den gleichen Programmcode. Die Anwendung wird also mehrmals gleichzeitig im selben Speicherbereich ausgeführt. Threads werden in der Regel vom Programm selbst gestartet und angehalten.

Ein Multitasking-Betriebssystem kann also mehrere Prozesse bzw. Programme gleichzeitig ausführen, wobei ein Programm wiederum aus mehreren Threads bestehen kann, die zur selben Zeit ablaufen. Diese Gleichzeitigkeit kann natürlich auf einem Einprozessorsystem nur dadurch simuliert werden, daß die CPU in schneller Folge alle Prozesse und Threads reihum stückweise abarbeitet.

Das folgende Programm führt Sie in die Technik des Multithreadings ein. Es läßt während einer Eingabeaufforderung mit einem zweiten Thread eine Stoppuhr laufen.

```
/* bspl0105.c */

#include <process.h>                              /*(1)*/
#include <stdio.h>
#include <time.h>

void stoppuhr( void *ch );                        /*(2)*/

int weiter = 1,count = 0;                          /*(3)*/

int main() {
  int zahl;
  printf("\nBitte Zahl eingeben    ");
  _beginthread( stoppuhr, 0, NULL );              /*(4)*/
  scanf("%i",&zahl);
  weiter = 0;
  printf("\nNach %i Sek. wurde %i eingegeben.",
         count,zahl);
}
```

```
void stoppuhr( void *dummy ){                        /*(5)*/
  time_t start;
  while (weiter) {                                    /*(6)*/
    time(&start);
    printf("\b\b\b%3i:",count);
    while(difftime(time(NULL),start)<1);              /*(7)*/
    count++;
  }
  _endthread();                                       /*(8)*/
}
```

Multithreadingprogramme werden in der Regel mit speziellen Bibliotheken gebunden. Unter MS-VC übersetzen und binden Sie das Programm mit

```
cl  /MT  bsp10105.c
```

Durch */MT* wird hier das Linken mit *LIBCMT.LIB* ausgelöst, der Bibliothek für Multithreading.

(1) Die Datei *process.h* enthält unter anderem auch die Funktionsde-
    klarationen fürs Multithreading.
(2) Hier wird der Prototyp der Startfunktion für einen weiteren Thread
    deklariert. Solche Funktionen haben nie einen Rückgabewert und
    müssen immer einen Pointer annehmen können, wenigstens
    NULL. Hier wird deshalb der Parameter *ch* angegeben, der ein Poin-
    ter auf *void* ist.
(3) Zwei globale Variablen werden vom Programm benutzt. Durch *wei-
    ter* wird die Kommunikation zwischen den beiden Threads gesteu-
    ert. Solange ihr Wert ungleich 0 (= wahr) ist, läuft ein Thread wei-
    ter. In *count* steht später die Laufzeit des Threads in Sekunden.
(4) Der Hauptthread des Programms startet mit *main*. Nach den ersten
    Anweisungen wird an dieser Stelle mittels *_beginthread* ein weiterer
    Thread gestartet und mit den nächsten Anweisungen sofort weiter-
    gemacht. Die Parameter dieser Funktion stehen der Reihe nach für
    die auszuführende Funktion, die Größe des ihr zur Verfügung ge-
    stellten Stacks und einen Zeiger auf ihre Parameter. Hier beginnt
    die Verarbeitung für den zweiten Thread also in *stoppuhr*. Durch
    die Angabe von 0 wird die gleiche Stackgröße wie für den Haupt-
    thread benutzt.

(5) Hier ist also der Startpunkt des zweiten Thread.

(6) Seine Schleife wird erst verlassen, wenn *weiter* den Wert 0 enthält. Dies wird vom Hauptthread übernommen, sobald die von ihm aufgerufene Funktion *scanf* beendet ist. Innerhalb der Schleife wird bei jedem Durchlauf der Wert von *count* angezeigt, eine Sekunde gewartet und ihr Wert dann um eins erhöht.

(7) Diese Schleife enthält keinen Körper, denn das Semikolon folgt sofort der Bedingung. Sie läuft so lange, wie *difftime* einen Wert liefert, der kleiner als 1 ist. Von *difftime* wird die Differenz zweier Zeitwerte in Sekunden ermittelt und zurückgegeben. Ihr erster Parameter ist der spätere Zeitpunkt und entspricht durch *time(NULL)* der aktuellen Computerzeit. In *start* steht durch den vorherigen Aufruf *time(&start)* eine frühere Computerzeit. Die Schleife läuft also so lange, bis 1 Sekunde vergangen ist, und macht dabei gar nichts.

(8) Von *_endthread* wird der aktuelle Thread beendet. Dies würde hier sowieso passieren, da auch die Funktion zu Ende ist. Von diesem Aufruf wird aber ein sauberes Ende gewährleistet.

Multithreading stellt Programmierer vor anspruchsvolle Aufgaben, die dieses Buch nicht beschreiben kann. Ein Beispiel ist ein sogenannter Deadlock, der auftreten kann, wenn mehrere Threads darauf warten, daß gemeinsame Ressourcen freigegeben werden. Auch wenn mehrere Threads parallel die gleichen Variablen nutzen, kann dies gravierende Probleme auslösen.

15.6 Systemaufrufe programmieren

Manche der Programme, die Sie bisher kennengelernt haben, mögen etwas uneffektiv erscheinen, wenn Sie den betriebenen Aufwand mit dem erzielten Ergebnis vergleichen. Auch hätten Sie vielleicht bei der Bildschirmausgabe etwas komfortablere und umfangreichere Funktionen erwartet. Trotz all ihrer Leistungsfähigkeit darf man aber nicht vergessen, daß C eben eine systemunabhängige Programmiersprache ist. Wenn es darum geht, Leistungen des Betriebssystems, einer Datenbank, des Internet, der Hardware oder der Standardanwendungen zu nutzen, dann muß man entweder die jeweiligen Treiber korrekt ansteuern oder Funktionen des entsprechenden API (Application Pro-

gramming Interface) aufrufen. Ein API bedeutet, praktisch gesehen, für
C nichts anderes, als daß eine oder mehrere Headerdateien eingefügt
und die zugehörigen Bibliotheken vom Linker mit gebunden werden
müssen. Die Funktionen dieser Bibliotheken rufen intern dann die gewünschten Leistungen auf.

15.6.1 ANSI-Bildschirmsteuerung

In diesem Kapitel soll Ihnen eine einfache Möglichkeit zur Bildschirmsteuerung vorgestellt werden. Ihre bisherigen Programme zeigten Ausgaben immer an der momentanen Cursorposition an. Die einzige Art
der Bildschirmsteuerung bestand darin, einen oder mehrere Zeilenvorschübe auszugeben. Zum Bildschirmlöschen stand Ihnen bisher eine
recht langsame Funktion zur Verfügung; den Cursor positionieren
konnten Sie bis jetzt allerdings noch nicht. Nachstehend werden Sie
eine schnellere Routine zum Bildschirmlöschen und eine Funktion zur
Cursorpositionierung kennenlernen.
Die meisten Compiler stellen in ihren Bibliotheken natürlich fertige
Funktionen bereit, die der Cursorpositionierung und dem Bildschirmlöschen dienen. Da diese Funktionen jedoch nicht standardisiert sind,
kann es nützlich sein, eine Funktion zu entwickeln, die mit jedem
Compiler arbeitet. Zur Bildschirmsteuerung auf MS-DOS-Rechnern
bieten sich, abhängig vom Betriebssystem, grundsätzlich vier verschie-
dene Möglichkeiten an:
- ANSI-Escapesequenzen
- API-Aufrufe
- Interrupt 10h
- Direktes Schreiben in den Bildschirmspeicher

Die ersten drei Möglichkeiten werden in diesem Buch vorgestellt. Welche der drei Alternativen Sie wählen, hängt nicht nur davon ab, welche
Ausführungsgeschwindigkeit Sie letztlich erzielen wollen, sondern
auch davon, wie leicht Ihr Programm von einem Rechner auf einen
anderen portiert werden soll. Die langsamste Methode – die Benutzung
der ANSI-Sequenzen – gewährleistet auch die leichteste Übertragbar-
keit Ihrer Programme auf andere Rechner. Dagegen macht die schnell-
ste Art der Bildschirmsteuerung – das Schreiben in den Bildschirmspeicher – Ihre Programme sehr stark von der verwendeten Hardware
abhängig.

Bevor Sie das folgende Programm ausprobieren können, müssen Sie sicherstellen, daß auf einem MS-DOS- bzw. Windows-9x-Rechner in der Datei *CONFIG.SYS* die Zeile *DEVICE=ANSI.SYS* bzw. *DEVICE= C:\WINDOWS\COMMAND\ANSI.SYS* enthalten ist, je nachdem, in welchem Verzeichnis diese gespeichert ist. Sollte das nicht der Fall sein, dann erweitern Sie die Datei *CONFIG.SYS* jetzt. Sie können hierzu einen beliebigen Editor verwenden. Damit diese Einstellung wirksam wird, muß der Computer erneut gestartet werden. Alle *printf*-Anweisungen werden danach von diesem Treiber ausgewertet, bevor sie am Bildschirm angezeigt werden. Spezielle Zeichenfolgen, sogenannte ANSI-Sequenzen, werden von ihm in Steuerbefehle umgesetzt.

Das nachstehende Programm benutzt die ANSI-Sequenzen, um einen Stern (*) von rechts nach links über den Bildschirm wandern zu lassen.

```c
/* bspl0106.c */
#include <stdio.h>
#include <time.h>

void myclrscr() {
  printf("\x1B[2J");                             /*(1)*/
}

void mygotoxy(int xk, int yk) {
  printf("\x1B[%i;%iH",yk,xk);                   /*(2)*/
}

int main() {
  int x;
  time_t start;
  myclrscr();
  for(x=80; x>=1; x--) {
    mygotoxy(x,12);
    printf("%c",'*');
    time(&start);
    while(difftime(time(NULL),start)<1);         /*(3)*/
    mygotoxy(x,12);
    printf("%c",' ');
  }
}
```

Wenn Sie das Programm fehlerfrei eingegeben haben, müßte nach seinem Start ein Stern (*) langsam von rechts nach links wandern. Erscheint statt dessen eine Reihe von Zeichen auf dem Bildschirm, müssen Sie nochmals überprüfen, ob die Datei *CONFIG.SYS* die oben besprochene Erweiterung enthält.

(1) Lassen Sie sich nicht von den etwas geheimnisvoll aussehenden *printf*-Anweisungen erschrecken. Im Grunde steckt nicht viel dahinter. Die ANSI-Escapesequenz legt durch bestimmte Zeichenfolgen fest, was auf dem Bildschirm geschehen soll. Jede dieser Sequenzen beginnt mit dem Code ⌈Esc⌉, gefolgt von einer geöffneten eckigen Klammer. Das Programm benutzt hier die Folge ⌈Esc⌉ *[2]* für die Aufgabe *Bildschirm löschen*. Die Anweisung *printf("\x1B[2J")* kommt nun folgendermaßen zustande. Da Sie ⌈Esc⌉ nicht direkt eingeben können – es ist ein Steuerzeichen –, benutzen Sie den \, der als Einleitung für ein Steuerzeichen dient. Das Steuerzeichen selbst geben Sie in hexadezimaler Form ein, daher das *x* hinter dem \. ⌈Esc⌉ hat den ASCII-Code 27, das entspricht *1B* in hexadezimaler Schreibweise. Zusammen ergibt das also \x1B. Dann folgt noch *[2]*, und damit ist die Escapesequenz für das Bildschirmlöschen fertig.

(2) Die Anweisung *printf("\x1B[%i;%iH",yk,xk)* ist ähnlich aufgebaut. Auch hier beginnt die Sequenz mit \x1B und *[*. Dann folgt ein Platzhalter (%i) für die Zeile, ein Semikolon, ein Platzhalter für die Spalte und zum Schluß der Buchstabe *H*.

(3) Diese Schleife ist wieder als Warteschleife für eine Sekunde ausgelegt.

Obwohl diese Technik der Bildschirmsteuerung eine Norm darstellt, ist sie nicht gerade weit verbreitet, denn sie arbeitet langsam und ist obendrein von der Installation des Treibers *ANSI.SYS* abhängig.

15.6.2 API-Aufrufe

Die bessere, aber auch aufwendigere Methode zur Bildschirmausgabe besteht darin, sogenannte API-Aufrufe durchzuführen. Ein API (engl. Application Programming Interface) ist eine Programmierschnittstelle. Darunter versteht man Funktionen und Makros, die in Anwendungsprogrammen benutzt werden können und die interne Funktionen anderer Systeme, beispielsweise des Betriebssystems, einer Datenbank oder eines Standardpakets, aufrufen. Technisch gesehen, besteht ein API aus mehreren Headerdateien und den zugehörigen Bibliotheksfiles.

Das folgende Programm tut genau das gleiche wie *bspl0106.c*, verwendet dazu aber API-Aufrufe von Windows.

```
/* bspl0107.c */
#include <stdio.h>
#include <time.h>
#include <windows.h>                               /*(1)*/

int main() {
  int x;
  wchar_t stern=L'*',blank=L'';                    /*(2)*/
  time _t jetzt;
  COORD position={0,0};                            /*(3)*/
  HANDLE console;                                  /*(4)*/
  CONSOLE_SCREEN_BUFFER_INFO fenster;              /*(5)*/
  DWORD dummy;                                     /*(6)*/
  SetConsoleTitle(L"Hier ist bspl0107");           /*(7)*/
  console=GetStdHandle(STD_OUTPUT_HANDLE);         /*(8)*/
  GetConsoleScreenBufferInfo(console,&fenster);    /*(9)*/
  FillConsoleOutputCharacter(console,blank,
      fenster.dwSize.X*fenster.dwSize.Y,
        positon,&dummy);                           /*(10)*/
  for(x=fenster.dwSize.X; x>=1; x--) {             /*(11)*/
    position.X=x;                                  /*(12)*/
    position.Y=12;
    SetConsoleCursorPosition(console,position);    /*(13)*/
    WriteConsoleOutputCharacter(console,&stern,
      1,position,&dummy);                          /*(14)*/
    time(&jetzt);
    while(difftime(time(NULL),jetzt)<1);           /*(15)*/
    position,X=x;
    position.Y=12;
    SetConsoleCursorPosition(console,position);
    WriteConsoleOutputCharacter(console,&blank,
      1,position,&dummy);
  }
}
```

(1) Die Headerdatei *windows.h* deklariert die Funktionen und Makros des API. Bei Linux entspricht sie der Datei *syscall.h*.
(2) Die beiden Zeichen werden als Variablen definiert, weil spezielle Ausgabefunktionen des API mit Zeigern auf auszugebende Zeichen arbeiten.

(3) Die Bildschirmkoordinaten werden vom API als Struktur *COORD* definiert. Diese besteht aus zwei *int*-Werten, *X* und *Y*. Beachten Sie die Groß-/Kleinschreibung!

(4) Bildschirm und Tastatur werden von Windows kontrolliert. Deshalb werden sie vom Programm nicht mehr direkt angesprochen. Statt dessen besorgt es sich ein sogenanntes Handle vom Betriebssystem, an das dann die Ausgaben gerichtet werden. Für die Speicherung dieser Zugriffsnummer wird der Datentyp *HANDLE* benutzt.

(5) Der Typ *CONSOLE_SCREEN_BUFFER_INFO* beschreibt eine Struktur, die unter anderem Informationen über die Fenstergröße enthält.

(6) Diese Variable wird nur benötigt, weil Funktionen einen Zeiger auf diesen Typ verwenden. *DWORD* ist übrigens die Abkürzung von *Double Word* und ist, wie die anderen auch, als Typ eben in *windows.h* definiert.

(7) Über das API kann auch der Titel des MS-DOS-Eingabeaufforderungsfensters geändert werden. Dazu muß *SetConsoleTitle* mit einer Zeichenkette bzw. einem Pointer auf *char*-Werte aufgerufen werden.

(8) Der Zugriff auf den Bildschirm wird mittels *GetStdHandle* hergestellt. Diese Funktion liefert einen Rückgabewert, der bei Ausgabefunktionen des API angegeben werden muß. Als Parameter werden *STD_OUTPUT_HANDLE* für *stdout*, *STD_INPUT_HANDLE* für *stdin* und *STD_ERROR_HANDLE* für *stderr* angegeben.

(9) Die Fensterinformationen werden über *GetConsoleScreenBufferInfo* abgefragt. Der erste Parameter muß ein Handle sein und der zweite die Adresse der *CONSOLE_SCREEN_BUFFER_INFO*-Struktur, die aktualisiert werden soll. Diese enthält danach unter anderem in *COORD*-Substrukturen die Fenstergröße (*dwSize*) und die Cursorposition (*dwCursorPosition*).

(10) Dieser Funktionsaufruf löscht den Bildschirm, indem er komplett mit Leerzeichen gefüllt wird. Dazu verwendet *FillConsoleOutputCharacter* fünf Parameter: ein Handle für den Bildschirm, das Zeichen, mit dem gefüllt wird, eine Zahl, die festlegt, wie oft das Zeichen geschrieben werden soll, eine Positionsangabe für die Startkoordinaten und einen Zeiger auf eine Variable, in die die Anzahl der tatsächlich ausgegebenen Zeichen gespeichert wird. Durch das Produkt aus Fensterbreite (*fenster.dwSize.X*) und -höhe

(*fenster.dwSize.Y*) wird berechnet, wieviel Zeichen benötigt werden, um das Fenster vollständig zu füllen. Werden weniger angegeben, so wird das Zeichen auch nur genauso oft wiederholt. Mit dieser Funktion kann man auch Linien und Rahmen zeichnen.

(11) Damit das Sternchen von rechts nach links über die gesamte Fensterbreite wandert, läuft die Schleife rückwärts. Sie beginnt mit dem Wert für die Fensterbreite und hört mit 1 auf.

(12) Für die Ausgabekoordinaten werden neue Werte angegeben. Die x-Koordinate wird vom Schleifenzähler bestimmt, die y-Koordinate ist konstant 12.

(13) Der Cursor wird dann an genau diese Position mittels *SetConsole-CursorPosition* gebracht. Wie auch bei den anderen Funktionen wird hier ein Handle für den Bildschirm angegeben. Der zweite Parameter ist eine Struktur mit den gewünschten Koordinaten.

(14) Mittels *WriteConsoleOutputCharacter* werden, ähnlich wie von *FillConsoleOutputCharacter*, Zeichen am Bildschirm ausgegeben, jedoch kann sie nicht nur ein einzelnes Zeichen, sondern eine Zeichenkette wiederholt anzeigen. Deshalb steht als zweiter Parameter hier ein Zeiger. Hier wird also das Sternchen genau einmal an der Cursorposition angezeigt.

(15) Auch hier wird wieder eine Sekunde lang das Programm beschäftigt. Danach wird an der gleichen Position das Leerzeichen ausgegeben, um das Sternchen wieder zu löschen.

15.7 Inline-Assembler

Innerhalb von C-Programmen darf bei vielen Compilern auch direkt Assemblercode verwendet werden. Bei diesem sogenannten Inline-Assembler ist allerdings nicht der gesamte Umfang dieser Sprache erlaubt. Dieses Kapitel soll Ihnen jetzt nicht auch noch eine weitere Sprache erläutern, sondern nur die Technik darstellen, wie Inline-Assembler eingebunden wird. Es richtet sich daher eher an die Leser, die über Assemblerkenntnisse verfügen und auch bei C nicht auf die Vorteile dieser Sprache verzichten wollen.

Das erste Beispiel benutzt einen Prozessorinterrupt, um den Cursor zu positionieren. Dies funktioniert nur auf Systemen, auf denen das Programm den Bildschirm exklusiv benutzt, also nicht unter Windows!

15.7.1 Die Interrupts des PC

Durch einen Interrupt wird der Prozessor aufgefordert, seine momentane Tätigkeit zu unterbrechen und eine andere Aufgabe zu erledigen. Die Interruptroutinen werden über Adressen aufgerufen, die auf den Beginn von Maschinenprogrammen zeigen, die die gewünschte Aufgabe dann erledigen. Dadurch, daß diese Maschinenprogramme nicht direkt, sondern über den Umweg dieser festen Adressen aufgerufen werden, ist es viel leichter, die einzelnen MS-DOS-Rechner untereinander kompatibel zu halten. Die hier vorgestellten Interrupts beziehen sich auf MS-DOS- bzw. zu diesen kompatible Rechner.

Insgesamt sind 256 Interrupts reserviert. Von diesen ist ein großer Teil jedoch unbenutzt und für eventuelle spätere Verwendung gedacht. Die Interrupts sind in mehrere Gruppen aufgeteilt, die spezielle Aufgaben haben. Die für Sie wichtigsten Gruppen sind die BIOS- und die DOS-Funktionen. Mit Hilfe dieser Interrupts kann beispielsweise die Tastatur abgefragt, ein Zeichen auf dem Bildschirm ausgegeben oder eine Datei angelegt werden. Dieses Kapitel beschränkt sich auf die BIOS-Interrupts, und zwar den Interrupt 10hex (dezimal 16), der der Bildschirmsteuerung dient. Was Sie in diesem Kapitel lernen, können Sie natürlich auch auf die Benutzung der anderen Interrupts anwenden.

Die Funktionen des INT 10h

Viele der Interrupts haben sogenannte Unterfunktionen. So hat auch der INT 10h ein gutes Dutzend davon. Wollen Sie zum Beispiel den Cursor über INT 10h positionieren, ist dafür die Unterfunktion 2 zuständig. Damit die Funktion weiß, wohin der Cursor soll, müssen ihr diese Werte auch übergeben werden. Das geschieht dadurch, daß sie in bestimmte Prozessorregister geschrieben werden. Welche Werte in welches Register gehören, können Sie entsprechenden Tabellen entnehmen. Der folgenden (unvollständigen) Liste können Sie einige dieser Angaben entnehmen.

Unterfunktion

00   Videomodus wählen
    AL: Modus
01   Cursorgröße setzen
    CH: Startzeile (0–7) CGA, (0–13) MDA, Hercules

CL: Endzeile (0–7) CGA, (0–13) MDA, Hercules

02 Cursor positionieren
  BH: Bildschirmseite
  DH: Zeilennummer (0–24)
  DL: Spaltennummer (0–79)

03 Cursorposition ermitteln
  BH: Bildschirmseite
  Rückgabewert in:
  DH: Zeilennummer
  DL: Spaltennummer
  CH: Startzeile Cursor
  CL: Endzeile Cursor

04 Position Lichtgriffel

05 Bildschirmseite wählen

06 Bildschirmfenster nach oben rollen
  AL: Anzahl der Zeilen, um die nach oben verschoben wird
  CH: linke obere Zeile (0–24)
  CL: linke obere Spalte (0–79)
  DH: rechte untere Zeile (0–24)
  DL: rechte untere Spalte (0–79)
  BH: Attribut der Leerzeilen (0–255)

07 Bildschirmfenster nach unten rollen
  AL: Anzahl der Zeilen, um die nach unten verschoben wird
  CH: linke obere Zeile (0–24)
  CL: linke obere Spalte (0–79)
  DH: rechte untere Zeile (0–24)
  DL: rechte untere Spalte (0–79)
  BH: Attribut der Leerzeilen (0–255)

08 Zeichen und Attribut an Cursorposition lesen
  BH: Bildschirmseite
  Rückgabewert in:
  AL: gelesenes Zeichen
  AH: Attribut

09 Zeichen und Attribut an Cursorposition schreiben
  AL: Zeichencode (0–255)
  BH: Bildschirmseite
  BL: Attribut (0–255)
  CX: Anzahl

0A   Zeichen an Cursorposition schreiben
      AL: Zeichencode (0–255)
      BH: Bildschirmseite
      CX: Anzahl

Cursor positionieren
Im Programm *bspl0108.c* wird eine Funktion zur Cursorpositionierung
vorgestellt, die den INT 10h benutzt. Diese Methode ist schneller als der
Weg über die ANSI-Sequenz, die Sie vorher eingesetzt haben. Auf der
anderen Seite werden Ihre Programme dadurch abhängiger von der
Hardware und vom Betriebssystem.

```
/* bspl0108.c */
#include <stdio.h>

void mygotoxy(char xk, char yk) {            /*(1)*/
  xk--;                                      /*(2)*/
  yk--;
  __asm {                                    /*(3)*/
    mov ah,0x02                              ; (4)
    mov bh,0x00                              ; (5)
    mov dh,yk                                ; (6)
    mov dl,xk
    int 10h                                  ;(7)
  }
}

int main() {
  printf("\nTestprogramm fuer INT 10");
  mygotoxy(40,5);
  printf("Zeile 5 und Spalte 40");
}
```

(1) Das Hauptprogramm dient nur dem Testen, das Wichtige ist hier
     die Funktion *mygotoxy*. Sie liefert keine Werte zurück und erhält als
     Parameter die Koordinaten, auf die der Cursor positioniert werden
     soll.
(2) Weil die interne Numerierung mit 0 beginnt, werden beide Koor-
     dinaten um eins erniedrigt.
(3) Der Assemblercode wird als Block eingebaut, dem das Schlüssel-
     wort *__asm* (zweimal _ als Präfix!) vorangestellt wird. Alternativ

kann auch jede Assembleranweisung mit __asm beginnen. Dieses Schlüsselwort gehört nicht zum ANSI-Standard.

(4) Wie Sie zu Beginn des Kapitels erfahren haben, werden die Parameter, die zum Beispiel eine BIOS-Funktion braucht, über die Register des Prozessors übergeben, und auch die Ergebnisse werden auf diesem Weg zurückgeliefert. Diese Register können von Assembler direkt angesprochen werden. Die Anweisung zum Initialisieren lautet *mov* (move), der das Register (Ziel) und ein Wert (Quelle) folgen. Die Register der 8086-Prozessorfamilie sind 16 Bit groß. Sie können als Ganzes oder zur Hälfte angesprochen werden. Soll nur die Hälfte benutzt werden, erscheint hinter dem ersten Registerbuchstaben der Buchstabe *h* (high) oder *l* (low). Wird das komplette Register benutzt, der Buchstabe *x*. In unserem Beispiel wird das Register *a* (Akkumulator) benutzt und dort die höhere Hälfte. In AH wird bei fast jedem Interrupt die Nummer der Unterfunktion abgelegt. Da die Unterfunktion 2 (Positionieren des Cursors) benutzt werden soll, wird der Wert 2 zugewiesen. Beachten Sie bitte die hexadezimale Schreibweise; sie ist nicht nötig, wird aber hier häufig verwendet. Da in Assembler Kommentare mit einem Semikolon beginnen, sind die Zeilenmarkierungen hier auch als Assemblerkommentare geschrieben worden.

(5) Wie Sie der Liste der Funktionen des INT 10h entnehmen können, muß jetzt noch die Nummer der Bildschirmseite in *BH* geschrieben werden. Hier nehmen Sie die Standardbildschirmseite 0.

(6) Zum Schluß muß nur noch in *DH* die Zeile und in *DL* die Spalte eingetragen werden. Hierbei ist zu beachten, daß die Zählung bei 0 beginnt. Wenn Sie also den Cursor mit *1,1* in die linke obere Ecke setzen wollen, muß von beiden Werten noch jeweils 1 abgezogen werden. Sollte es Ihnen nichts ausmachen, die Bildschirmkoordinaten bei 0 zu beginnen, könnten Sie diese Subtraktion auch weglassen. Damit sind alle Register mit den benötigten Werten geladen.

(7) Den Abschluß der Funktion bildet der eigentliche Aufruf des Interrupts. Das besorgt der Befehl *int*. Er benötigt die Nummer des Interrupts, in unserem Fall *10h* für den Bildschirminterrupt.

Wenn Sie das Programm starten, sollte in der 5. Zeile und 40. Spalte der Text *Zeile 5 und Spalte 40* erscheinen. Denken Sie aber an die Systemvoraussetzungen!

Bildschirm löschen

Der INT 10h bietet keine eigene Unterfunktion zum Bildschirmlöschen. Sie können jedoch die Funktionen 6 oder 7 dazu verwenden. Sie dienen dazu, ein Bildschirmfenster nach oben oder unten um eine bestimmte Anzahl von Zeilen zu verschieben. Wird als Anzahl der Wert 0 angegeben, wird dieser Bildschirmbereich initialisiert, das heißt gelöscht. Laut Tabelle erwartet diese Unterfunktion im Register BH das Bildschirmattribut, mit dem der verschobene Bereich gefüllt werden soll. Um zu verstehen, was es mit diesem Bildschirmattribut auf sich hat, muß man sich den Aufbau des Bildschirmspeichers in einem PC ansehen.

Der normale Bildschirm kann 25 Zeilen mit je 80 Spalten darstellen. Das macht zusammen 2000 Zeichen. Der Bildschirmspeicher für Texte ist jedoch 4000 Byte groß. Die «überzähligen» Speicherplätze werden dazu verwendet, zu jedem Zeichen ein sogenanntes Attributbyte zu speichern. Dieses legt fest, ob das Zeichen normal, invers, blinkend usw. dargestellt werden soll. Die Bedeutung dieses Bytes für den Textmodus entnehmen Sie bitte der folgenden Skizze.

B = Blinken
I = Intensiv

Hintergrund	Vordergrund	Anzeige
000	000	unsichtbar
000	001	unterstrichen
000	111	normal
111	000	invers

Die Benutzung der Interrupts erlaubt eine sehr systemnahe Programmierung. Die Entwicklung solcher Funktionen ist zwar recht fehleranfällig, wenn sie aber einmal korrekt funktionieren, können sie Ihren Programmen einen professionellen Charakter verleihen. Dabei darf allerdings nicht unerwähnt bleiben, daß Ihre Programme durch solche Funktionen nicht mehr so leicht auf einen anderen Rechner bzw. auf andere Hardware zu übertragen sind. Ob Ihnen Portabilität oder Geschwindigkeit lieber ist, entscheiden Sie letztendlich selbst.

15.7.2 Funktionen schreiben

Das letzte Beispiel soll zeigen, wie der Inline-Assembler benutzt werden kann, um Funktionen zu definieren. Dadurch können manchmal Probleme schneller und effektiver gelöst werden. Das Programm *bspl0109.c* können Sie allerdings genauso einfach in C erstellen. Es definiert eine Funktion, die einen ganzzahligen Parameter übernimmt und sein Quadrat zurückliefert.

```
/* bspl0109.c */
#include <stdio.h>

int quadrat(int);                                /*(1)*/

int main( void ) {
    printf("\nDas Quadrat von 33 ist %i",quadrat(33) );
}

int quadrat( int n ) {
    __asm {                                      ; (2)
       mov eax, n                                ; (3)
       mul eax                                   ; (4)
    }                                            /*(5)*/
}
```

(1) Die Prototypen werden unverändert deklariert, denn sie werden ja schließlich für C benötigt.

(2) Der Funktionskörper ist in Assembler formuliert. Das muß nicht vollständig geschehen, wie das hier der Fall ist.

(3) Der erste Parameter wird durch den *mov*-Befehl in den Akkumulator übernommen. Dabei kann der Variablenname benutzt werden.

(4) Die Multiplikation wird durch den Befehl *mul* ausgeführt. Er multipliziert grundsätzlich den Akkumulator mit dem angegebenen Wert, hier *eax*. Das Ergebnis bleibt im Akkumulator. Gerechnet wird also: *eax = eax * eax*.

(5) Wenn die Funktion beendet wird, muß sich der Rückgabewert im Register *eax* befinden. Da dies bereits der Fall ist, muß kein weiterer *mov*-Befehl ausgeführt werden.

16 C und Objekte

C++ ist eine Erweiterung der Sprache C. Daher können alle C-Programme (mit einigen unwesentlichen Ausnahmen) auch als C++-Programm, laufen. C++ ist mit der Absicht entwickelt worden, die Ideen der objek orientierten Programmierung in C aufzunehmen. Das bedeutet dami auch, daß das meiste, was Sie bisher über C gelernt haben, auch für C++ gültig ist.

Möchte man den Unterschied zwischen C und C++ erläutern, muß man den Begriff *objektorientierte Programmierung* (OOP) näher betrachten. Die meisten herkömmlichen Programmiersprachen (C, FORTRAN, Pascal etc.) sind sogenannte *prozedurale* Sprachen. Bei ihnen unterscheidet man zwischen *Daten* und *Algorithmen*, wobei Algorithmen die Vorschriften sind, nach denen die Daten bearbeitet werden sollen (der Schwerpunkt liegt bei prozeduralen Sprachen auf den Algorithmen). Bei der objektorientierten Programmierung wird diese Trennung aufgehoben, der Schwerpunkt liegt hier sogar eher bei den Daten. Man versucht nicht mehr, ein Problem an die Sprache anzupassen, sondern man paßt die Sprache an das Problem an. Das Ziel dieser neuen Philosophie ist es, Programme zu erzeugen, deren Code wiederverwendbar, möglichst fehlerfrei und leicht zu warten ist.

Dieses Kapitel soll Ihnen einen Einstieg in C++ geben. Es kann keine umfassende Darstellung aller Eigenschaften und Besonderheiten dieser Sprache sein. Es sollte jedoch ausreichen, die grundlegenden Konzepte und Möglichkeiten der Sprache kennenzulernen. Sie können im übrigen davon ausgehen, daß das Erlernen von C++ genausoviel Anstrengung verlangt wie das Erlernen von C. Mit C++ müssen auch einige neue Begriffe wie zum Beispiel *Klasse* oder *Überladen* gelernt werden. In den folgenden Abschnitten wird dies erläutert.

Änderungen in C++ gegenüber C

Zu den oben angesprochenen kleinen Unterschieden zwischen C und C++, abgesehen von den neuen Eigenschaften, wie z. B. Klassen, Funktionsüberladung etc., gehören unter anderem die folgenden Punkte:

- Variablen können in C++ an beliebiger Stelle und nicht nur zu Beginn eines Blocks deklariert werden.
- Variablennamen können in C++ beliebig lang sein und nicht nur 31 Zeichen wie in ANSI-C.
- Zeichenkonstanten (z. B. 'A') sind vom Typ *char* und nicht vom Typ *int* wie in C.

Wenn Sie auf diese Besonderheiten Rücksicht nehmen, werden Ihre C-Programme fast ausnahmslos auch als C++-Programme korrekt arbeiten.

16.1 Ein- und Ausgabe

Eine der augenfälligsten Erweiterungen der Sprache C++ ist die verbesserte Möglichkeit, Daten ein- und auszugeben. Das Programm *bspl0110.cpp* demonstriert einige der neuen Fähigkeiten. Dabei erledigt es die gleiche Aufgabe wie das Programm *bspl0001.c* im ersten Kapitel. Bitte beachten Sie, daß C++-Programme normalerweise die Dateiendung *cpp* haben. Diese Endung ist nicht zwingend vorgeschrieben, sie erleichtert jedoch die Arbeit, da die meisten Compiler diese Extension erwarten.

```
// bspl0110.cpp                                    // (1)
#include <iostream>                                // (2)
using namespace std;
int main(void) {
cout << "\nDies ist ein erstes C++-Programm.";     // (3)
cout << "\n\nWie Sie sehen, kann 'cout' ";
cout << "nicht nur Texte drucken,\n";
cout << "sondern auch rechnen.\n\n";
cout << "13 * 7 = " << 13 * 7 << "\n";             // (4)
}
```

(1) Die erste Zeile enthält bereits eine Neuerung von C++, die neue Art, Kommentare einzugeben. Dazu dienen zwei Schrägstriche (//), die

den Kommentar einleiten. Eine Endemarkierung wie bei /*...*/ ist nicht nötig, da der Kommentar nur bis zum Zeilenende geht. Seit dem Standard C99 ist dies auch in C gültig.

(2) Die Datei *iostream* ist eine der Header-Dateien von C++. Sie enthält Definitionen für z. B. *cout*, deren Präfix *std::* als sog. Namespace im folgenden aktiviert wird.

(3) Statt des bekannten *printf* (das in C++ auch funktioniert) wird hier das Objekt *cout* verwendet, um Daten auf dem Bildschirm auszugeben. Die Benutzung von *cout* ist einfach. Mit dem Einfügeoperator << werden Zeichenketten, Zahlen oder Variablen nach *cout* geschickt, das seinerseits die Ausgabe auf dem Bildschirm besorgt.

(4) Wie Sie sehen, ist es sogar möglich, mehrere Einfügeoperatoren hintereinanderzusetzen, um verschiedene Datentypen mit einem einzigen *cout* ausgeben zu lassen. Der Vorteil von *cout* gegenüber *printf* ist seine weitaus größere Flexibilität. *cout* erkennt selbständig, um welchen Datentyp (Zeichenkette, String) es sich handelt. Die Formatanweisungen, die *printf* noch benötigte, sind somit überflüssig.

Wie Sie dem Anhang entnehmen können, hat der Einfügeoperator << normalerweise die Bedeutung *Links-Shift-Operator*. Daß er dennoch andere Bedeutungen haben kann, ist eine weitere Eigenschaft von C++. Es handelt sich hierbei um die sogenannte *Operatorüberladung*, die es ermöglicht, bestehenden Operatoren zusätzliche Bedeutungen zuzuweisen. Welche der möglichen Bedeutungen jeweils gültig ist, wird aus dem Zusammenhang deutlich, in dem der Operator benutzt wird.

Eingabe von Daten

Genau wie mit *printf* kann auch mit *cout* dafür gesorgt werden, daß die Datenausgabe in einem bestimmten Format erfolgt. Wie C++ das im einzelnen macht, braucht nicht weiter zu interessieren, Sie wollen die Formate ja nur benutzen. Außerdem lernen Sie, wie in C++ Daten eingegeben werden können. Das Programm *bspl0111.cpp* erfüllt im übrigen die gleiche Aufgabe wie *bspl0007.c* in Kapitel 3.3.

```
// bspl0111.cpp
#include <iostream>
using namespace std;
int main(void) {
    float u_faktor,betrag;
```

```
cout << "\n\t\tW a e h r u n g s r e c h n e n\n\n";
cout << "\nBitte Umrechnungsfaktor eingeben :";
cin >> u_faktor;                                            // (1)
cout << "\nBitte DM-Betrag eingeben :";
cin >> betrag;
cout << "\n" << betrag << " DM entspricht "
      << betrag*u_faktor
      << " in der Fremdwaehrung.";                          // (2)
}
```

(1) *cin* dient der Eingabe von Daten und erfüllt die gleiche Aufgabe wie *scanf*. Auch hier ist die Benutzung sehr einfach. Nach dem Schlüsselwort *cin* folgt der *Rechts-Shift-Operator (>>)*, der die Eingabe in die folgende Variable lenkt. Dabei erkennt *cin* selbständig, um welchen Variablentyp es sich handelt, und wandelt die Eingabe in das entsprechende Format um.

(2) Dieses Beispiel verdeutlicht nochmals, daß auf ein *cout* mehrere Ausgaben – sogar in mehreren Zeilen – folgen können.

16.2 Funktionsüberladung

Eine weitere sehr nützliche Eigenschaft von C++ ist die Möglichkeit der sogenannten *Funktionsüberladung*. Dieser Begriff besagt, daß es in einem Programm mehrere Funktionen mit gleichem Namen geben kann (ein ebenfalls gebräuchlicher Ausdruck für Funktionsüberladung ist Polymorphie). Wie Sie bisher gelernt haben, würde in C das Vorkommen von zwei oder mehr Funktionen mit gleichem Namen einen Fehler hervorrufen, da C nicht entscheiden kann, welche Funktion benutzt werden soll. C++ ist an dieser Stelle intelligenter. Es untersucht nicht nur den Funktionsnamen, sondern auch die Argumentliste und kann so entscheiden, welche Funktion gemeint ist. Bei der Festlegung, welche Funktion genommen werden soll, ist die Art und Reihenfolge der Argumente, Signatur genannt, entscheidend, nicht der Rückgabetyp der Funktion. Eine Anwendung dieser Eigenschaft finden Sie im Programm *bspl0112.cpp*.

```
// bspl0112.cpp
#include <iostream>
using namespace std;
int max(int, int);
double max(double, double);

int max(int a, int b) {
   cout << "int max = ";
   return ((a > b) ? a : b);
}

double max(double a, double b) {
   cout << "double max = ";
   return (a > b) ? a : b;
}

int main(void) {
   cout << "\n";
   cout << max(2,7) << "\n";
   cout << max(3.7,5.7) << "\n";
}
```

Das Programm enthält zwei Funktionen mit dem Namen *max*. Die eine liefert den größten von zwei *int*-Werten zurück, die andere den größten von zwei *double*-Werten. Bei den Funktionsaufrufen in den markierten Zeilen sucht der Compiler, welche Funktion mit der vorgegebenen Argumentliste übereinstimmt. Für *max(2,7)* wird die Funktion *int max(int,int)* und für *max(3.7,5.7)* wird *double max(double,double)* benutzt.

So hilfreich die Möglichkeit der Funktionsüberladung sein kann, man sollte sie nicht zu häufig benutzen, da sie nicht unbedingt der Übersichtlichkeit dient.

16.3 Klassen

Ein zentraler Begriff bei der objektorientierten Programmierung ist die *Klasse*. Eine Klasse ist, vereinfacht gesprochen, in C++ eine Struktur (*struct*), in der nicht nur Daten abgelegt werden, sondern gleichzeitig auch die Funktionen, die auf diese Daten zugreifen. Die Definition entspricht daher ungefähr dem, was Sie in Kapitel 14.2 über die Strukturen gelernt haben. Die Definition beginnt mit dem Schlüsselwort *class*, dem ein beliebiger Name für diese Klasse folgt. In den geschweiften Klammern werden die einzelnen Variablen aufgeführt, aus denen die Klasse bestehen soll. Als neues, zusätzliches Element folgen die Prototypen von Funktionen. Diese Funktionen haben die Aufgabe, alle Manipulationen an den Daten dieser Klasse vorzunehmen. Das heißt nichts anderes, als daß man auf diese Weise sehr genau kontrollieren kann, was mit den Daten überhaupt gemacht werden kann. Außerdem verbirgt man auf diese Art die Daten vor dem Rest des Programms, womit eine der Forderungen der objektorientierten Programmierung erfüllt ist.

Beispiel:

```
class test {
    private:
        int nr;
        char bezeichnung[14];
        double preis;
    public:
        void eingeben();
        void anzeigen();
};
```

Im Beispiel finden Sie im wesentlichen drei neue Dinge:

Als erstes das Schlüsselwort *class*, das die Definition einer Klasse einleitet.

Als zweites die beiden Schlüsselwörter *private* und *public*. Sie legen fest, ob eine Komponente der Klasse von überall her (*public*) oder nur innerhalb der Klasse (*private*) angesprochen werden kann. Der Wirkungsbereich von *public* und *private* beginnt bei dem Schlüsselwort und endet beim nächsten Schlüsselwort oder dem Ende der Klassendefinition. Obwohl alle Komponenten innerhalb einer Klasse standardmäßig *private* sind, benutzt man das Schlüsselwort, um die Einteilung deutlicher zu machen. *Public* und *private* können beliebig oft in einer Klasse erscheinen. Es hat sich jedoch eingebürgert, die im Beispiel gezeigte Aufteilung zu verwenden. Eine weitere sehr sinnvolle Aufteilung ist, daß die Daten normalerweise im *private*-Bereich liegen und die Funktionen im *public*-Bereich.

Als dritte Besonderheit kann eine Klasse *Funktionen* enthalten. In unserem Beispiel sind in der Klasse nur die Prototypen der Funktionen enthalten, die eigentlichen Funktionen werden außerhalb der Klasse definiert. Es besteht allerdings auch die Möglichkeit, die Funktionsdefinitionen direkt in die Klasse mit aufzunehmen. Von dieser Möglichkeit macht man jedoch nur bei sehr kurzen Funktionen Gebrauch. Als Bezeichnungen für die Klassenfunktionen sind auch *Elementfunktion, Schnittstellenfunktion* und *Methode* gebräuchlich.

Um es zusammenzufassen: Elementfunktionen haben die Aufgabe, den Zugriff auf die Daten zu kontrollieren. Sie verbergen damit die Form der Daten vor dem Rest des Programms. Das bedeutet wiederum, daß man die Darstellung der Daten bei Bedarf ändern kann, ohne daß das restliche Programm etwas davon merkt. Man muß nur die Elementfunktion anpassen, und schon verhält sich die Klasse nach außen hin wie gehabt. Jetzt wird auch einsichtig, warum der Zugriff auf die Daten immer über die entsprechenden Elementfunktionen erfolgen sollte.

Das Programm *bspl0113.cpp* demonstriert an einem etwas umfangreicheren Beispiel die Definition und die Benutzung einer Klasse. Im Mittelpunkt des Programms steht die Klasse *schueler*, die Namen und Noten von Schülern speichern soll. Als Funktionen werden die *public*-Funktionen *eingeben* und *anzeigen* benutzt, über die man Zugriff auf die Daten hat. Zusätzlich gibt es eine *private*-Funktion *ermittle_note*, die nur innerhalb der Klasse benutzt wird und daher keine Verbindung nach außen hat.

```
// bspl0113.cpp
#include <iostream>
using namespace std;
class schueler {                                      // (1)
   private:
      char vname[20];
      char nname[20];
      int punkte;
      int klausuren;
      double note;
      double ermittle_note(); // private Elementfunktion
   public:
      void eingeben();        // public Elementfunktion
      void anzeigen();        // public Elementfunktion
};
```

```
double schueler::ermittle_note() {                        // (2)
   return float (punkte) / klausuren;
}

void schueler::eingeben() {           // Daten eingeben
   cout << "Vorname :";
   cin >> vname;
   cout << "Nachname :";
   cin >> nname;
   cout << "Gesamte Punkte :";
   cin >> punkte;
   cout << "Anzahl Klausuren :";
   cin >> klausuren;
   cout << "\n";

   note = ermittle_note();                                // (3)
}

void schueler::anzeigen() {           // Daten anzeigen
   cout << "\n" << vname  << " " << nname << "\n";
   cout << "Punkte: " << punkte << "\n";
   cout << "Klausuren:" << klausuren << "\n";
   cout << "Note:" << note;
   cout << "\n";
}

int main(void) {                      // Hauptprogramm
   schueler schueler01,schueler02;                        // (4)

   schueler01.eingeben();                                 // (5)
   schueler02.eingeben();
   schueler01.anzeigen();
   schueler02.anzeigen();

   cout << "\nProgramm beendet.\n";
}
```

(1) Definition der Klasse *schueler*. Beachten Sie, daß es üblich ist, die Daten als *private* zu definieren und die Funktionen, die als Schnittstelle nach außen dienen, als *public*.

(2) Bei der Beschreibung der Elementfunktionen ist eine Besonderheit zu beachten. Damit der Compiler weiß, daß es sich hierbei um Elementfunktionen handelt, wird vor den Funktionsnamen der

Name der Klasse gesetzt (hier: *schueler*). Beide werden durch den Gültigkeitsoperator :: voneinander getrennt. Statt die Funktionen, wie in diesem Beispiel, außerhalb der Klasse zu definieren, hätte man sie auch an Stelle der Funktionsprototypen direkt in die Klasse integrieren können; dieses Verfahren wird allerdings nur bei sehr kurzen Funktionen angewendet.

(3) Die Elementfunktion *ermittle_note* ist eine *private*-Funktion. Sie soll nicht von außerhalb der Klasse aufgerufen werden, sondern nur innerhalb. In unserem Beispiel wird sie nur von der Methode *eingeben* benutzt.

(4) In dieser Zeile werden zwei Objekte vom Typ *schueler* erzeugt. Dies geschieht mit der gleichen Syntax, mit der auch Variablen deklariert werden.

(5) Die Daten in den Objekten *schueler01* und *schueler02* können nur mit den entsprechenden Elementfunktionen geändert und ausgegeben werden. Der Aufruf der Funktionen erfolgt analog zum Ansprechen von Strukturelementen mit Hilfe des Punktoperators (.).

Konstruktor und Destruktor

Eine Eigenschaft der eingebauten Datentypen (*int, char* etc.) besitzen unsere Klassen zur Zeit noch nicht: Sie können sie noch nicht *initialisieren*! Da sich unsere selbstdefinierten Typen aber genauso verhalten sollen wie die eingebauten Typen, bietet C++ auch hierfür eine Lösung. Es sind die Spezialfunktionen mit dem Namen *Konstruktor* und *Destruktor*. Diese Funktionen haben die Aufgabe, Klassen bei ihrer Erzeugung zu initialisieren und bei ihrer Zerstörung «aufzuräumen». Das heißt, daß jedesmal, wenn ein Objekt erzeugt wird, der Konstruktor aufgerufen wird, und jedesmal, wenn ein Objekt aufhört zu existieren, der Destruktor. Bei der Definition einer Klasse muß nicht unbedingt ein zugehöriger Konstruktor bzw. Destruktor definiert werden. Es ist jedoch in jedem Fall ratsam, einen Konstruktor zu benutzen, da er die Sicherheit der Klasse verbessert.

Bei der Definition eines Konstruktors bzw. eines Destruktors ist folgendes zu berücksichtigen:

▨ Der Name des Konstruktors ist gleich dem Namen der Klasse. Im Programm *bspl0114.cpp* ist das der Name *datum*.

▨ Der Name des Destruktors entspricht dem Namen der Klasse, vor dem eine Tilde (˜) steht. In unserem Beispiel ist das der Begriff *˜datum*.

■ Weder Konstruktor noch Destruktor haben einen Rückgabewert (auch nicht *void*)!

Mit Hilfe eines Konstruktors lassen sich Objekte gleich bei ihrer Erzeugung initialisieren. Auf diese Weise wird dafür gesorgt, daß kein Objekt uninitialisiert bleibt bzw. unerlaubte Werte enthält.

```cpp
// bspl0114.cpp
#include <iostream>
using namespace std;
class datum {
  private:
    int tag;
    int monat;
    int jahr;
  public:
    datum (int t, int m, int j);
    void anzeigen();
    ~datum();
};

datum::datum(int t=1,int m=1, int j=1999) {              // (1)
  cout << "\nHier wird der Konstruktor aufgerufen\n";

  tag = (t > 31) ? 31 : t;                               // (2)
  tag = (tag < 1) ? 1 : tag;

  monat = (m > 12) ? 12 : m;
  monat = (monat < 1) ? 1 : monat;

  jahr = (j < 1) ? 1 : j;
}

void datum::anzeigen() {
  cout << tag << "." << monat << "." << jahr << "\n";
}

datum::~datum() {                                        // (3)
  // Destruktor macht nichts
  cout << "\nHier wird der Destruktor aufgerufen\n";
}

int main(void) {
  datum gestern(9,1);                                    // (4)
```

```
   datum heute(3,11,1993);
   datum morgen(10,13,1992);                        // (5)

   gestern.anzeigen();
   heute.anzeigen();
   morgen.anzeigen();
}
```

(1) Die Werte hinter den Variablennamen (*1,1,1999*) dienen als Vorgabewerte, wenn für dieses Argument kein Wert übergeben wurde. Bei der Initialisierung in (4) *gestern(9,1)* ist keine Jahreszahl angegeben worden. In diesem Fall wird der Default-Wert *1999* zugewiesen.

(2) In dieser und den folgenden Zeilen wird der Bedingungsoperator (?:) benutzt, um den Variablen die entsprechenden Werte zuzuweisen.

(3) Wie Sie dem Kommentar entnehmen können, hat der Destruktor in unserer Klasse eigentlich keine Aufgabe. Die ausgegebene Zeile soll nur verdeutlichen, wann der Destruktor aufgerufen wurde. Destruktoren sind in der Regel nur dann nötig, wenn bei der Erzeugung eines Objekts mit dem Befehl *new* Speicher angefordert wurde. Der Befehl *new* wird im Rahmen dieses Buches nicht besprochen.

(4) Obwohl bei der Initialisierung nur zwei Argumente übergeben werden, initialisiert der Konstruktor auch die Variable *jahr* mit einem Vorgabewert.

(5) Die fehlerhafte Initialisierung (Monat *13*) wird durch den Konstruktor abgefangen und durch den Vorgabewert *12* ersetzt.

16.4 Ausblick

Die Möglichkeiten, die Sie in den ersten drei Abschnitten dieses Kapitels kennengelernt haben, sind nur ein kleiner Vorgeschmack auf das, was C++ alles bietet. Es ist aber deutlich geworden, welche Chancen für eine optimale Programmentwicklung in dieser Sprache stecken. Mit den hier erlernten Fähigkeiten sollte es Ihnen leichtfallen, sich weiter in dieses interessante Gebiet einzuarbeiten.

Zu den Themen, die in dieser Einführung ausgeklammert wurden, gehören u. a. Operatorüberladung und Klassenvererbung. Sie können jedoch jetzt schon viele der neuen Fähigkeiten dieser Sprache nutzen. Sie müssen nicht unbedingt jedes Detail beherrschen, um mit C++ in die objektorientierte Programmierung einzusteigen.

Wenn Sie weiter in das Thema «objektorientierte Programmierung mit C++» einsteigen wollen, finden Sie in dieser Reihe ein Buch, das die hier angerissenen Themen ausführlich behandelt.

17 Anhang

17.1 Reservierte Wörter

Die folgende Liste enthält die reservierten Schlüsselwörter der Programmiersprache C:
auto, break, case, char, const, continue, default, do, double, else, enum, extern, float, for, goto, if, int, long, register, return, short, signed, sizeof, static, struct, switch, typedef, union, unsigned, void, volatile, while

Neben den oben aufgeführten Begriffen sind je nach Compiler weitere Wörter reserviert. Zu diesen gehören zum Beispiel:
__asm, __fastcall, __pascal etc.

17.2 Direktiven des Präprozessors

Im folgenden werden kurz die verschiedenen Direktiven in alphabetischer Folge beschrieben:

#define
Es ist mit dieser Direktive möglich, Makros zu definieren. Ein Makro ist im einfachsten Fall Text, der vom Präprozessor gesucht und durch andere Zeichenfolgen ersetzt wird. Man kann aber auch Makros definieren, die mit Parametern arbeiten. Diese Makros bleiben aktiv, bis sie explizit wieder aufgehoben werden.

Beispiel:

```
#define TRUE 1
#define MAX(x,y) (((x)>(y))?(x):(y))
```

#elif, #else, #endif, #if, #ifdef, #ifndef
Diese Direktiven erlauben eine bedingte Übersetzung von Quelltext.
#if prüft, ob der folgende Ausdruck wahr ist, *#ifdef* prüft, ob das genannte Makro definiert wurde, und *#ifndef* prüft, ob das genannte Makro nicht definiert wurde.

Beispiel:

```
#ifdef  _POSIX_
#define _P_tmpdir    "/"
#define _wP_tmpdir   L"/"
#else
#define _P_tmpdir    "\\"
#define _wP_tmpdir   L"\\"
#endif
```

#include
Diese Direktive veranlaßt den Präprozessor, die genannte Datei in das Quellprogramm einzufügen. Dies hat den gleichen Effekt, als wenn Sie selbst die Datei in Ihr Programm kopiert hätten. Wenn der Dateiname in Anführungszeichen (" ") gesetzt ist, wird zuerst im aktuellen Verzeichnis nach der Datei gesucht, dann erst über den Pfad der PATH-Anweisung bzw. die Umgebungsvariable INCLUDE. Wenn der Dateiname in spitze Klammern (<>) gesetzt wird, wird zuletzt im aktuellen Verzeichnis gesucht.

Beispiel:

```
#include <stdio.h>
#include "bspl0137.h"
```

#line
Mit dieser Direktive kann die Zeilennumerierung des Quelltextes, die der Compiler durchführt, beeinflußt werden. Er wird die dieser Direktive folgende Zeile mit der definierten Nummer versehen und mit ihr weiterzählen.

Beispiel:

```
#line 100
```

#pragma

Es werden durch diese Direktive bestimmte Arbeitsweisen des Compilers während des Übersetzungsvorgangs beeinflußt.

#undef

Diese Direktive erlaubt es, für den ihr folgenden Programmteil eine Makrodefinition aufzuheben, so daß kein weiteres Ersetzen durch den Präprozessor erfolgt.

Beispiel:

```
#undef TRUE
```

17.3 Operatoren

Stufe	Name	Symbol	Bindung	Beispiel
1	Array, Index	[ ]	→	feld[12]
1	Funktion, Klammern	( )	→	(a+b)*c
1	Strukturzugriff	.	→	preise.netto
1	Pointerzugriff	->	→	ptr->element
2	Cast	(typ)	←	(double) 3
2	Inkrement	++	←	i++ ++k
2	Dekrement	– –	←	i– – – –k
2	Adresse	&	←	&variable
2	Indirektion	*	←	*ptr
2	Vorzeichen	+	←	+5
2	Vorzeichen	–	←	–1
2	Bit-Komplement	~	←	~5
2	NOT	!	←	!EOF
2	Speichergröße	sizeof	←	sizeof(int)
3	Multiplikation	*	→	a * b
3	Division	/	→	a / b
3	Modulo	%	→	a % b
4	Addition	+	→	a + b

4	Subtraktion	–	→	a – b
5	Linksshift	<<	→	a << 8
5	Rechtsshift	>>	→	b >> 4
6	Kleiner als	<	→	a < b
6	Größer als	>	→	a > b
6	Kleiner oder gleich	<=	→	a <= b
6	Größer oder gleich	>=	→	a >= b
7	Gleich	==	→	a == b
7	Ungleich	!=	→	a != b
8	Bit-AND	&	→	a & \x80
9	Bit-XOR	^	→	1 ^ 1
10	Bit-OR	|	→	a | \x20
11	AND	&&	→	EOF && OK
12	OR	||	→	EOF || x<0
13	Wenn-dann	? :	←	a ? b : c
14	Zuweisung	=	←	a = 's'
14	Multiplikationszuweisung	*=	←	a *= 5
14	Divisionszuweisung	/=	←	a /= 2
14	Modulozuweisung	%=	←	a %= 3
14	Additionszuweisung	+=	←	a += b
14	Subtraktionszuweisung	–=	←	a –= c
14	Linksshiftzuweisung	<<=	←	a <<= 3
14	Rechtsshiftzuweisung	>>=	←	b >>= 4
14	Bit-AND-Zuweisung	&=	←	c &= \x80
14	Bit-XOR-Zuweisung	^=	←	c ^= \x80
14	Bit-OR-Zuweisung	|=	←	c |= \x20
15	Auflistung	,	→	int x, y, z

17.4 Anweisungen

Die folgende Aufstellung zeigt alle Anweisungen, die in C verwendet werden können. Die Teile der Syntax, die in eckigen Klammern ([]) stehen, sind wahlweise zu verwenden.

switch

```
switch(ausdruck)
  {
    [case konstanter-ausdruck:]
    ...
    [<anweisung>]
    ...
    [default:
     <anweisung>]
  }
```

Bewertet den *ausdruck* und führt die <anweisung> aus, bei der *konstanter-ausdruck* mit *ausdruck* übereinstimmt. Trifft keine *case*-Auswahl zu, wird die <anweisung> hinter *default* abgearbeitet. Ist kein *default*-Schlüsselwort vorhanden, wird die nächste Anweisung hinter dem *switch*-Block ausgeführt.

for

```
for([startwert];[ bedingung];[ zählung])
    <anweisung>
```

Führt die <anweisung> mehrfach aus. Zuerst wird die Initialisierung *startwert* bewertet. Dann wird, solange *bedingung* wahr (ungleich null) ist, die <anweisung> ausgeführt. Anschließend wird die *zählung* durchgeführt. Von da an wird immer *bedingung* – <anweisung> – *zählung* bearbeitet, bis *bedingung* falsch (0) wird.

do

```
do
    <anweisung>
while(ausdruck);
```

Führt <anweisung> aus, bis *ausdruck* falsch (0) wird.

while

```
while(ausdruck)
  <anweisung>
```

Führt <anweisung> aus, bis *ausdruck* falsch (0) wird.

if

```
if(ausdruck)
  <anweisung1>
[else
  <anweisung2>]
```

Führt <anweisung1> aus, wenn *ausdruck* wahr (ungleich 0) ist. Gibt es ein *else*-Schlüsselwort und ist *ausdruck* falsch (0), wird <anweisung2> ausgeführt. Nach der Ausführung von <anweisung1> oder <anweisung2> fährt das Programm mit der nächsten Anweisung fort.

continue

```
continue;
```

Übergibt die Kontrolle an den nächsten Durchlauf der innersten *do-*, *for-* oder *while*-Schleife.

Beispiel:

```
#include <stdio.h>

main() {

  int x;

  for(x = 1; x < 100; x++){
    if (x % 10 == 0)
      continue;
    printf("%i ", x);
```

```
    }
  }
```

In diesem Beispiel sorgt die *if*-Abfrage dafür, daß keine Zahlen ausgedruckt werden, die durch 10 teilbar sind. Der Modulo-Operator % liefert den Rest einer Division. 20 % 3 liefert als Ergebnis also 2, und wenn es gleich 0 ist, bedeutet das, daß in unserem Beispiel eine Zahl glatt durch 10 teilbar ist. Tritt dieser Fall ein, wird die *continue*-Anweisung wirksam. Sie sorgt dafür, daß der Rest der Schleife nicht mehr durchlaufen wird, sondern sofort wieder in die *for*-Zeile gesprungen wird.

goto

```
goto name;
...
name: <anweisung>
```

Übergibt die Kontrolle an die <anweisung>, die durch das Label *name* spezifiziert ist.

break

```
break;
```

Beendet die innerste *do-, for-, switch-* oder *while*-Struktur, in der es auftritt.

17.5 Bibliotheksfunktionen

Dieses Kapitel bietet Ihnen eine Übersicht über häufig verwendete Bibliotheksfunktionen und -makros der Sprache C. Die im Buch beschriebenen Funktionen gehören bis auf wenige Ausnahmen zum ANSI-Standard und erlauben somit eine größtmögliche Portabilität Ihrer Programme. Sie sind mit einigen Ausnahmen auch auf Unix/Linux-Systemen verfügbar.

17.5.1 Kurzübersicht

Die folgende Kurzübersicht bietet Ihnen eine funktionale Zusammenstellung der Funktionen.

Zeitinformationen

asctime	konvertiert die Zeitstruktur in eine Zeichenkette
clock	liefert verbrauchte Prozessorzeit in CPU-Einheiten
ctime	liefert einen String aus lokaler Kalenderzeit
difftime	liefert Zeitdifferenz in Sekunden
gmtime	wandelt in Zeitstruktur als *Greenwich mean time* um
localtime	wandelt in Zeitstruktur in *Local time* um
mktime	wandelt Zeitstruktur in Ganzzahl um
strftime	erzeugt formatierte Zeichenkette mit Datum und Uhrzeit
time	liefert die aktuelle Kalenderzeit

Test

assert	bricht Programm ab, wenn Testergebnis fehlschlägt

Speicherverwaltung

calloc	reserviert Speicherplatz für Arrays
free	gibt Speicherplatz frei
malloc	reserviert Speicherplatz in Bytes
realloc	verändert Größe eines Speicherblocks

Sprünge

longjmp	erlaubt Rücksprung zum *setjmp*-Aufruf
setjmp	markiert Rücksprungstelle für *longjmp*

Ein-/Ausgabe

clearerr	löscht den EOF- und Fehlerindikator einer Datei
fclose	schließt eine Datei
_fcloseall	schließt alle Dateien
feof	testet den EOF-Indikator einer Datei
ferror	testet den Fehlerindikator einer Datei
fflush	erzwingt das Speichern des Puffers in eine Datei
fgetc	liest ein einzelnes Zeichen aus einer Datei
fgetpos	liefert die aktuelle Dateizeigerposition
fgets	liest eine Zeile aus einer Datei in einen Puffer

fopen	öffnet eine Datei in einem bestimmten Modus
fprintf	schreibt nach angegebenem Format in die Datei
fputc	schreibt ein einzelnes Zeichen in die Datei
fputs	schreibt eine Zeichenkette in die Datei
fread	liest mehrere Daten aus einer Datei in ein Feld
freopen	ordnet einem Stream eine neue Datei zu
fscanf	liest nach angegebenem Format aus einer Datei
fseek	bewegt den Dateizeiger
fsetpos	setzt die aktuelle Dateizeigerposition
ftell	ermittelt die aktuelle Position des Dateizeigers
fwrite	schreibt mehrere Daten aus einem Feld in eine Datei
getc	liest ein Zeichen von einem Stream
getchar	liest ein Zeichen von *stdin*
gets	liest eine Zeile von *stdin* in einen Puffer
perror	schreibt eine Meldung auf *stderr*
printf	schreibt nach angegebenem Format auf *stdout*
putc	schreibt ein Zeichen auf einen Stream
putchar	schreibt ein Zeichen auf *stdout*
puts	schreibt eine Zeile auf *stdout*
remove	löscht eine Datei
rename	benennt eine Datei um
rewind	setzt den Dateizeiger zurück an den Anfang
scanf	liest nach angegebenem Format von *stdin*
setbuf	definiert einen Ein-/Ausgabe-Puffer für eine Datei
setvbuf	definiert die Art der Pufferung für eine Datei
sprintf	schreibt nach angegebenem Format an eine Speicherstelle
sscanf	liest nach angegebenem Format von einer Speicherstelle
tmpfile	erzeugt und öffnet eine temporäre Datei
tmpnam	erzeugt einen temporären Dateinamen
ungetc	schreibt Zeichen in internen Puffer zurück
vfprintf	schreibt nach angegebenem Format in die Datei
vprintf	schreibt nach angegebenem Format auf *stdout*
vsprintf	schreibt nach angegebenem Format an eine Speicherstelle

Zeichenklassifizierungen

isalnum	prüft auf alphabetisch inklusive numerisch
isalpha	prüft auf alphabetisch (ohne deutsche Umlaute)
iscntrl	prüft auf Steuerzeichen
isdigit	prüft auf Ziffer

isgraph	prüft auf druckbare Zeichen exklusive Leerzeichen
islower	prüft auf Kleinbuchstaben (ohne deutsche Umlaute)
isprint	prüft auf druckbare Zeichen (ohne deutsche Umlaute)
ispunct	prüft auf Satzzeichen
isspace	prüft auf Trennzeichen (*Whitespaces*)
isupper	prüft auf Großbuchstaben (ohne deutsche Umlaute)
isxdigit	prüft auf Hexadezimalziffer

Umwandlungen

atof	konvertiert Text nach Float
atoi	konvertiert Text nach Integer
atol	konvertiert Text nach Long
strtod	konvertiert String nach Double
strtol	konvertiert String nach Long
strtoul	konvertiert String nach Unsigned Long
tolower	konvertiert in Kleinschreibung (ohne deutsche Umlaute)
toupper	konvertiert in Großschreibung (ohne deutsche Umlaute)

Prozeß- und Umgebungssteuerung

abort	bricht Programm mit einer Fehlermeldung ab
atexit	legt Funktionsaufruf beim Programmende fest
_execl	lädt und startet ein Programm mit Argumentliste
_execv	lädt und startet ein Programm mit Zeigerarray
exit	beendet ein Programm ordnungsgemäß
getenv	ermittelt den Wert einer Umgebungsvariablen
main	wird beim Programmstart immer zuerst aufgerufen
raise	sendet Signale an das Programm
signal	legt fest, wie auf Signale reagiert wird
_spawnl	führt Programm mit Argumentliste aus
_spawnv	führt Programm mit Zeigerarray aus
system	erlaubt das Absetzen von Betriebssystemkommandos
va_arg	liefert Elemente einer variablen Parameterliste
va_start	bereitet Übernahme variabler Parameterlisten vor
va_end	beendet Übernahme variabler Parameterlisten

Mathematik

abs	ermittelt den Absolutwert
acos	ermittelt den Arcuscosinus
asin	ermittelt den Arcussinus

atan	ermittelt den Arcustangens
atan2	berechnet den Arcustangens eines Quotienten
ceil	rundet positive Zahlen auf, negative Zahlen ab
cos	ermittelt den Cosinus
cosh	ermittelt den hyperbolischen Cosinus
div	berechnet Quotienten und Divisionsrest
exp	stellt die Exponentialfunktion dar (ex)
fabs	ermittelt den Absolutwert einer Dezimalzahl
floor	rundet positive Zahlen ab, negative Zahlen auf
fmod	ermittelt den Divisionsrest bei Dezimalzahlen
frexp	bestimmt für Werte Mantisse und Exponent zur Basis 2
labs	ermittelt den Absolutwert vom Typ *long*
ldexp	berechnet das Produkt aus Mantisse und einer Zweierpotenz
ldiv	berechnet Quotienten und Divisionsrest für den Typ *long*
log	ermittelt den natürlichen Logarithmus
log10	ermittelt den dekadischen Logarithmus
modf	spaltet Dezimalzahl in ganzzahligen und Nachkommateil
pow	berechnet das Ergebnis von Potenzen
rand	generiert eine Zufallszahl
sin	ermittelt den Sinus
sinh	ermittelt den hyperbolischen Sinus
sqrt	berechnet die Quadratwurzel
srand	initialisiert den Zufallszahlengenerator
tan	ermittelt den Tangens
tanh	ermittelt den hyperbolischen Tangens

String- und Speicherfunktionen

bsearch	führt binäre Suche in einem sortierten Feld durch
memchr	sucht in einem bestimmten Bereich nach einem Zeichen
memcmp	vergleicht zwei Speicherbereiche miteinander
memcpy	kopiert einen Teilstring auf einen anderen Speicherplatz
memmove	kopiert einen Teilstring auf einen anderen Speicherplatz
memset	initialisiert einen Speicherbereich
qsort	sortiert ein Feld nach dem Quicksort-Algorithmus
strcat	verkettet zwei Strings miteinander
strchr	sucht in einem String nach einem Zeichen
strcmp	vergleicht zwei Strings miteinander
strcpy	kopiert einen String auf einen anderen Speicherplatz
strcspn	ermittelt die Anzahl Zeichen bis zu einem Begrenzer

strerror	liefert Text zu Fehlernummern
strlen	ermittelt die Länge eines Strings
strncat	verkettet einen String mit einem Teilstring
strncmp	vergleicht einen Teilstring mit einem anderen String
strncpy	kopiert einen Teilstring auf einen anderen Speicherplatz
strpbrk	ermittelt die Position des ersten Begrenzerzeichens
strrchr	sucht von rechts nach links nach einem Zeichen
strspn	sucht Position eines nicht zur Vorgabe gehörigen Zeichens
strstr	sucht einen Teilstring in einem String
strtok	führt Token-Suche in einem String durch

17.5.2 Wie werden Deklarationen gelesen?

Im folgenden Abschnitt werden Bibliotheksfunktionen beschrieben und ihre Deklaration dargestellt. Da diese manchmal sehr komplex erscheinen, soll Ihnen an dieser Stelle eine kurze Einführung in die Interpretation solcher Deklarationen gegeben werden.

Eine Deklaration besteht grundsätzlich aus einem *Bezeichner* (symbolischer Name), der durch einen oder mehrere *Zeiger-* (Pointer-), *Feld-* (Array-) oder *Funktions*-Modifikatoren beschrieben wird. Wenn Sie mehrere solcher Modifikatoren miteinander kombinieren, müssen Sie darauf achten, daß Funktionen keine Funktionen und Felder zurückgeben und daß Felder auch keine Funktionen als Elemente haben können. Ansonsten sind alle Kombinationen erlaubt. Dabei haben Funktions- und Array-Modifikatoren Vorrang vor Zeiger-Modifikatoren. Durch Klammerungen kann diese Rangfolge verändert werden.

Bei der Interpretation beginnt man am besten beim Bezeichner und liest nach rechts bis zum Ende bzw. bis zu einer einzelnen rechten Klammer. Dann fährt man links vom Bezeichner mit evtl. vorhandenen Zeiger-Modifikatoren fort, bis das Ende oder eine einzelne linke Klammer erreicht wird. Dieses Verfahren wird für jede geschachtelte Klammer von innen nach außen wiederholt. Zum Schluß wird der Typ-Kennzeichner gelesen. Sehen Sie sich dazu ein Beispiel an:

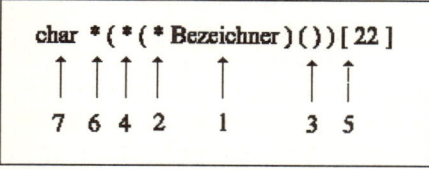

Bezeichner (1) ist hier ein Zeiger (2) auf eine Funktion (3), die einen
Zeiger (4) auf ein Feld mit 22 Elementen (5) zurückgibt, die Zeiger (6)
auf *char*-Werte (7) sind!

Die folgenden vier Beispiele sollen noch einmal den Einsatz von Klammern verdeutlichen:

```
char *Kosten[10]      Array aus 10 Zeigern auf char-Werte
char (*Kosten)[10]    Zeiger auf ein Array aus 10 char-Werten
char *Kosten(int)     Funktion, die einen Zeiger auf einen
                      char-Typ liefert
char (*Kosten)(int)   Zeiger auf eine Funktion, die einen char-Typ
                      liefert
```

Wenn Sie diese Regeln anwenden, so dürften Sie keine Probleme haben, die Bibliotheksfunktionen zu verstehen. Als zusätzliche Hilfe wird
jedoch die Arbeitsweise jeder Funktion kurz beschrieben.

17.5.3 Beispiele wichtiger Funktionen

Die folgende Aufstellung enthält die wichtigsten der im Buch behan-
delten Funktionen mit einer detaillierten Beschreibung ihrer Syntax.

atoi

Syntax:	int atoi(char *string*);
Prototyp in:	stdlib.h
Rückgabe:	Es wird *string* in eine Zahl vom Typ Integer konvertiert. Der String muß folgenden Aufbau haben: [+-][Ziffern] Die Whitespace-Zeichen (Leerzeichen, Tabulator, Carriage Return, Seitenvorschub) werden ignoriert; bei auftretenden Fehlern wird 0 zurückgegeben.

calloc

Syntax:	void *calloc(size_t *nitems*, size_t *elsize*);
Prototyp in:	stdlib.h
Rückgabe:	Es wird Speicherplatz für ein Array aus *nitems* Elementen mit der jeweiligen Größe von *elsize* Bytes zugewiesen und ein Zeiger auf dieses Array zurückgegeben (size_t ist

gleichbedeutend mit *unsigned int*). Wenn kein Speicher mehr frei ist, wird ein NULL-Pointer zurückgegeben.

exit

Syntax:	void exit(int *status*);
Prototyp in:	stdlib.h
Rückgabe:	Diese Funktion leert alle Puffer, schließt alle offenen Dateien und beendet das Programm. An den aufrufenden Prozeß (Betriebssystem) wird der Wert *status* zurückgegeben. Der Wert von *status* kann z. B. in einer Batchdatei mit ERRORLEVEL geprüft werden.

fclose

Syntax:	int fclose(FILE **stream*);
Prototyp in:	stdio.h
Rückgabe:	Es wird der vom Betriebssystem angelegte Datenpuffer in die Datei geschrieben und anschließend die mit dem Dateizeiger *stream* verbundene Datei geschlossen. Wenn ein Fehler auftritt, wird ein Wert ungleich 0, ansonsten 0 zurückgegeben.

feof

Syntax:	int feof(FILE **stream*);
Prototyp in:	stdio.h
Rückgabe:	Diese Funktion testet die Dateiende-Bedingung für die mit dem Dateizeiger *stream* verbundene Datei. Wenn das Dateiende erreicht ist, wird ein Wert ungleich 0, sonst 0 zurückgegeben.

fgetc

Syntax:	int fgetc(FILE **stream*);
Prototyp in:	stdio.h
Rückgabe:	Es wird ein Zeichen von der mit *stream* verbundenen Datei gelesen und zurückgegeben. Wird das Dateiende erreicht, wird ein negativer Wert zurückgegeben.

fgets

Syntax:	char *fgets(char **buffer*, int *n*, FILE **stream*);
Prototyp in:	stdio.h

Rückgabe: Es werden alle Zeichen bis zum Auftreten von EOF oder \n (Zeilenende), jedoch maximal *n*-1 Zeichen aus der mit *stream* verbundenen Datei in den Puffer *buffer* gelesen. Wenn die Funktion fehlerfrei ausgeführt wurde, liefert sie einen Zeiger auf den Puffer, ansonsten einen NULL-Zeiger.

fopen
Syntax: FILE *fopen(char *filename, char *access);
Prototyp in: stdio.h
Rückgabe: Die Funktion öffnet die Datei mit Namen *filename* im durch *access* angegebenen Modus und liefert einen Zeiger auf eine FILE-Struktur bzw. einen NULL-Zeiger, wenn ein Fehler auftrat. Als *access* können folgende Modi angegeben werden:

"r" für   «read» ASCII-Datei
"w" für   «write» ASCII-Datei
"a" für   «append» ASCII-Datei
"rb" für   «read binary» Binärdatei
"wb" für   «write binary» Binärdatei
"r+" für   «read plus write» vorhandene ASCII-Datei
"w+" für   «write plus read» ASCII-Datei, ggf. erzeugen
"a+" für   «append plus read» ASCII-Datei, ggf. erzeugen
"r+b" für «read plus write binary» vorhandene Binärdatei
"w+b" für «write plus read binary» Binärdatei, ggf. erzeugen
"a+b" für «append plus read binary» Binärdatei, ggf. erzeugen

fprintf
Syntax: int fprintf(FILE *stream, char *format, ...);
Prototyp in: stdio.h
Rückgabe: Die Funktion arbeitet wie printf, nur daß die Ausgabe auf die mit dem Dateizeiger *stream* verbundene Datei erfolgt.

fputc
Syntax: int fputc(int *c*, FILE *stream);
Prototyp in: stdio.h

Rückgabe: Es wird das Zeichen *c* auf die mit dem Zeiger *stream* verbundene Datei geschrieben. Bei fehlerfreier Arbeitsweise liefert fputc das Zeichen *c*, sonst EOF zurück.

fputs
Syntax: int fputs(char *string*, FILE *stream*);
Prototyp in: stdio.h
Rückgabe: Es wird ein String (ohne die abschließende binäre Null [0]) in die mit *stream* verbundene Datei geschrieben. Wenn ein Fehler auftritt, wird ein Wert ungleich 0, sonst 0 zurückgegeben.

free
Syntax: void free(void *block*);
Prototyp in: stdlib.h
Rückgabe: Der Speicherblock, auf den der Zeiger *block* weist, wird freigegeben.

fseek
Syntax: int fseek(FILE *stream*, long *offset*, int *origin*);
Prototyp in: stdio.h
Rückgabe: Der mit *stream* verbundene Dateizeiger wird bewegt. Dabei gibt *offset* Richtung und Entfernung relativ zu *origin* an. Für *origin* muß eine der drei folgenden Konstanten eingesetzt werden:
               SEEK_SET *offset* bezieht sich auf den Dateianfang.
               SEEK_CUR *offset* bezieht sich auf die aktuelle Position.
               SEEK_END *offset* bezieht sich auf das Dateiende.
               Wenn die neue Position eingestellt werden konnte, wird 0, ansonsten ein Wert ungleich 0 zurückgegeben.

getc
Syntax: int getc(FILE *stream*);
Prototyp in: stdio.h
Rückgabe: Es wird das nächste Zeichen von der mit *stream* verbundenen Datei gelesen und zurückgegeben. Wenn ein Fehler auftrat, wird EOF zurückgegeben.

_getch (kein Standard)

Syntax:	int getch(void);
Prototyp in:	conio.h
Rückgabe:	Es wird ein Zeichen direkt von der Tastatur gelesen und zurückgegeben. Die Programmausführung wird fortgesetzt, nachdem eine Taste gedrückt wurde.

getchar

Syntax:	int getchar(void);
Prototyp in:	stdio.h
Rückgabe:	Es wird das nächste Zeichen von stdin (Tastatur) gelesen und zurückgegeben. CTRL-Z wird als EOF interpretiert. Wenn ein Fehler auftrat, wird EOF zurückgegeben.

_getche (kein Standard)

Syntax:	int getche(void);
Prototyp in:	conio.h
Rückgabe:	Es wird ein Zeichen direkt von der Tastatur gelesen, auf dem Bildschirm angezeigt und zurückgegeben. Die Programmausführung wird fortgesetzt, nachdem eine Taste gedrückt wurde.

gets

Syntax:	char *gets(char *buffer)
Prototyp in:	stdio.h
Rückgabe:	Diese Funktion liest Zeichen von stdin (Tastatur), bis ein «Newline»- oder ein EOF-Zeichen eingegeben wird, und speichert sie als Zeichenkette in buffer ab. Es wird ein Zeiger auf buffer zurückgegeben oder ein NULL-Zeiger, wenn ein Fehler auftrat.

main

Syntax:	int main(int argc, char *argv[]);
Prototyp in:	–
Rückgabe:	Wenn nichts anderes im Programm definiert wurde, wird 0 zurückgegeben. Die Argumente argc und argv enthalten die Gesamtzahl der Argumente in der DOS-Kommandozeile beim Aufruf (argc) und die Argumente selbst (argv).

malloc

Syntax:	void *malloc(size_t *size*);
Prototyp in:	stdlib.h
Rückgabe:	Es wird ein *size* Bytes großer Speicherbereich reserviert und ein Zeiger auf diesen Bereich zurückgegeben bzw. ein NULL-Zeiger, falls Fehler auftraten.

perror

Syntax:	void perror(char *string*);
Prototyp in:	stdlib.h
Rückgabe:	Gibt zwei Strings auf dem Bildschirm aus. Erstens die Zeichenkette *string* und zweitens den Fehlertext des Betriebssystems.

printf

Syntax:	int printf(char *format*, ...);
Prototyp in:	stdio.h
Rückgabe:	Die Funktion schreibt den String, auf den *format* zeigt, auf stdout (Bildschirm) und gibt die Anzahl der ausgegebenen Zeichen zurück bzw. −1, wenn ein Fehler auftrat. Dabei werden die optionalen Argumente, die hinter *format* folgen (...), in die Platzhalter des Strings eingefügt. Die Platzhalter haben folgende allgemeine Form:

%[Schalter][Breite][.Genauigkeit][Modifikator]Typ

Als Typen sind zulässig:

d	für signed int (dezimal)
i	für signed int (dezimal)
o	für unsigned int (oktal)
u	für unsigned int (dezimal)
x;X	für unsigned int (hexadezimal, a–f;A–F)
a;A	für Fließkomma (hexadezimal, a–f;A–F)
f	für Fließkomma ([−]dddd.dddd)
e	für Fließkomma ([−]d.ddd e [+ −]ddd)
g	für Fließkomma (autom. Wahl aus f und e)
E	wie e, jedoch Buchstabe E
G	wie g, jedoch Buchstabe E
c	für einzelne Zeichen
s	für Zeichenketten
%	für das Zeichen %

p   für die Adresse des zugehörigen Arguments

Als Schalter sind möglich:

-    für linksbündig

+   für Vorzeichen auch bei positiven Werten

für alternative Darstellung der Typen o,x,X,f,e,E,g,G

(Leerstelle) für Leerstelle bei positiven Werten

Die Mindestbreite wird entweder direkt durch Ziffern angegeben, oder es wird mit einem Stern (*) auf das nächste Argument der Liste hinter *format* verwiesen.

Genauigkeit gibt die Anzahl Nachkommastellen bzw. die maximale Anzahl Zeichen an. Sie wird entweder als Punkt (.), gefolgt von Ziffern, direkt angegeben, oder es wird durch die Zeichenkombination Punkt und Stern (.*) auf das nächstfolgende Argument verwiesen.

Modifikator können folgende Zeichen sein:

h   wenn Typ d, i, u, o, x oder X short ist

l   wenn Typ d, i, u, o, x oder X long ist

L   wenn Typ f, e, E, g oder G long ist

F   wenn Typ p oder s far-Zeiger ist

N   wenn Typ p oder s near-Zeiger ist

putc
Syntax: int putc(int *c*, FILE *stream*);

Prototyp in: stdio.h

Rückgabe: Es wird das Zeichen *c* auf die mit *stream* verbundene Datei ausgegeben. Treten Fehler auf, wird EOF, ansonsten das Zeichen *c* zurückgegeben.

putchar
Syntax: int putchar(int *c*);

Prototyp in: stdio.h

Rückgabe: Es wird das Zeichen *c* auf stdout ausgegeben. Treten Fehler auf, wird EOF, ansonsten das Zeichen *c* zurückgegeben.

puts
Syntax: int puts(char *string*);

Prototyp in: stdio.h

Rückgabe: Es wird der String, auf den *string* weist, auf stdout ausgegeben und ein «Newline»-Zeichen \n angehängt. Wenn ein Fehler auftritt, wird ein Wert ungleich 0, sonst 0 zurückgegeben.

realloc

Syntax:	void *realloc(void *block, size_t newsize);
Prototyp in:	stdlib.h
Rückgabe:	Ein bereits reservierter Speicherblock wird in seiner Größe verändert. Dabei weist block auf den zu verändernden Block, und newsize bestimmt seine neue Größe. Wenn ein Fehler auftrat, wird ein NULL-Zeiger, ansonsten ein Zeiger auf den veränderten Block zurückgegeben.

remove

Syntax:	int remove(char *filename);
Prototyp in:	stdio.h
Rückgabe:	Es wird die Datei mit dem Namen filename gelöscht. Die Datei darf nicht geöffnet sein. Wenn ein Fehler auftrat, wird ein Wert ungleich 0, ansonsten 0 zurückgegeben.

rename

Syntax:	int rename(char *oldname, char *newname);
Prototyp in:	stdio.h
Rückgabe:	Die existierende Datei mit dem Namen oldname wird in newname umbenannt. Wenn ein Fehler auftrat, wird ein Wert ungleich 0, ansonsten 0 zurückgegeben.

scanf

Syntax:	int scanf(char *format, ...);
Prototyp in:	stdio.h
Rückgabe:	Die Funktion liest von stdin (Tastatur) nach dem angegebenen Format, auf das format zeigt, und gibt die Anzahl der Eingabewerte zurück bzw. EOF, wenn ein Fehler auftrat. Dabei werden die optionalen Argumente, die hinter format folgen (...), mit den Eingabewerten gemäß Format aufgefüllt. Die Platzhalter haben folgende allgemeine Form:

%[*][Maxzeichen][Modifikator]Typ

Als Typen sind zulässig:

d   für signed int (dezimal)

i   für signed int (dezimal)

o   für unsigned int (oktal)

u   für unsigned int (dezimal)

x   für unsigned int (hexadezimal, a–f)

X   für unsigned int (hexadezimal, A–F)

f   für Fließkomma ([–]dddd.dddd)

e   für Fließkomma ([–]d.ddd e [+–]ddd)

g   für Fließkomma (autom. Wahl aus f und e)

E   wie e, jedoch Buchstabe E

G   wie g, jedoch Buchstabe E

c   für einzelne Zeichen

s   für Zeichenketten

[für einen Zeiger auf einen Array

%   für das Zeichen %

p   für die Adresse des zugehörigen Arguments

Das Zeichen * bewirkt, daß zwar eingelesen, aber keinem Argument zugewiesen wird.

Mit Maxzeichen kann durch eine positive ganze Zahl die maximale Zahl der Zeichen angegeben werden, die einzulesen und einem Argument zuzuweisen sind.

Modifikator können folgende Zeichen sein:

h   wenn Typ d, i, u, o, x oder X short ist

l   wenn Typ d, i, u, o, x oder X long ist

L   wenn Typ f, e, E, g oder G long ist

F   wenn Typ p oder s far-Zeiger ist

N   wenn Typ p oder s near-Zeiger ist

_spawn ...

Syntax: int **spawnl**(int *mode*, char **path*, char **arg0*, ..., NULL);

int **spawnlp**(int *mode*, char **path*, char **arg0*, ..., NULL);

int **spawnle**(int *mode*, char **path*, char **arg0*, ..., NULL, char **envp[]*);

int **spawnlpe**(int *mode*, char **path*, char **arg0*, ..., NULL, char **envp[]*);

int **spawnv**(int *mode*, char **path*, char **argv[]*);

int **spawnvp**(int *mode*, char **path*, char **argv[]*);

int **spawnve**(int *mode*, char **path*, char **argv[]*, char **envp[]*);

int **spawnvpe**(int *mode*, char **path*, char **argv[]*, char **envp[]*);

Prototyp in: process.h

Rückgabe: Bei fehlerfreier Ausführung wird der exit-Code des Child-Prozesses zurückgeliefert; dieser ist normalerweise 0. Der exit-Code eines Programms kann mit der Funktion *exit* gesetzt werden.

sscanf
Syntax: int sscanf(char **string*, char **format*,...);

Prototyp in: stdio.h

Rückgabe: Diese Funktion arbeitet genauso wie die Funktion scanf. Der Unterschied besteht darin, daß sscanf die Daten aus einem String liest, auf den *string* zeigt, statt von stdin wie scanf.

strcat
Syntax: char **strcat(char **deststr*, char **srcstr*);

Prototyp in: string.h

Rückgabe: Diese Funktion hängt eine Kopie des Strings, auf den *srcstr* zeigt, an *deststr* an. Es wird ein Zeiger auf *deststr* zurückgegeben.

strcmp
Syntax: int strcmp(char **str1*, char **str2*);

Prototyp in: string.h

Rückgabe: Diese Funktion vergleicht die beiden Zeichenketten, auf die *str1* und *str2* zeigen, Byte für Byte miteinander. Der Rückgabewert ist kleiner null, wenn *str1* kleiner als *str2* ist. Der Rückgabewert ist gleich null, wenn *str1* und *str2* identisch sind. Der Rückgabewert ist größer null, wenn *str1* größer als *str2* ist.

strcpy
Syntax: char **strcpy(char **deststr*, char **srcstr*);

Prototyp in: string.h

Rückgabe: Es wird der String, auf den *srcstr* zeigt, an die Speicherstelle kopiert, auf die *deststr* zeigt, und ein Zeiger auf *deststr* zurückgegeben.

strlen

Syntax:	size_t strlen(char *string);
Prototyp in:	string.h
Rückgabe:	Es wird die Anzahl Zeichen bestimmt, aus denen der String besteht, auf den *string* zeigt. Dieser Wert wird zurückgegeben.

system

Syntax:	int system(char *kommandozeile);
Prototyp in:	stdlib.h
Rückgabe:	Die Zeichenkette, auf die *kommandozeile* weist, wird dem Kommandoprozessor des Betriebssystems (COMMAND.COM) übergeben. Wenn Fehler auftraten, wird ein Wert ungleich 0, ansonsten 0 zurückgegeben.

17.6 Musterlösungen

Lösung zu Aufgabe 1

```
Das Ergebnis von
12 durch 4 ist 3.
```

Lösung zu Aufgabe 2

```
printf("\nDieser Text\nenthaelt\nviele\nZeilenumbrueche");
```

Lösung zu Aufgabe 3

```
4 + 6 / 2 = 7
```

Das Programm gibt die Zahl 7 aus, da zuerst 6/2 berechnet und dieses Ergebnis dann zu 4 addiert wird.

Lösung zu Aufgabe 4

strlen benötigt *#include <string.h>*
getchar benötigt *#include <stdio.h>*

Lösung zu Aufgabe 5

Die Funktionsnamen *PRINTF* und *SCANF* müssen klein geschrieben werden (*printf* bzw. *scanf*). Der Linker meldet sonst *unresolved external* o. ä.
Damit weist er darauf hin, daß er Funktionen in dieser Schreibweise nicht
in der Bibliothek finden kann.

Lösung zu Aufgabe 6

Statt

printf("%f ",schlaege...

muß es heißen:

printf("%.0f ",schlaege...

Lösung zu Aufgabe 7

```
#include <stdio.h>

main() {
   float liter,km;
   printf("\n\t\tBenzinverbrauch\n");
   printf("\nGefahrene Kilometer : ");
   scanf("%f",&km);
   printf("Benzinverbrauch      : ");
   scanf("%f",&liter);
   printf("\nVerbrauch = %.2f l/100km.",liter * 100 / km);
}
```

Lösung zu Aufgabe 8

a) richtig
b) falsch, denn links steht ein Ausdruck
c) falsch, denn der Variablenname beginnt mit einer Ziffer
d) richtig
e) richtig

Lösung zu Aufgabe 9

Die Variable *summe* hat einen undefinierten Wert. Richtig wäre

```
double summe=0.0...
```

Lösung zu Aufgabe 10

a) Das Ergebnis ist immer ein positiver Wert, denn wenn x kleiner als 0 ist, wird das Vorzeichen durch -x umgedreht.
b) Das Ergebnis ist immer eine physikalisch gültige Temperatur, denn Werte unterhalb des absoluten Nullpunktes (−273.15 °C) gibt es nicht.

Lösung zu Aufgabe 11

a) falsch
b) wahr
c) wahr
d) wahr

Lösung zu Aufgabe 12

```
printf("\nSie haben einen Grossbuchstaben eingegeben.");
printf("\nSie haben einen Kleinbuchstaben eingegeben.");
```

Lösung zu Aufgabe 13

```
/* Aufg13.c */
#include <stdio.h>

main() {
  double temperatur;
  printf("\nBitte Temperatur eingeben :");
  scanf("%lf",&temperatur);
  if (temperatur >= 100.0)
    printf("Das Wasser verdampft.");
  else if (temperatur > 0.0)
    printf("Das Wasser bleibt fluessig.");
  else
    printf("Das Wasser gefriert.");
}
```

Lösung zu Aufgabe 14

Es fehlen fast alle *break*-Anweisungen. Außerdem müssen die Zeichen-konstanten beim *case* in Apostrophe gesetzt werden, zum Beispiel *case '0':, case '1':* usw.

Lösung zu Aufgabe 15

a) 10 Schleifendurchläufe: 0 1 2 3 4 5 6 7 8 9
b) 10 Schleifendurchläufe: 10 9 8 7 6 5 4 3 2 1
c) 5 Schleifendurchläufe: 1 4 7 10 13
d) 6 Schleifendurchläufe: 0 0.5 1.0 1.5 2.0 2.5
e) Die Schleife wird keinmal durchlaufen, denn i < 0 ist falsch.

Lösung zu Aufgabe 16

Der Text *Hallo Welt!* wird 15mal gedruckt.

Lösung zu Aufgabe 17

Die *for*-Schleife selbst sorgt dafür, daß nur die ungeraden Zahlen addiert werden, da sie bei 1 beginnt und dann in Zweierschritten hochgezählt wird.

```
/* Aufg17.c */
#include <stdio.h>

main() {
  int n,x,summe=0;
  printf("\nBitte geben Sie den Wert fuer n ein: ");
  scanf("%i",&n);
  for(x=1; x<=n; x=x+2)
    summe=summe+x;
  printf("\nDie Summe aller ungeraden Zahlen von ");
  printf("1 bis %i ist %i \n",n,summe);
}
```

Lösung zu Aufgabe 18

```
/* Aufg18.c */
#include <stdio.h>

main() {
  int zeile,spalte;
  for(zeile=20; zeile >= 1; zeile=zeile-1) {
    for(spalte=1; spalte <= zeile; spalte=spalte+1)
      printf("*");
    printf("\n");
  }
}
```

Lösung zu Aufgabe 19

```
/* Aufg19.c */
#include <stdio.h>

main() {
  int n,x;
  double produkt=1;
  printf("\t\tFakultaetsberechnung\n");
  printf("\nBitte n eingeben : ");
  scanf("%i",&n);
  for(x=1; x<=n; x=x+1)
    produkt=produkt*x;
  printf("\n%i! = %.0f",n,produkt);
}
```

Der höchste Wert, der berechnet werden kann, ist 170. Wenn Sie größere Zahlen eingeben, liefert das Programm sofort erkennbare Fehler. Aber auch bei niedrigeren Werten als 170 sind die Ergebnisse schon ungenau.

Lösung zu Aufgabe 20

a)   while(summe != 1000)
b)   while(x == y)
c)   while(zahl >= n)
d)   while(x-y != 145)
e)   while(a*b == c*d)

Lösung zu Aufgabe 21

```
/* Aufg21.c */
#include <stdio.h>

main() {
   int n,x,summe=0;
   printf("\nBitte geben Sie den Wert fuer n ein : ");
   scanf("%i",&n);
   x=1;
   while(x <= n) {
     summe=summe+x;
     x=x+2;
   }
   printf("\nDie Summe aller ungeraden Zahlen von ");
   printf("1 bis %i ist %i \n",n,summe);
}
```

Lösung zu Aufgabe 22

```
/* Aufg22.c */
#include <stdio.h>

main() {
   int zahl;
   do {
     printf("\nBitte Zahl kleiner 0 eingeben : ");
     scanf("%i",&zahl);
   } while(zahl >= 0);
}
```

Lösung zu Aufgabe 23

Die Abbruchbedingung in der Zeile

```
while(wert != restwert)
```

führt dazu, daß das Programm in den meisten Fällen nicht abbricht, da die Bedingung != immer erfüllt ist, wenn beide Werte nicht genau gleich sind. Auf Grund der Berechnung im Programm ist das aber unwahrscheinlich. Eine bessere Lösung ist:

```
while(wert > restwert)
```

Lösung zu Aufgabe 24

```
double d_min(double x, double y) {
  if (x < y)
    return x;
  else
    return y;
}
```

Lösung zu Aufgabe 25

```
double func(double x, int y) {
  ...
```

Lösung zu Aufgabe 26

Die Funktion stellt fest, ob es sich bei dem Parameter um einen Umlaut handelt oder nicht. Ist das Zeichen ein Umlaut, wird 1 (logisch wahr) zurückgegeben, andernfalls 0 (logisch falsch).

Lösung zu Aufgabe 27

```
/* Aufg27.c */

double d_abs(double wert) {
  if(wert > 0.0)
    return(wert);
  else
    return(-wert);
}
```

Lösung zu Aufgabe 28

```
/* Aufg28.c */

void beep(int wieoft) {
  int i;
  for(i=1; i<=wieoft; i++)
    printf("\a");
}
```

Lösung zu Aufgabe 29

```
/* Aufg29.c */

int vorzeichen(double wert) {
  if(wert > 0.0)
    return(1);
  else if(wert < 0.0)
    return(-1);
  else return(0);
}
```

In diesem und dem nächsten Lösungsvorschlag sind die geschweiften Klammern um die *return*-Anweisungen weggelassen worden, da hinter dem *if* nur diese eine Anweisung folgt. Wenn Sie diese Klammern gesetzt haben, ist Ihre Lösung natürlich auch richtig.

Lösung zu Aufgabe 30

```
/* Aufg30.c */

double hoch(double wert, int potenz) {
  int i;
  double ergebnis=1.0;
  if(potenz == 0) return(1);      /* laut Definition */
  else if(potenz < 0) return(-1);    /* ungültiger Wert */
  else {
    for(i=1; i<=potenz; i++)
      ergebnis = ergebnis * wert;
    return(ergebnis);
  }
}
```

Lösung zu Aufgabe 31

Die binäre Null am Ende der Zeichenkette fehlt. Sie kann durch die Zeile

```
wort[7]='\0';
```

eingefügt werden.

Lösung zu Aufgabe 32

Das Feld *puffer* ist zu klein, um den Text aufzunehmen. Es muß inklusive der binären Null mindestens 21 Zeichen groß sein.

Lösung zu Aufgabe 33

```
char ergebnis[30];
strcpy(ergebnis, string1);
strcat(ergebnis, string2);
strcat(ergebnis, string3);
```

Lösung zu Aufgabe 34

```
/* Aufg34.c */
#include <stdio.h>
#include <string.h>

main() {
  char satz[80];
  int i,laenge,anzahl=0;
  double prozent;
  printf("\nBitte Satz eingeben\n>");
  gets(satz);
  laenge=strlen(satz);
  for(i=0; i<laenge; i++) {
    if(satz[i] == 'e')
      anzahl++;
  }
  prozent=100.0/laenge*anzahl;
  printf("\n%.2lf%% der Zeichen sind ein 'e'.",prozent);
}
```

Damit die Funktion *printf* das Prozentzeichen ausdruckt, muß es doppelt angegeben werden.

Lösung zu Aufgabe 35

Das Programm zählt die Anzahl der Leerzeichen in einem Satz. (Das Leerzeichen hat den ASCII-Code 32.)

Lösung zu Aufgabe 36

```
/* Aufg36.c */
#include <stdio.h>

main() {
  int i=0;
  char satz[100];
  printf("\nBitte einen Satz eingeben.\n>");
  gets(satz);
  while(satz[i]) {
    switch(satz[i]) {
```

```
      case ',':
      case '.':
      case '?':
      case '!':
      case ' ':
        break;
      default:
        printf("%c",satz[i]);
    }
    i++;
  }
}
```

Lösung zu Aufgabe 37

```
/* Aufg37.c */
#include <stdio.h>

main() {
  int i=0;
  char text[100];
  printf("\nBitte einen Satz eingeben.\n>");
  gets(text);
  while(text[i]) {
    if(text[i] != ' ')
      printf("%c",text[i]);
    else
      printf("\n");
    i++;
  }
}
```

Lösung zu Aufgabe 38

Das Programm liefert den Wert 12.

Lösung zu Aufgabe 39

Das Programm liefert die folgende Ausgabe:

11 12 13 11 12 13 11 12 13

Lösung zu Aufgabe 40

Das Programm liest einen Satz über die Tastatur ein (*eingeben*), tauscht dann alle Leerzeichen dieses Satzes gegen Zeilenvorschübe aus (*tauschen*) und gibt diesen bearbeiteten Satz mit der Funktion *ausgeben* wieder auf dem Bildschirm aus.

Lösung zu Aufgabe 41

```
/* Aufg41.c */
#include <stdio.h>

#define DEMO

main() {
  #ifdef DEMO
    char kundenname[6];
  #else
    char kundenname[1025];
  #endif
}
```

Lösung zu Aufgabe 42

```
/* Aufg42.c */
#include <stdio.h>

#define QUADRAT(a) a*a

main() {
  int x=4;
  printf("\nDas Quadrat von %i ist %i",2,QUADRAT(2));
  printf("\nDas Quadrat von %i ist %i",x,QUADRAT(x));
}
```

Lösung zu Aufgabe 43

```
Die Variable 'summe2' hat den Wert 187.500000
```

Lösung zu Aufgabe 44

Die Variable 'x' hat den Wert 10

Lösung zu Aufgabe 45

Wenn man davon ausgeht, daß die *double*-Werte an der gleichen Stelle im Speicher beginnen, zeigt der Pointer auf die folgenden Speicherstellen:

6553068
6553076
6553084

Entscheidend ist jedoch, daß jetzt der Inkrementoperator den Pointer jeweils um 8 Bytes erhöht.

Lösung zu Aufgabe 46

```
/* Aufg46.c */
#include <stdio.h>
#include <string.h>

#define MAX_STRING 80

void tausche_string(char *s1, char *s2) {
  char hilf[MAX_STRING];
  strcpy(hilf,s1);
  strcpy(s1,s2);
  strcpy(s2,hilf);
}

main() {
  char string1[MAX_STRING],string2[MAX_STRING];
  strcpy(string1,"Erster String");
  strcpy(string2,"Zweiter String");
  tausche_string(string1,string2);
  printf("\n%s",string1);
  printf("\n%s",string2);
}
```

Lösung zu Aufgabe 47

```
/* Aufg47.c */
#include <stdio.h>
#include <string.h>

#define MAX_STRING 80

void ersetze_zeichen(char *s, char alt, char neu) {
  while(*s) {
    if(*s == alt)
    *s = neu;
    s++;
  }
}

main() {
  char string[MAX_STRING];
  strcpy(string,"In diesem Satz wird e durch E ersetzt");
  ersetze_zeichen(string,'e','E');
  printf("\n%s",string);
}
```

Lösung zu Aufgabe 48

Das Programm weist den Wert *4711* einer unbekannten Speicherstelle zu, da der Pointer *ptr* nicht initialisiert wurde.

Lösung zu Aufgabe 49

Die Zuweisung *ptr = zahl* ist falsch. Richtig ist *ptr = &zahl.*

Lösung zu Aufgabe 50

```
/* Aufg50.c */
#include <stdio.h>

main() {
  int ch;
  do {
    ch=fgetc(stdin);
```

```
    printf("%c",ch);
  } while(ch != 'x');
}
```

Lösung zu Aufgabe 51

```
/* Aufg51.c */
#include <stdio.h>

main(int argc, char *argv[]) { /* Vergleicht 2 Dateien */
  FILE *eins,*zwei;
  unsigned long int position; /* akt. Pos. i.d. Datei */
  int erstes,zweites; /* Zeichen aus 1. und 2. Datei */
  if(argc != 3) {
    printf("\nFalsche Anzahl Parameter!");
    printf("\nBitte zu vergleichende Dateien angeben!");
    exit(1);
  }
  if((eins=fopen(argv[1],"rb"))==NULL) {
    printf("\nDatei %s nicht gefunden!",argv[1]);
    exit(2);
  }
  if((zwei=fopen(argv[2],"rb"))==NULL) {
    printf("\nDatei %s nicht gefunden!",argv[2]);
    exit(3);
  }
  printf("\n\nVerglichen wird '%s' mit '%s'.",
      argv[1],argv[2]);
  position=1;
  erstes=fgetc(eins);
  zweites=fgetc(zwei);
  while(erstes == zweites && !feof(eins) && !feof(zwei)) {
    position++;
    erstes=fgetc(eins);
    zweites=fgetc(zwei);
  }
  if(erstes != zweites) {
    printf("\nUnterschied beim %li Zeichen.\a",position);
  }
  else {
    printf("\nVergleich ok!\a");
  }
  fclose(eins);
```

```
    fclose(zwei);
}
```

Lösung zu Aufgabe 52

```
/* Aufg52.c */
#include <stdio.h>
#include <stdlib.h>

void cleanup();

main(int argc, char *argv[]) { /* Kopiere eine Datei */
  FILE *ein,*aus;
  int ch;
  if(argc != 3) /* Falsche Anzahl Parameter */
    exit(1);
  atexit(cleanup);
  if((ein=fopen(argv[1],"rb"))==NULL)
    exit(2);
  if((aus=fopen(argv[2],"wb"))==NULL)
    exit(3);
  ch=fgetc(ein);
  while(!feof(ein)) {
    fputc(ch,aus);
    ch=fgetc(ein);
  }
  fclose(ein);
  fclose(aus);
}

void cleanup() {
  fflush(NULL);
  _fcloseall();
}
```

Lösung zu Aufgabe 53

```
/* Aufg53.c */
#include <stdio.h>
#include <stdlib.h>
```

```c
#include <signal.h>

#define MAX_STRING 81

main(int argc,char *argv[]) {
  FILE *stream;
  char puffer[MAX_STRING];
  int ch;
  signal(SIGINT,SIG_IGN);
  signal(SIGBREAK,SIG_IGN);
  /* Ist kein Kommandozeilenparameter vorhanden? */
  if(argc < 2) {
    printf("\nAufruf: Aufg53 <dateiname>\n");
    exit(1);
  }
  /* Ist die Datei nicht vorhanden? */
  if((stream = fopen(argv[1],"r")) == NULL) {
    printf("\n'%s': Oeffnungsfehler!\n",argv[1]);
    exit(1);
  }
  while(fgets(puffer,MAX_STRING,stream)!=NULL) {
    printf("%s",puffer);
    signal(SIGINT,SIG_DFL);
    signal(SIGBREAK,SIG_DFL);
    ch=fgetc(stdin);     /* Warte auf Tastendruck */
    signal(SIGINT,SIG_IGN);
    signal(SIGBREAK,SIG_IGN);
    switch(ch) {
      /* zurück zum Anfang */
      case 'a':
      case 'A':
        fseek(stream,0L,SEEK_SET);
        break;
      /* Abbruch */
      case 27:
        goto ende;
    }
    fseek(stdin,0L,SEEK_END);
  }
  ende:
  fclose(stream);
}
```

Lösung zu Aufgabe 54

```
/* Aufg54.c */
#include <stdio.h>

main() {
  enum {RS=8,TAB,LF,VT,FF,CR};
  char zeichen;
  zeichen = RS;
  printf("\nSteuerzeichen RS :%c:",zeichen);
  zeichen = LF;
  printf("\nSteuerzeichen LF :%c:",zeichen);
  zeichen = CR;
  printf("\nSteuerzeichen CR :%c:",zeichen);
}
```

Lösung zu Aufgabe 55

Das Programm gibt die folgenden Werte aus:

```
Schmitz
A
7
82765
0
```

Lösung zu Aufgabe 56

```
/* Aufg56.c */
#include <stdio.h>

#define ANZBUCH 100

struct buch {
  long int inv_nr;
  char titel[31];
  double preis;
  double mwst;
  int stueck;
};
```

```
main() {
   int x;
   double mwst;
   struct buch buecher[ANZBUCH];

   printf("\nBitte die Mehrwertsteuer eingeben: ");
   scanf("%lf",&mwst);

   for(x=0; x<ANZBUCH; x++) {
      printf("\n\n%i. Buch",x+1);
      printf("\nInventar-Nummer: ");
      scanf("%li",  &buecher[x].inv_nr);
      printf("\nTitel           :");
      scanf("%s",   buecher[x].titel);
      printf("\nPreis           : ");
      scanf("%lf", &buecher[x].preis);
      buecher[x].mwst=mwst;
      printf("\nStueck          : ");
      scanf("%lf", &buecher[x].stueck);
   }
}
```

17.7 Zeichensatztabellen

Zeichen werden in C als ganze Zahlen gespeichert, wobei ihr Wert
durch den Code festgelegt ist, der vom verwendeten Zeichensatz definiert ist. Dieser ist von Computersystem zu Computersystem verschieben. Die wichtigsten Zeichensätze werden in den folgenden Tabellen
dargestellt. Auf Zeichensätze der Großrechner (EBCDIC) und nicht ta-
bellarisch darstellbare Codes (Unicode) wurde verzichtet.

17.7.1 ASCII

Der American Standard Code for Information Interchange (ASCII) definiert die ersten 128 Zeichen eines 8-Bit-Zeichensatzes.

Dez.	Hex.	Zeichen	Dez.	Hex.	Zeichen	Dez.	Hex.	Zeichen	Dez.	Hex.	Zeichen
0	00		32	20		64	40	@	96	60	`
1	01	☺	33	21	!	65	41	A	97	61	a
2	02	☻	34	22	"	66	42	B	98	62	b
3	03	♥	35	23	#	67	43	C	99	63	c
4	04	♦	36	24	$	68	44	D	100	64	d
5	05	♣	37	25	%	69	45	E	101	65	e
6	06	♠	38	26	&	70	46	F	102	66	f
7	07	•	39	27	'	71	47	G	103	67	g
8	08	◘	40	28	(	72	48	H	104	68	h
9	09	○	41	29	)	73	49	I	105	69	i
10	0A	◙	42	2A	*	74	4A	J	106	6A	j
11	0B	♂	43	2B	+	75	4B	K	107	6B	k
12	0C	♀	44	2C	,	76	4C	L	108	6C	l
13	0D	♪	45	2D	-	77	4D	M	109	6D	m
14	0E	♫	46	2E	.	78	4E	N	110	6E	n
15	0F	☼	47	2F	/	79	4F	O	111	6F	o
16	10	►	48	30	0	80	50	P	112	70	p
17	11	◄	49	31	1	81	51	Q	113	71	q
18	12	↕	50	32	2	82	52	R	114	72	r
19	13	‼	51	33	3	83	53	S	115	73	s
20	14	¶	52	34	4	84	54	T	116	74	t
21	15	§	53	35	5	85	55	U	117	75	u
22	16	▬	54	36	6	86	56	V	118	76	v
23	17	↨	55	37	7	87	57	W	119	77	w
24	18	↑	56	38	8	88	58	X	120	78	x
25	19	↓	57	39	9	89	59	Y	121	79	y
26	1A	→	58	3A	:	90	5A	Z	122	7A	z
27	1B	←	59	3B	;	91	5B	[	123	7B	{
28	1C	∟	60	3C	<	92	5C	\	124	7C		
29	1D	↔	61	3D	=	93	5D	]	125	7D	}
30	1E	▲	62	3E	>	94	5E	^	126	7E	~
31	1F	▼	63	3F	?	95	5F	_	127	7F	⌂

Diese Zeichen wurden in andere Zeichensätze aus Kompatibilitätsgründen übernommen.

17.7.2 PC-Zeichensatz

Für die restlichen 128 Zeichen hat sich bei den PCs der folgende Industriestandard durchgesetzt.

Dez.	Hex.	Zeichen	Dez.	Hex.	Zeichen	Dez.	Hex.	Zeichen	Dez.	Hex.	Zeichen
128	80	Ç	160	A0	á	192	C0	└	224	E0	α
129	81	ü	161	A1	í	193	C1	┴	225	E1	ß
130	82	é	162	A2	ó	194	C2	┬	226	E2	Γ
131	83	â	163	A3	ú	195	C3	├	227	E3	π
132	84	ä	164	A4	ñ	196	C4	─	228	E4	Σ
133	85	à	165	A5	Ñ	197	C5	┼	229	E5	σ
134	86	å	166	A6	ª	198	C6	╞	230	E6	µ
135	87	ç	167	A7	º	199	C7	╟	231	E7	τ
136	88	ê	168	A8	¿	200	C8	╚	232	E8	Φ
137	89	ë	169	A9	⌐	201	C9	╔	233	E9	Θ
138	8A	è	170	AA	¬	202	CA	╩	234	EA	Ω
139	8B	ï	171	AB	½	203	CB	╦	235	EB	δ
140	8C	î	172	AC	¼	204	CC	╠	236	EC	∞
141	8D	ì	173	AD	¡	205	CD	═	237	ED	ø
142	8E	Ä	174	AE	«	206	CE	╬	238	EE	ε
143	8F	Å	175	AF	»	207	CF	╧	239	EF	∩
144	90	É	176	B0	░	208	D0	╨	240	F0	≡
145	91	æ	177	B1	▒	209	D1	╤	241	F1	±
146	92	Æ	178	B2	▓	210	D2	╥	242	F2	≥
147	93	ô	179	B3	│	211	D3	╙	243	F3	≤
148	94	ö	180	B4	┤	212	D4	╘	244	F4	⌠
149	95	ò	181	B5	╡	213	D5	╒	245	F5	⌡
150	96	û	182	B6	╢	214	D6	╓	246	F6	÷
151	97	ù	183	B7	╖	215	D7	╫	247	F7	≈
152	98	ÿ	184	B8	╕	216	D8	╪	248	F8	°
153	99	Ö	185	B9	╣	217	D9	┘	249	F9	•
154	9A	Ü	186	BA	║	218	DA	┌	250	FA	·
155	9B	¢	187	BB	╗	219	DB	█	251	FB	√
156	9C	£	188	BC	╝	220	DC	▄	252	FC	ⁿ
157	9D	¥	189	BD	╜	221	DD	▌	253	FD	²
158	9E	₧	190	BE	╛	222	DE	▐	254	FE	■
159	9F	ƒ	191	BF	┐	223	DF	▀	255	FF	

Unter MS-DOS entspricht dies der Codeseite 437.

Die Codeseite 850, die beispielsweise von Windows im MS-DOS-Fenster benutzt wird, enthält in den letzten 128 Zeichen die folgenden Symbole.

Dez.	Hex.	Zeichen	Dez.	Hex.	Zeichen	Dez.	Hex.	Zeichen	Dez.	Hex.	Zeichen
128	80	Ç	160	A0	á	192	C0	└	224	E0	Ó
129	81	ü	161	A1	í	193	C1	┴	225	E1	ß
130	82	é	162	A2	ó	194	C2	┬	226	E2	Ô
131	83	â	163	A3	ú	195	C3	├	227	E3	Ò
132	84	ä	164	A4	ñ	196	C4	─	228	E4	õ
133	85	à	165	A5	Ñ	197	C5	┼	229	E5	Õ
134	86	å	166	A6	ª	198	C6	ã	230	E6	µ
135	87	ç	167	A7	º	199	C7	Ã	231	E7	þ
136	88	ê	168	A8	¿	200	C8	╚	232	E8	Þ
137	89	ë	169	A9	®	201	C9	╔	233	E9	Ú
138	8A	è	170	AA	¬	202	CA	╩	234	EA	Û
139	8B	ï	171	AB	½	203	CB	╦	235	EB	Ù
140	8C	î	172	AC	¼	204	CC	╠	236	EC	ý
141	8D	ì	173	AD	¡	205	CD	═	237	ED	Ý
142	8E	Ä	174	AE	«	206	CE	╬	238	EE	¯
143	8F	Å	175	AF	»	207	CF	¤	239	EF	´
144	90	É	176	B0	░	208	D0	ð	240	F0	
145	91	æ	177	B1	▒	209	D1	Ð	241	F1	±
146	92	Æ	178	B2	▓	210	D2	Ê	242	F2	‗
147	93	ô	179	B3	│	211	D3	Ë	243	F3	¾
148	94	ö	180	B4	┤	212	D4	È	244	F4	¶
149	95	ò	181	B5	Á	213	D5	ı	245	F5	§
150	96	û	182	B6	Â	214	D6	Í	246	F6	÷
151	97	ù	183	B7	À	215	D7	Î	247	F7	¸
152	98	ÿ	184	B8	©	216	D8	Ï	248	F8	°
153	99	Ö	185	B9	╣	217	D9	┘	249	F9	¨
154	9A	Ü	186	BA	║	218	DA	┌	250	FA	·
155	9B	ø	187	BB	╗	219	DB	█	251	FB	¹
156	9C	£	188	BC	╝	220	DC	▄	252	FC	³
157	9D	Ø	189	BD	¢	221	DD	¦	253	FD	²
158	9E	×	190	BE	¥	222	DE	Ì	254	FE	■
159	9F	ƒ	191	BF	┐	223	DF	▀	255	FF	

17.7.3 Unix und Linux

Die Betriebssysteme Unix, Linux usw. verwenden den Zeichensatz ISO Latin-1, der in den ersten 128 Zeichen dem ASCII entspricht.

Dez.	Hex.	Zeichen	Dez.	Hex.	Zeichen	Dez.	Hex.	Zeichen	Dez.	Hex.	Zeichen
128	80		160	A0		192	C0	À	224	E0	à
129	81		161	A1	¡	193	C1	Á	225	E1	á
130	82		162	A2	¢	194	C2	Â	226	E2	â
131	83		163	A3	£	195	C3	Ã	227	E3	ã
132	84		164	A4	¤	196	C4	Ä	228	E4	ä
133	85		165	A5	¥	197	C5	Å	229	E5	å
134	86		166	A6	¦	198	C6	Æ	230	E6	æ
135	87		167	A7	§	199	C7	Ç	231	E7	ç
136	88		168	A8	¨	200	C8	È	232	E8	è
137	89		169	A9	©	201	C9	É	233	E9	é
138	8A		170	AA	ª	202	CA	Ê	234	EA	ê
139	8B		171	AB	«	203	CB	Ë	235	EB	ë
140	8C		172	AC	¬	204	CC	Ì	236	EC	ì
141	8D		173	AD	-	205	CD	Í	237	ED	í
142	8E		174	AE	®	206	CE	Î	238	EE	î
143	8F		175	AF	¯	207	CF	Ï	239	EF	ï
144	90		176	B0	°	208	D0	Ð	240	F0	ð
145	91		177	B1	±	209	D1	Ñ	241	F1	ñ
146	92		178	B2	²	210	D2	Ò	242	F2	ò
147	93		179	B3	³	211	D3	Ó	243	F3	ó
148	94		180	B4	´	212	D4	Ô	244	F4	ô
149	95		181	B5	µ	213	D5	Õ	245	F5	õ
150	96		182	B6	¶	214	D6	Ö	246	F6	ö
151	97		183	B7	·	215	D7	×	247	F7	÷
152	98		184	B8	¸	216	D8	Ø	248	F8	ø
153	99		185	B9	¹	217	D9	Ù	249	F9	ù
154	9A		186	BA	º	218	DA	Ú	250	FA	ú
155	9B		187	BB	»	219	DB	Û	251	FB	û
156	9C		188	BC	¼	220	DC	Ü	252	FC	ü
157	9D		189	BD	½	221	DD	Ý	253	FD	ý
158	9E		190	BE	¾	222	DE	Þ	254	FE	þ
159	9F		191	BF	¿	223	DF	ß	255	FF	ÿ

Dieser Zeichensatz ist auch unter dem Namen ANSI-Zeichensatz bekannt.

17.7.4 Windows

Windows verwendet den ANSI-Zeichensatz, der sich in den ersten 128 Zeichen mit dem ASCII deckt.

Dez.	Hex.	Zeichen	Dez.	Hex.	Zeichen	Dez.	Hex.	Zeichen	Dez.	Hex.	Zeichen
128	80	€	160	A0		192	C0	À	224	E0	à
129	81		161	A1	¡	193	C1	Á	225	E1	á
130	82	‚	162	A2	¢	194	C2	Â	226	E2	â
131	83	ƒ	163	A3	£	195	C3	Ã	227	E3	ã
132	84	„	164	A4	¤	196	C4	Ä	228	E4	ä
133	85	…	165	A5	¥	197	C5	Å	229	E5	å
134	86	†	166	A6	¦	198	C6	Æ	230	E6	æ
135	87	‡	167	A7	§	199	C7	Ç	231	E7	ç
136	88	ˆ	168	A8	¨	200	C8	È	232	E8	è
137	89	‰	169	A9	©	201	C9	É	233	E9	é
138	8A	Š	170	AA	ª	202	CA	Ê	234	EA	ê
139	8B	‹	171	AB	«	203	CB	Ë	235	EB	ë
140	8C	Œ	172	AC	¬	204	CC	Ì	236	EC	ì
141	8D		173	AD		205	CD	Í	237	ED	í
142	8E	Ž	174	AE	®	206	CE	Î	238	EE	î
143	8F		175	AF	¯	207	CF	Ï	239	EF	ï
144	90		176	B0	°	208	D0	Ð	240	F0	ð
145	91	'	177	B1	±	209	D1	Ñ	241	F1	ñ
146	92	'	178	B2	²	210	D2	Ò	242	F2	ò
147	93	"	179	B3	³	211	D3	Ó	243	F3	ó
148	94	"	180	B4	´	212	D4	Ô	244	F4	ô
149	95	•	181	B5	µ	213	D5	Õ	245	F5	õ
150	96	–	182	B6	¶	214	D6	Ö	246	F6	ö
151	97	—	183	B7	·	215	D7	×	247	F7	÷
152	98	˜	184	B8	¸	216	D8	Ø	248	F8	ø
153	99	™	185	B9	¹	217	D9	Ù	249	F9	ù
154	9A	š	186	BA	º	218	DA	Ú	250	FA	ú
155	9B	›	187	BB	»	219	DB	Û	251	FB	û
156	9C	œ	188	BC	¼	220	DC	Ü	252	FC	ü
157	9D		189	BD	½	221	DD	Ý	253	FD	ý
158	9E	ž	190	BE	¾	222	DE	Þ	254	FE	þ
159	9F	Ÿ	191	BF	¿	223	DF	ß	255	FF	ÿ

Die grau unterlegten Zeichen sind dabei nur in TrueType-Schriften verfügbar, ansonsten sind diese Zeichen nicht definiert.

17.8 Literaturtips

Leen Ammeraal: Programmdesign und Algorithmen in C, Carl Hanser Verlag, München/Wien, 1989

Joachim Goll, u. a.: C als erste Programmiersprache. ISO-Standard, Teubner, Stuttgart, 1999

Helmut Herold: C-Kompaktreferenz, Addison-Wesley, Bonn, 1998

Arnold Hickersberger: C heute. ANSI-C für Ein- und Umsteiger, Hüthig, Heidelberg, 1995

Kris Jamsa: Bibliothek der C-Routinen, McGraw-Hill Book Company GmbH, Hamburg, 1986

Brian W. Kernighan, Dennis M. Ritchie: Programmieren in C, Carl Hanser Verlag, München/Wien, 1990

Thomas Plum: Das C-Lernbuch, Carl Hanser Verlag, München/Wien, 1988

Herbert Schildt: C: The complete reference, McGraw-Hill Book Company GmbH, Berkeley, California, 1987

Robert Sedgewick: Algorithmen in C, Addison-Wesley, Bonn, 1992

Clovis L. Tondo, Scott E. Gimpel: Das C-Lösungsbuch zu ‹Programmieren in C›. Ansi C. (2. A.), Hanser Elektronik, München, 1990

17.9 Stichwortverzeichnis

— 85
-ansi 136, 225
-D 136, 188
-E 129
! 50
!= 41
141
142
#define 130, 205
#elif 134
#else 134
#endif 134
#if 134
#ifdef 136, 188
#ifndef 143, 188
#include 20, 27, 129
#undef 141
% 28
%% 28
%= 96
%c 61
%d 21
%f 32
%i 20, 28
%lf 36
%Lf 37
%o 61
%s 62, 97
%u 146
%x 61
& 28, 121, 146
&& 49
() 20
* 148
*= 96
. 211
... 226
.h 129
/= 96
/D 188

/dev/lp1 177
/MT 241
/P 129
/Za 136, 225
? : 41
\ 20, 125
\' 125
\? 126
\\ 125
\0 97
\xhh 126
\a 22, 126
\b 125
\f 125
\n 20, 125
\nnn 126
\r 125
\t 28, 125
\v 125
__asm 251
__DATE__ 133
__FILE__ 133
__LINE__ 133
__STDC__ 136
__TIME__ 133
_beginthread 241
_cwait 239
_endthread 242
_floseall 198
_P_NOWAIT 239
_P_OVERLAY 235
_P_WAIT 235
_WAIT_CHILD 239
_WAIT_GRANDCHILD
    239
{} 20
|| 50
++ 85, 100
+= 96
< 41

<= 41
-= 96
== 41, 42
> 41
-> 216
>= 41

abort 191, 198
Aborthandler 199
Abschlußverarbeitung
    197
addieren 22
Adressen 145
Adreßoperator 121,
    146
Alarm 22
alert 22
Anführungszeichen 62
ANSI.SYS 244
ANSI-Bildschirmsteue-
    rung 243
ANSI-Sequenzen 244
ANSI-Standard 136
Antivalenz 54
Anweisungen
    alternative 45
    bedingte 43
    überspringen 76
API 243
    Windows 246
Apostroph 61
append 167
Äquivalenz 55
argc 161
argument count 161
argument values 161
Argumente
    optionale 225
argv 161
array 94

Assembler 248
  Funktionen für C 254
assert 190
Assertion 190
atexit 197
atof 164, 188
atoi 105, 164
atol 164
Aufrufe
  rekursive 227
Aufzählungstyp 205
Auswertung
  Reihenfolge 51
auto 121

B 12
Backslash 20
BCPL 11
Bearbeitungsmodi 167
Bereich
  lokal 81
Betriebssystembefehle
  aufrufen 233
Bibliothek
  erzeugen 224
  linken 223
Bildschirmattribut 253
Bildschirmsteuerung
  245
Binärdateien 182
Binärmodus 182
BIOS-Interrupt 249
break 58, 75, 77
bugs 187

C* 12
C++ 12, 255
  Änderungen zu C 256
C++-Builder 18, 19
call
  by reference 154
  by value 153
calloc 229, 231

case 58
Cast 123, 230
cc 18
char 60, 111, 112
  als int 85
clearerr 196
Code
  threaded 12
compound statement
  116
Computerzeit 202
Concurrent C 12
CONSOLE_SCREEN_
  BUFFER_INFO 247
const 126
continue 75
COORD 247
cpp 256
ctype.h 60
Cursorposition 243
Cursorpositionierung
  251

Datei
  Fehlerprüfung 196
Dateiausgaben
  umlenken 183
Dateien 165
  drucken 172
  Existenz prüfen 168
  lesen 167, 169
  löschen 178
  offene schließen 198
  öffnen 165
  physisch speichern
  198
  schließen 165
  schreiben 171
  umbenennen 179
Dateiende 170
Dateiname 133
Dateioperationen 178
Dateipointer 172, 181

Datentypen 111
Datum 133
default 58
defined 136
difftime 242
Direktiven 128
dividieren 22
DM2EURO 132
do 73
double 35, 111, 112
dwCursorPosition 247
DWORD 247
dwSize 247

E2BIG 234
editieren 12
Eiffel 12
Einzelzeichen 61
else 45
else if 47
Endlosschleife 71
Endwert 68
ENOMEM 234
Entscheidungen
  in Ausdrücken 40
  per Anweisung 43
enum 206
enumeration 206
Environmentangabe 237
Eqv 55
errno 195, 233
errno.h 234
ERRORLEVEL 170
Escapesequenz 20,
  125
EURO2DM 132
exec 234
exit 162, 170, 197
Exitcode 170
Exithandler 198
extern 224
  bei Funktionen 121
  bei Variablen 121

F 124
fclose 165
Fehler
   kontrollieren 187
Fehlerbehandlung 234
Fehlercode 193
Fehlermeldung 189, 234
Fehlerwert 233
Feldelemente 95
Felder 94, 155
   definieren 94
   mehrdimensionale 106
Fenstergröße 247
feof 170, 196
ferror 196
fflush 198
fgetc 170
fgets 172, 177
FILE 166, 221
FillConsoleOutputCharacter 247
Fließkommakonstanten 125
Fließkommazahlen 30
float 31, 111, 112
float.h 114
fopen 165
for 66
fprintf 171
fputc 183
fread 196
free 229
freopen 183
fseek 181
Funktion
   aufrufen 83
   beenden 87
   definieren 80
   Parameter 82
   Prototypen 89

   rekursive 227
   Rückgabewerte 86
Funktionsnamen 82
Funktionsparameter 82
Funktionsprototyp 91
Funktionsüberladung 258

Ganzzahlkonstanten 124
gcc 18
getchar 28, 60, 85
GetConsoleScreenBufferInfo 247
gets 97, 172
goto 181, 200
Grundrechenarten 22
Gültigkeitsbereich 116

HANDLE 247
Hauptthread 241
Headerdatei 129
Hexadezimalzahl 124, 126
Hilfsvariable 151
Hochkomma 61

IDE 13
if 43
Imp 55
Implikation 55
include-Datei 28, 91
Index 95
   mehrdimensionaler 107
indirection operator 148, 217
initialisieren 35
Inkrementoperator 154
Inline-Assembler 248
int 28, 111, 112
int * 147
INT 10h 249

Interrupt 249
isprint 196
isspace 196
Iterationen 65

Java 12
jmp_buf 202

Kernighan 12
Kindprozesse 239
Klammern
   geschweifte 20
   runde 20
Klassen 259
Kommandoprozessor 233
Kommandozeilenparameter 160
kommastellengerecht 70
Kommentare 19
   Schachtelung 19
Kompilieren 12
   bedingtes 133
Konstanten 111, 124
   definieren 130
   vordefinierte 132

L 124
Label 182
libraries 13
LIFO 198
limits.h 114
linken 12
long 112
long double 37, 112
long int 112
longjmp 202
LPT1 177

main 20, 22
Makro
   abschalten 141

Nachteil 139
umgehen 139
Makrodefinition
Leerstellen 138
Makronamen
vordefinierte 136
Makrooperatoren 141
Makroparameter
verketten 142
malloc 229
Maschinenadressen 145
max 137
Maximalwert 112
Minimalwert 112
Modifizierer 111
Modula 3 12
Modulo 28
more 171
Multics 11
multiplizieren 22
Multiprocessing 240
Multitasking 240
Multithreading 239
Mustervergleich 137

Nachkommastellen 33
Namenskonvention
extern 121
NAND 54
NDEBUG 190
new line 20
NICHT 50
NOR 54
Null
binäre 99, 102
NULL 166

Objective C 12
Objekte 255
ODER 49
exklusiv 54
Oktalzahl 124, 126

OOP 255
Operator
logischer 48
ternärer 41

Parameter
initialisieren 83
mehrere 85
numerische 162
optionale 225
Parameterlisten
variable 225
Parametername 83
perror 178, 196, 234
Pflichtparameter 225
PI 132
Pointer 145
als Parameter 151, 153
Arithmetik 154
Pointervariablen 147
Präprozessor 128
Präprozessorausgabe 128
printf 20, 21
process.h 234, 241
Programm
aufrufen 18
Child 236
erstellen 17
schreiben 16
Programmcode
Format 22
Programme
beenden 194
starten 234
Programmfehler 187
Programmieren
rekursiv 227
Programmiertechniken 223
Programmschleifen 65
Programmstatus

speichern 202
Protokolldatei 183
Prototyp 89, 129
Prozesse 232
Child 236
Endestatus 239
Prozeßkommunikation 237
Prozeßnummer 239
Prozessorregister 249
Punktoperator 210
putchar 156, 170

raise 200, 203
rand 203
read 167
realloc 229, 232
Records 208
Referenzen
externe 223
register 121, 209
Rekursion 228
remove 178
rename 179
return 86
Ringtausch 152
Ritchie, Dennis 12
Rückgabewerte 86
Standardtyp 87, 90
Typ 87
Rücksprung 202

scanf 26, 155
Schachtelungstiefe 70
Schaltjahr 58
Schleife
abbrechen 75
abweisend 77
aussetzen 74
do 73
fußgesteuert 77
kopfgesteuert 77
Schachtelung 69, 76

unterbrechen 76
while 71
Schleifenkörper 67
Schleifensteuerung 72
Schleifenvariablen 72, 121
SEEK_CUR 181
SEEK_END 181
SEEK_SET 181
SetConsoleCursorPosition 248
SetConsoleTitle 247
setjmp 203
short 112
short int 112
Sichtbarkeit 116
sig_atomic_t 193, 221
SIG_DFL 192
SIG_IGN 192
SIGABRT 191, 200
SIGBREAK 191
SIGFPE 191
SIGILL 191
SIGINT 191
signal 191
Signal 190
    ignorieren 192
    Standardbehandlung 192
Signalhandler 192
Signatur 193
signed 112
signed char 112
signed int 112
signed long int 112
signed short int 112
SIGSEGV 191
SIGTERM 191
size_t 114
sizeof 113, 147, 209, 230
spawn
    asynchron 239

Funktionsgruppe 234
synchron 237
spawnl 235
spawnle 235
spawnlp 235
spawnlpe 235
spawnv 235
spawnve 235
spawnvp 235
spawnvpe 235
Speicher
    freigeben 229
    reservieren 229
Speicheradresse 145
Speicherklassen 120, 209
Speicherplatz 145
Speicherverwaltung 228
sprintf 105
Sprünge
    weite 200
Sprunglabel 196
Sprungziel 182
srand 202
sscanf 177
Stack 123
stack overflow 123, 210, 228
Stapelüberlauf 228
Startwert 67
static 209
    bei Funktionen 123
    bei Variablen 122
STD_ERROR_HANDLE 247
STD_INPUT_HANDLE 247
STD_OUTPUT_HANDLE 247
stdarg.h 226
stderr 177, 178, 183, 247
stdin 177, 247

stdio.h 27
stdlib.h 105, 234
stdout 177, 183, 247
Stellenanzahl 70
Sternoperator 148, 217
strcat 102
strcmp 104
strcpy 102
stream-Routinen 176
strerror 196
Strg+Break 191
Strg+C 191
Strg+Unterbr 191
string 97
String-Konstanten 126
strlen 97, 103
struct 208
Strukturarray 211
Strukturen 208
    deklarieren 208
    Funktionsparameter 215
    Gesamtlänge 209
    globale 210
    initialisieren 212
    Pointer auf 216
    static 210
    Übergabe 'by reference' 216
    Übergabe 'by value' 215
    verschachtelte 213
    Zugriff 210
Strukturfelder 210
Strukturmitglieder 211
Strukturoperator 210, 217
Strukturvariablen 209
    initialisieren 212
subtrahieren 22
Suchen und Ersetzen 131

switch 56
syscall.h 246
system 233
Systemaufrufe 242

tag 206
Testausgaben 187
Testhilfen 187
Textvergleiche 104
Thompson, Ken 11
Thread 240
    beenden 242
    Stackgröße 241
    starten 241
    Startfunktion 241
time 202
time(NULL) 242
tolower 60
toupper 60
Trigraphs 16
typedef 220

U 124
Uhrzeit 133
Umlaute 115
Umlautfalle 115
Umwandlung
    automatische 86
Umwandlungsfunktionen
    105
UND 49
union 218
    Gesamtgröße 218

initialisieren 220
unsigned 112
unsigned char 112
unsigned int 112
unsigned long int 112
unsigned short int
    112

va_arg 227
va_end 227
va_list 226
va_start 227
Variablen 28, 111
    Existenz 118
    globale 118
    Gültigkeit 119
    konstante 126
    lokale 117
    Sichtbarkeit 116
    verdecken 117, 119
Variablennamen
    Länge 33
    Schreibweise 33
Verarbeitungszustand
    200
Vergleichsoperatoren
    41
Visual C++ 18, 19
Visual Studio 18, 19
void 89, 111

Wahrheitstabellen 48,
    56

Werte
    logische 52
    vertauschen 151
while 71, 73
Wiederholungsstrukturen
    65
Windows
    API 246
windows.h 246
write 167
WriteConsoleOutputCha-
    racter 248

X3J11 12
XNOR 55
XOR 54

Zählintervall 68
Zählschleifen 65
Zählvariable 66
Zeichenketten 62, 94, 96
    eingeben 99
    Länge bestimmen 99
    löschen 103
    Verkettung 62
Zeichenkettenkonstan-
    ten 126
Zeichenkonstanten 125
Zeiger 145
Zeilennummer 133
Zeitdifferenz 242
Zufallsgeneratoren 202
Zufallszahl 203